Karl Spiegel

Losgefahren

Losgefahren

22 kleine Reisegeschichten auf zwei Rädern

Karl Spiegel

Originalausgabe (2024)
2. Auflage 2024
Autor: Karl Spiegel

www.mototrotter.de
ISBN: 978-9-40375-052-1

Umschlagabbildungen und Umschlaggestaltung:
Karl Spiegel. Bildnachweis: Karl Spiegel
Bildnachweis dieser Ausgabe:
Karl Spiegel, Barbara Müllner, Seite 97 Marcus Ehren

Bibliografische Information der Deutschen Nationalbibliothek
Die Deutsche Nationalbibliothek verzeichnet diese Publikation in der Deutschen Nationalbibliografie; detaillierte bibliografische Daten sind im Internet über http://dnb.d-nb.de abrufbar.

Karl Spiegel war viele Jahre als Werbe- und Eventprofi tätig. Seine Leidenschaft, die schönen und interessanten Orte dieser Welt zu bereisen und den Menschen näher zu bringen hat er in vielen Reportagen und Vorträgen zu seiner Aufgabe gemacht. Viele dieser Reiseberichte sind in bekannten Fachmagazinen erschienen. Mit seinen Vorträgen »Sofa oder Südamerika – 40.000 km mit dem Motorrad durch den Kontinent« und »Transkanada & Alaska – 22.000 spannende Kilometer« tritt er bundesweit auf.

Ein echter Motorradreisender der fast immer im Sattel seines Motorrades zu finden ist. Karl Spiegel lebt, wenn er nicht auf Reisen ist, am Bodensee.

Die legendäre Carretera Austral im Süden Chiles

Wer diese besondere Straße im chilenischen Patagonien noch in ihrer ursprünglichen Form erleben und befahren will, muss sich beeilen, denn Tag für Tag fressen die Asphaltierungsmaschinen Meter um Meter dieser abenteuerlichen Schotterpiste auf.

Der wahre Geist dieser Piste sind die Reisenden. Ob Backpacker, Fahrradfahrer, Auto- oder Wohnmobilisten oder wir Motorradfahrer, alle haben ein gemeinsames Ziel. Den Endpunkt nach 1.200 Kilometer zu erreichen. Und dies schweißt zusammen. Zusammen mit meinem Freund Marcus gehe ich diesem Geist auf die Spur.

Es ist der erste Mal auf meiner elfmonatigen Südamerikatour, dass ich in Begleitung eines zweiten Motorrad unterwegs bin. Genauso wie in Peru, als Bärbel als Sozia dabei war, ist es zu zweit deutlich kurzweiliger und unterhaltsamer. Schon das morgendliche Aufpacken der Maschine wird begleitet von einem kleinen Schwätzchen. Es nieselt. Es regnet. Irgendwie habe ich ein schlechtes Gewissen, dass der erste Fahrtag mit Marcus, der mich vier Wochen auf einer 650er BMW begleitet, so verregnet ist. Frierend befahren wir die Ruta 5, die Panamericana, mit Kurs Süd nach Puerto Montt. Ein kleiner Aufenthalt und eine Tankpause machen wir in Puerto Varas. Anders als vier Tage zuvor, als ich hier schon einmal war, können wir den Blick auf den Vulkan Osorno, den wohl schönsten Vulkan Südamerikas, nicht genießen, hüllt sich doch dieser in dichte Wolken. Nach achtzehn Kilometern erreichen wir die Hafenstadt Puerto Montt. Immer noch regnet es. Etwas Schönes kann ich der Stadt nicht abgewinnen. Auch die Fahrt entlang der Promenade ist ziemlich nüchtern.

Da sehe ich zum ersten Mal das Schild mit dem magischen Schriftzug »Carretera Austral«. Jetzt, ja jetzt, sind wir auf dieser legendären Straße die in den tiefen Süden Chiles führt, bis zum Endpunkt Villa O'Higgins. Doch genau auf dem ersten Meter Carretera Austral hört es schlagartig auf zu regnen, Verschmitzt blickt die Sonne hinter den tiefgrauen Wolken hindurch. Malerisch führt die Straße direkt am Meer entlang. Schnell, sehr schnell ändert sich das Landschaftsbild. Es ist als würden wir durch die Fjorde Südnorwegens fahren. Plötzlich finden wir uns auf einer Schotterstraße wieder. Da es geregnet hat, ist die Piste schmierig und bietet kaum Grip. Doch sie ist neben der Autospur leicht geschottert und genau auf diesem Stück Straße lässt es sich gut und sicher fahren. Bis zu 90 Stundenkilometer sind möglich, oder besser gesagt traue ich mich zu fahren, doch erstmal fahre ich besser mit Bedacht rund 60. Marcus geht es richtigerweise langsam an. Das gibt mir die Möglichkeit immer wieder Fahraufnahme von ihm zu machen, wenn er nach kurzer Zeit auftaucht. Der arme Kerl kann sich kaum ausruhen, denn kaum kommt er an, geht es auch schon weiter.

Die Landschaft ändert sich nun noch radikaler. Es ist als wären wir in Norwegen, nur mit kaltem, tiefgrünem Regenwald. Riesige Farne und das Mammutblatt, auch Riesen-Rhabarber genannt, säumen die Straße. Nachdem wir die Strecke, die durch tiefen Wald führte, verlassen, stehen wir unvermittelt vor der Fähre die uns in 45 Minuten auf die andere Fjordseite bringt. Bis Hornopirän geht es zügig voran, begleitet von immer wieder atemberaubenden Ausblicken auf diese einzigartige Landschaft und kühlen Regenschauern. Ein rustikales, gut geheiztes Hostel hat Marcus für diesen Abend ausgesucht. Frischer Lachs mit selbst geschnitzten Pommes und leckerem Tomatensalat sind so etwas wie eine Belohnung für diesen ersten Fahrtag. Anschließend sitzen wir auf einem urgemütlichen Stoffsofa direkt vor dem Kamin in dem ein Feuer leise vor sich hin brennt. Herrlich ist es diese natürliche Wärme zu genießen und dem Knistern des Feuers zuzuhören. Hundemüde fallen wir wenig später ins Bett und sind in Sekunden eingeschlafen.

Als ich am nächsten Morgen die Augen aufmache regnet es in Strömen. Ich ziehe mir nochmal die Decke bis an die Nase und schlafe erstmal gemütlich weiter. Um halb acht machen wir uns aus den Federn und im Bad frisch. Herrlich duftet es schon aus dem Frühstücksraum nach frischen Brötchen. Wir können uns Zeit lassen, denn unsere Fähre geht erst um 10.30 Uhr. Wie in vielen Foren schon beschrieben wurde, ist der Einweiser tatsächlich um diese Zeit noch etwas muffelig. Mal hier, mal dort, mal einen Meter vor, mal zwei Meter zurück, werden wir zum Parken eingewiesen. Endlich dürfen wir auf die kleine Fähre. Ziemlich eingeklemmt können wir parken. Es geht los. Wie eine Fahrt mit der Hurtigruten in Norwegen durchqueren wir enge Fjorddurchfahren, gleiten vorbei an Wäldern in denen die Nebelschwaden der Nacht noch hängen und fahren vorbei an vielen kleinen, unbewohnten Insel Richtung Süden. Auf der Fahrt genießen wir drei Jahreszeiten im schnellen Wechsel. Zwischen herbstlichem Nieselregen, sommerlich strahlendem Sonnenschein und frischen Winden reicht die Palette der Wetterkapriolen. Doch es ist ruhige See, so dass der Gedanke an eine Seekrankheit nicht aufkommt. Nach dreieinhalb Stunden erreichen wir unser Ziel Leptepu. Mehr als eine Rampe, ein paar Häuser gibt es nicht. Da wir auf dieser Fähre als letzte an Bord kamen, sind wir nun die ersten die von Bord dürfen. Zwölf Kilometer schönste Schottenpiste gilt es zu fahren bis zum nächsten Fährhafen. Links und rechts ragen die dunkelgrünen Pflanzen und Bäume dieses kalten Regenwaldes bis hinauf in den grauen Himmel. Viel zu schnell sind wir durch diesen Urwald hindurch, der wohl zu Urzeiten nicht anders ausgesehen haben mag. Mich würde es nicht wundern, schaute ein Dinosaurier aus dem Dickicht hervor. Eine viel kleinere Fähre liegt am Anleger. Nur die Hälfte der Fahrzeuge der anderen Fähre können an Bord. Ich bin so weit hinten, dass mein Hinterrad an der Laderampe anstößt. Diesmal haben wir raue See, denn die Wellen aus dem Pazifik können ungehindert von der Seite in die kleine Bucht einlaufen. Durch den Kurs der Fähre, den der Kapitän bewusst steuert, versucht dieser, dies etwas zu kompensieren. Trotzdem rollt die Fähre beträchtlich. So stark, dass wir schnell zu unseren Motorrädern gehen, weil sie sich gewaltig zur Seite neigen.

Den viel beschworenen Geist der Carretera dürfen wir immer wieder erleben. Seien es Fahrradfahrer oder Packpacker, wir grüßen uns mit freudigem Winken, lauten Hurrarufen oder wir halten kurz an um miteinander zu sprechen. Immer wieder treffen wir die gleichen Leute. So halte ich bei einem italienischen Motorradfahrer dem gerade der Rückspiegel abgefallen ist und wir unterhalten uns auf Italienisch, was ihn erstmal ziemlich verwundert. Er sagt mir mit einem freudigen Lächeln, dass er nun seinen Rückspiegel als »Souvenir der Carretera« betrachtet und dieser zu Hause einen Ehrenplatz in der Vitrine bekommt. Es sind so schöne, so offenherzige, so freudige, so voller positiver Energie beladene Begegnungen, die wir erfahren dürfen. Das ist wohl der echte Geist der Carretera. Nach 60 Kilometer Schotter genießen wir den puren Luxus einer asphaltierten Straße wieder. Wenige Kilometer weiter sind wir in Chaiten, einem kleinem Ort an ein Meeresbucht, welches unser heutiges Etappenziel sein soll. Etwas außerhalb ist unsere rustikale Unterkunft. Und wie der Zufall es will, übernachtet auch das niederländische Ehepaar mit Tochter Elsebeth, die gestern schon im gleichen Hostal gewesen waren, in unserer Cabatia. Ein lustiger etwas chaotisch organisierter Chef empfängt uns herzlich. Noch herzlicher werden wir vom Haushund empfangen. Ein Teddyschäferhund steht vor dem Eingang, strahlt mich an und lässt sich nur mit intensivem Streicheln überreden etwas zur Seite zu gehen. Er hat ein unglaublich dichtes Fell. Offensichtlich sind die Nächte und vor allem die Winter mehr als hart, hätte er sonst so einen warmen Pelz. Offensichtlich gefallen ihm meine heißen Füße so gut, dass er sich geräuschvoll darauf niederlässt. Wolkenloser Himmel begrüßt uns am nächsten Morgen auf dem Weg ins Haupthaus zum Frühstück.

Es hat zwar nur acht Grad, doch die Aussicht auf einen sonnigen Fahrtag versüßt das Essen zusätzlich. Viel Schottenstrecke haben wir heute zu bewältigen. Doch am kniffligsten sind die Streckenabschnitte an denen gebaut wird für die spätere Asphaltierung.

Meist ist dabei die größte Schwierigkeit den tiefen, oftmals sehr weichen Schotter zu befahren. Mit Fingerspitzengefühl und in sehr gemächlichen Tempo meistern wir zum Glück diese Bereiche. Auf der »normalen« Schotterpiste lässt es sich recht kommod fahren, Geschwindigkeiten zwischen 60 und 70 Stundenkilometer sind auch für Marcus machbar. Schon am frühen Nachmittag kommen wir daher in unserem heutigen Etappenziel, dem Dorf Puyuhuapi an.

Luise von der Hosteria Casa Ludwig begrüßt uns mit einem kleinen Stirnrunzeln, denn heute hat sie uns noch gar nicht erwartet. Später stellt sich heraus, dass wir bei der E-Mail Buchung, vor fast einem Jahr, uns um einen Tag vertan hatten. Doch das Haus ist fast leer und so bekommen wir zwei kleine, gemütliche Einzelzimmer. Luisa und ihr Mann Jamie bewirtschaften das Casa Ludwig als B&B. Es ist ein wunderschönes, gelb gestrichenes Holzhaus aus dem Jahr 1957. Luisa selbst ist in Chile geboren. Ihr Vater ist 1934 ausgewandert und hat als einer der Gründerväter dieses deutsche Dorf im Süden Chiles in den 30er Jahren des vorigen Jahrhunderts gegründet. Es waren Sudetendeutsche aus dem ursprünglichen Heimatdorf Rossbach, welches heute in Tschechien liegt. Malerisch liegt Puyahuapi an einem kleinen Meeresfjord. Viele deutsche Namen gibt es immer noch, sei es als Straßen- oder Hotelnamen. Auf Empfehlung von Luisa gehen wir zum Essen in ein winziges Restaurant. Eigentlich ist es gar kein Restaurant, sondern eher das Wohnzimmer einer Familie. Leckeren

Seehecht, Merluza, gibt es. Dazu selbst gemachte Pommes, ein Schälchen Mayonnaise und viel Ketchup. An einem langen Tisch, gedeckt mit der guten alten Wachstischdecke mit Blumenmotiven, wird uns serviert. Lecker duftet es und es schmeckt herrlich. Eine kleine, eiskalte Dose Bier gibt es dazu. Unsere Köchin setzt sich gemütlich an den Nebentisch und schaut ab und zu uns herüber ob es uns auch schmeckt. Und wie es uns schmeckt. Dies sind für mich immer wieder die Momente, in denen ich es sehr schade finde, dass ich nur einen Tag an so einem schönen Ort bin. Doch die Eindrücke sind in meinem Herzen gespeichert für einen erneuten Besuch in ein paar Jahren. Und dann, dann werden wir hier für viele Tage den Ort, die Umgebung, den Fjord und vor allem die lieben Menschen erleben.

Nur noch 2 Grad zeigt mein Thermometer um acht Uhr morgens an. Ich beeile mich mit dem bepacken des Motorrades um wieder ins geheizte Haus zu kommen. Wir genießen ein leckeres und liebevoll gerichtetes Frühstück mit der herrlichen Aussicht auf den Fjord. 60 Kilometer Schotter liegen nun zunächst vor uns. Von der Nässe des nächtlichen Nebels ist die Piste allerdings noch sehr schmierig und mehr als einmal drehen unsere Hinterräder durch. An einer Brücke, an der wir Pause machen, haben wir erneut eine nette Begegnung. Von einer chilenischen Familie, an der wir schon öfters vorbeigefahren sind, bekommen wir sogar zwei Hand voll leckerer Pflaumen geschenkt, die wir uns schmecken lassen. Da ist er wieder, der wahre Geist der Carretera. Coyhaique ist unser heutiges Ziel. Eine große und ziemlich gesichtslose Stadt. Warm ist es hier, so warm, dass wir gerne im Schatten der Häuser unterwegs sind. Ein offensichtliches In Lokal mit Bier vom Fass, guter Musik hat es uns angetan. Wir essen, »endlich« mal wieder, eine große Pizza zum eisgekühlten Bier. Zum heutigen Etappenziel Cochrane gilt es 90 Kilometer Asphalt, 240 Kilometer Schotter und eine 35 Kilometer lange Baustelle heil zu überstehen. An einer Stelle stürzt die provisorische Straße förmlich nach unten ab, um gleich darauf in einer überhöhten Linkskurve noch weiter talwärts zu führen. Die Autos schaffen es gerade so durch diese kniffelige Passage zu kommen, wenngleich diese oftmals quer zur Fahrbahn rutschen. Auch wir müssen höchst konzentriert diesen Part meistern. Doch alles geht gut. Wie zur Belohnung bietet sich uns danach eine herrliche Aussicht auf einen tiefblauen See in dem goldgelbe Schilfinseln im warmen Sonnenlicht erstrahlen. Erstaunlich ist, wie viele Fahrradfahrer und Backpacker auf diesem Streckenabschnitt unterwegs sind. Für heute wohnen wir in einer Cabaria, die wir am Ende des Dorfes auf einer leichten Anhöhe finden. Doch niemand ist weit und breit zu sehen, der uns Einlass gewähren könnte. In einem am Fluss liegenden Haus klopfe ich um zu fragen, wie wir den Besitzer erreichen können. Gleich nimmt sich ein junger Mann sein Handy zur Hand und ruft für uns den Besitzer an. Erleichtert sind wir, als wir hören, dass der Eigentümer in zehn Minuten am Haus sein wird. Ziemlich cool steuert er seinen großen Pick-up einhändig durch die schmale Einfahrt. Da wir morgen früh sehr zeitig weiterfahren wollen, bezahlen wir die Übernachtungsrechnung gleich in bar. Erst als er schon wieder weg ist, merken wir, dass WC-Papier und Handtücher fehlen. So fahren wir erst einmal in den Ort und kaufen neben Klopapier einen Sixpack Bier, Kekse und Teebeutel ein. Gleich neben dem niedlichen Laden ist ein Restaurant. Ein Steak mit Pfeffersauce und leckerem Kartoffelbrei gibt es zum Abendessen. Alles ist selbst gemacht, sind doch noch einige Stückchen ganzer Kartoffeln im Brei. Herrlich. Beim Essen überlegen wir ob wir auf dem Rückweg eine andere Unterkunft als die Cabaria nehmen sollen. Wir lassen uns die Zimmer im oberen Geschoss des Restaurants zeigen. Sie sind einfach, sauber und schön bunt gestaltet. Das große Bad und ein extra WC sind am anderen Ende des Ganges. Da wir aber wahrscheinlich die einzigen Gäste sein werden, stört uns dies nicht wirklich. Die Tochter des Besitzers erzählt uns dann noch was es alles zum Frühstück geben wird. Da kann man fast nicht nein sagen. Ich reserviere gleich zwei Zimmer für unsere Rückreise. Gut gelaunt machen wir uns auf den Rückweg zum Haus. Trinken noch eine Dose Bier und genießen das Prasseln des Feuers im Kaminofen. Doch lange halten wir es nicht aus. Fallen uns doch die Augen mehr als einmal zu. Kaum im Bett schlafen wir auch schon tief und fest.

230 Kilometer nur Schotter gibt es für uns auf der letzten Etappe der Carretera. Zum ersten Mal haben wir einen »Termin«, denn wir sollten um 12 Uhr an der Fähre über den See sein, der auf der Strecke nach Villa O'Higgins liegt. Die 10 Uhr Fähre erreichen wir in keinem Fall, da hätten wir sonst schon um sechs Uhr morgens losfahren müssen. Und dies würde eineinhalb Stunden fahren bei Dunkelheit bedeuten. Auf einer Schottenstrecke nicht wirklich ein Spaß. Auch unser Vorhaben um sieben Uhr los zu fahren verschieben wir um 45 Minuten bis es hell geworden ist. Kaum ist es richtig hell geworden, lassen wir es auch schon krachen. Meist steht mehr als 80 Kilometer pro Stunde auf dem Tacho. Und so erreichen wir bereits um 11 Uhr den Fährhafen. Genügend Zeit für einen leckeren, wenn auch sauteuren, Kaffee und frische Empanadas. Ein weiterer Motorradfahrer stößt zu uns. Ein Chilene, ebenfalls mit einer 650er BMW. So sind wir nun gleich drei BMW Sertão am Ende der Welt. Alles muss rückwärts auf die Fähre, da diese nur eine vordere Ladeklappe hat. Lastwagen, ein Pick-up mit Bootsanhänger, alles zirkelt millimetergenau auf die Ladefläche. Wir dürfen als letzte an Bord. Markus parkt in Frontrichtung. Unser Chilene dreht um. Ich stehe quer zur Fahrtrichtung. Sieht echt lustig aus wie wir so kreuz und quer auf der Fähre geparkt haben. Festgezurrt wird nichts. Doch meine BMW könnte nicht einmal umfallen, da mein linker Alukoffer direkt am Schiffskörper ansteht. Es ist eine gemütliche Fahrt über den Meeresfjord. Rund

45 Minuten fahren wir an unberührten Küsten und Wäldern vorbei bis wir am Südende des Sees wieder anlegen. Nochmal 99 Kilometer atemberaubende Strecke dürfen wir genießen. Doch ist die Strecke ist wieder ziemlich anspruchsvoll, so dass wir meist im Stehen fahren. Vor lauter rechts und links schauen vergessen wir ganz die Anstrengung. Am Lago Cisnes bietet sich ein wahres Postkartenmotiv. Strahlend blauer Himmel und schneeweiße Wolken spiegeln sich im ruhigen Wasser. Saftig grüne Wälder umrahmen die Ufer. Mitten in einer Wiese mit gelben Blumen lasse ich mich nieder. Mein Blick gleitet hinüber über das türkisfarbene Wasser bis hinauf zu den Gletscher bedeckten Bergen am Horizont. Zweieinhalb Stunden später erreichen wie das Dorf am Ende der Carretera Austral, Villa O'Higgins. Stolz stellen wir uns vor dem Ortsschild auf uns lassen uns und unsere Maschinen von einem netten Bewohner fotografieren. Es ist ein unbeschreibliches Gefühl. Es ist eine Mischung aus Stolz, Freude und Glück über das erreichte Ziel. Wie zur Belohnung wartet eine gemütliche und rustikale Unterkunft auf uns. Wir bekommen das beste Zimmer des Hauses. Bald knurrt jedoch unser Magen, was bedeutet, dass wir uns auf die Suche nach einer Essensmöglichkeit machen sollten. Ein kurzer Blick auf die an der Wand hängende Karte des Dorfes zeigt uns, dass es nur zwei Restaurants gibt. Wir entscheiden uns das Nächstgelegene anzusteuern. Als wir es erreichen sind wir erst einmal

ziemlich enttäuscht, da die Eingangstüre abgeschlossen ist. Doch im hinteren Bereich entdecke ich eine Person. Kurzer Hand gehe ich zur Hintertüre und frage, wann das Restaurant aufmacht. Es ist ein Mann den wir schon auf der kleinen Fähre gesehen hatten und, der mich jetzt wie einen alten Bekannten begrüßt. Wir sollen noch ungefähr eine dreiviertel Stunde warten, dann könnten wir wieder kommen. Um die Zeit etwas zu verkürzen, erkunden wir noch die eine oder andere Straße im 600 Seelen Dorf. Entdecken dabei zwei kleine Kirchlein, einen aufwändig gestalteten Dorfplatz und viele kleine und lustige Eindrücke aus dem Leben der Bewohner. Bis zum Bau der Carretera wohnen hier nur eine Handvoll Menschen. Doch die politischen Spannungen zum nahegelegenen Argentinien veranlassten den damaligen chilenischen Diktator Pinochet hier eine Militärstation zu errichten. Zum Glück ist es seit vielen Jahrzehnten ruhig in dieser Gegend. Kurz nach neunzehn Uhr sind wir wieder vor unserem Restaurant. Wieder ist die Türe geschlossen, doch diesmal wir uns gleich geöffnet. An einem langen Tisch nehmen wir Platz. Ich frage nach einer Speisekarte, doch diese gibt es hier nicht. Ein Essen hätte sie für uns. Wir lassen uns überraschen was wir wohl erhalten werden. Es dauert richtig lange bis das Essen kommt. Alles wird frisch und sehr gemütlich zubereitet. Mittlerweile duftet es aromatisch und lecker aus der Küche. Wir erhalten gegrilltes Rindfleisch am Knochen mit Salzkartoffeln. Mit goldgelber Butter und einer Prise Salz sind die Kartoffeln ein wahres Gedicht. Dazu bekommen wir einen Tomaten- und Eisbergsalat den wir mit Limettensaft, Salz, Pfeffer und Öl nach unserem Geschmack selbst anmachen können. Rundum zufrieden verlassen wir zur späteren Stunde das Lokal. Es ist Wind aufgekommen und es ist empfindlich kühl geworden. Meinen grenzenlosen Optimismus mit kurzärmligen Poloshirt los zu gehen muss ich jetzt ein wenig büßen. Doch es sind ja nur ein paar hundert Meter bis zu unserer mollig warmen Unterkunft. Hundemüde fallen wir in Bett. Was für ein Tag.

Ohne Wecker wachen wir dennoch um kurz vor acht Uhr auf. Die Sonne scheint strahlend auf die Bergrücken und lässt den Schnee in strahlendem Weiß erscheinen. Gemütlich und warm ist es in unserem Frühstücksraum. Tee, kleine Brötchen vier Scheiben Käse, Butter und Marmelade, mehr gibt es nicht. Doch hier am Ende der Carretera Austral, am Ende aller Straßen Chiles muss man auch bedenken, dass Alles was hier gegessen wird, den langen Weg über viele hundert Kilometer Schotterpiste zurücklegen muss. Heute ist erst einmal Waschtag angesagt. Poloshirts, Windstopperhemd und einige Unterhosen landen im Waschbecken. Eigentlich dürfte ich dies gar nicht schreiben, ist doch die Farbe des Waschwassers der Poloshirts so dreckig, dass dies gar nicht besonders gut aussieht. Es ist, mit Verlaub gesagt, eine pechschwarze, dreckige Brühe. Nach und nach wird die Wäsche jedoch sauberer und das Wasch- und Spülwasser verändert kaum noch die

Farbe. Was mich am Ende der Strecke brennend interessiert, ist es mal zusammen zu schreiben, welchen Schotterstraßen Anteil wir insgesamt auf der Carretera Austral gefahren sind. Beginnend in der Hafenstadt Puerto Montt haben wir bis Villa O'Higgins 1.146 Kilometer zurückgelegt. Davon 476 Kilometer auf besten, meist neuen Asphaltstraßen. Und 670 Kilometer auf Schotter-, Erd- und Lehmstraßen. Somit sind im Moment 60 % der Carretera Austral unasphaltiert.

Doch wir sind noch nicht am Ende dieser legendären Straße. Sieben Kilometer trennen uns davon. Und so machen wir uns auf auch noch dieses Stück zu fahren. Vorbei am Flughafen, über eine große Hängebrücke geht es weiter Richtung Süden. Eingeklemmt zwischen dem Rio Mayer und dem Steilhang schlängelt sich die Piste noch vier Kilometer weiter bis zum Lago O'Higgins. An einer Schilfanlegestelle ist dann endgültig Schluss. Und wie für uns gemacht steht dort auch eine Schild mit der Aufschrift »Fin de la Carretera Austral". Ja, jetzt sind wir tatsächlich jeden einzelnen Kilometer, beginnend bei Puerto Montt, dieser einzigartigen, dieser legendären Straße gefahren.

Wir können uns schwer von diesem für uns so emotionalen Ort trennen. Und ohne Worte verstehen wir uns, nicken uns zu und wissen, dies machen wir nochmal.

Reif für die OsterInsel

Beim Gedanken an die Osterinsel fallen einem zumeist erst die riesigen, mystischen Steinfiguren, die Moais, ein. Zuallerletzt kommt man auf den Gedanken, dass man auf der, nur 17 mal 18 mal 24 Kilometer großen Insel auch Motorradspaß haben kann. Doch mitten im Pazifik lässt sich das UNESCO Weltkulturerbe gerade mit dem Zweirad besonders intensiv erleben.

Rapa Nui, wie die Insel in der Sprache der Einheimischen heißt, bedeutet: Nabel der Welt. Die Ureinwohner waren der festen Überzeugung die einzigen Menschen zu sein. Denn rings um diese einsame Insel gibt es nichts als Meer. Gut vorstellbar, dass bei einer Entfernung von über 3.500 Kilometer vom südamerikanischen Festland und 4.200 Kilometer von Tahiti, kaum jemals Besucher kamen. Ihren heutigen Namen, Osterinsel, verdankt die Insel dem Niederländer Jakob Roggeveen, der diese genau am Ostersonntag 1722 entdeckte.

Die ersten Blicke aus dem Fenster der Boing 767 sind vielversprechend. Überall sehe ich kleine Naturpisten, die sich durch die Insel schlängeln. Ich sehe aber auch dass die Insel wirklich sehr sehr übersichtlich ist. Und noch etwas macht mir Sorgen, hatte ich mir doch in Santiago den rechten großen Zeh recht ordentlich angehauen und nun passt der Fuß kaum in den Schuh. Wie soll ich denn ab morgen damit Motorradfahren.

Um meinen Fuß zu schonen, lassen wir uns am nächsten Tag von der unglaublich hilfsbereiten Vermieterin der Marae Cabañas zur Motorradvermietung fahren. Erster Schock: die Kreditkarte meiner Hausbank ist wegen angeblicher Überziehung gesperrt. Sehr seltsam. Dafür geht die Kreditkarte eines großen Motorradversandhandels völlig problemlos. Zweiter Schock: Unsere, bereits von zu Hause, reservierte Yamaha 250 Cross sieht so ganz anders aus, wie wir das erwartet hatten. Der Kupplungshebel ist zu einem Drittel abgebrochen, die Radsicherung hinten übernimmt ein rostiger Nagel, der hintere Kunststoffkotflügel hat zwei ziemlich lange Risse, die Blinker gehen nicht und der Tacho bleibt beharrlich bei 0 km/h stehen. Aber das Beste könnte fast als »Kunstobjekt am Motorrad« durchgehen, ist doch der Bremshebel in der Form eines Halbmondes umgebogen und kann nur mit maximal zwei Fingern benutzt werden. Nun gut, wird schon gehen denke ich mir. Dafür sind die Reifen in einem guten Zustand und beim Starten der Maschine kommt das Strahlen in mein Gesicht zurück. Seidenweich läuft der Einzylinder und auch das neue Federbein erfreut mein Gemüt. Apropos Schalten mit kaputtem Zeh: Dies klappt wunderbar indem ich einfach mit der Hacke schalte. Gewusst wie.

Die Orientierung fällt am ersten Tag schwer, gibt es doch überhaupt keine Straßenschilder und nur wenn man Glück hat ist der Straßenname am Bordstein aufgepinselt. Entsprechend schwer ist auch die Nationalparkstation zu finden. Doch ein freundlicher Polizist hilft uns weiter. Irgendwie ist heute der Tag der kleinen Schocks. Dass der Eintritt in den Nationalpark happige 30.000 Pesos oder 60 US$ kosten würde, wussten wir ja schon im Vorfeld. Dass aber die beiden Highlights, der Vulkan Ranu Kau und der Steinbruch Rano Raraku nur jeweils ein einziges Mal besichtigt werden kann, ist bei dem Eintrittspreis schon recht heftig. Und, wie könnte es anders sein, auch hier ist keine Kreditkartenzahlung möglich.

Die erste Ausfahrt kreuz und quer durch den einzigen Ort der Insel, Hanga Roa, versöhnt. Es gibt nur eine einzige Hauptstraße die von recht wenigen Restaurants und Cafés gesäumt wird. Durchmischt von kleinen bis winzigen Einkaufsläden für den täglichen Bedarf der Inselbevölkerung. Gemütlich im zweiten Gang tuckern wir entlang und fühlen uns sofort wohl.

Keine großen Hotels, keine Betonbauten, keine vielstöckigen Bauten, keine Hektik. Südseeinselleben pur.

Der nächste Morgen bringt eine Überraschung. Die Batterie ist leer. Da kaum jemand auf der Insel den Zündschlüssel abzieht, hatte ich dies »natürlich« auch nicht gemacht, nur habe ich dabei vergessen die Zündung auszuschalten. Doch das Anschieben im großen Gang war einfacher als gedacht und Sekunden später schnurrt die Yamaha als wäre nie etwas gewesen. Direkt an der Landepiste des Flughafens entlang geht es auf die »Southeast Coast Road« zu unserem ersten Moai. Wer kennt sie nicht, diese riesigen Steinfiguren mit ihrem mystischen Gesichtsausdruck, durch die die Osterinsel bekannt geworden ist. Doch unsere Enttäuschung ist zuerst einmal groß. Nicht etwa stolz aufrechtstehend, sondern auf die Nase gefallen erleben wir dieses Weltkulturerbe. Hätten wir die Geschichte vorher gelesen, hätten wir gewusst, dass bei den Stammeskriegen die Moais des Gegners bewusst nach vorne umgestoßen worden sind.

Weiter auf der gut geteerten und wenig kurvenreichen Straße kommen wir alle paar Kilometer an ehemaligen Kultstätten vorbei. Immer wieder können wir von der Hauptstrecke abzweigen und ein wenig Offroadspaß am Pazifischen Ozean genießen. Starker Wind ist mittlerweile aufgekommen und die Brandung spritzt weit hinauf aufs Land. Wir genießen den fast unendlichen Blick hinaus auf Meer. Ganz heranfahren an die Moais dürfen wir übrigens nicht.

Der Respekt und die Regeln der Nationalparkverwaltung verbieten es die unmittelbaren Flächen zu befahren oder auch zu betreten. Auch dürfen die mystischen Figuren nicht berührt werden. Weiter und weiter geht die Fahrt entlang der Küste und immer neugieriger und neugieriger werden wir. Wir fahren zum größten wiederhergestellten Ahu, der Zeremonienplattform, dem Ahu Tongariki. Diese Moais stehen wie vor hunderten von Jahren, stolz aufgerichtet mit stoischem Blick zum Zentrum der Insel.

Wirklich ehrfürchtig lassen wir die Yamaha stehen und gehen die letzten Meter zu Fuß hinüber zur Plattform. So also haben all die vielen Statuen ausgesehen, die wir bisher nur umgestürzt gesehen haben. Es ist als hätten wir in einer Zeitmaschine die Jahrhunderte zurückgedreht. Fünfzehn dieser über sechs Meter hohen Kolosse stehen in Reih und Glied auf einer, nahezu hundert Meter langen, Plattform. Auch wenn bei diesen riesigen Statuen die Augensteine fehlen und auch nur ein einziger Moai den aus rotem Gestein bestehenden Kopfschmuck trägt, ist die unmittelbare Begegnung atemberaubend. Wir entdecken einen schwierigen Feldweg hinunter Richtung Meer. Mit der leichten 250er jedoch lässt sich dieser problemlos meistern und so gelingt es mir die Statuen aus einer anderen Perspektive zu fotografieren.

Allzu weit komme ich jedoch nicht, da die Gesteinsbrocken auf der einen Seite und das Meer auf der anderen Seite ein Weiterkommen unmöglich machen. Längst habe ich meinen Helm abgelegt, längst geistern vor meinen Augen die Szenen aus Kevin Costners Film »Rapa Nui, Rebellion im Paradies«.

Doch noch gibt es mehr zu entdecken. Die Straße wird zunehmend schlechter. Der Teerbelag besteht nur noch aus einer wilden Sammlung verschieden großer Schlaglöcher. Und hier zeigt sich die Schluckfreudigkeit der Federung unserer Yamaha von ihrer besten Seite. So geht dies die nächsten vier Kilometer. Unvermittelt endet die Schlaglochpiste und geht in eine rotsandige Strecke über. Es ist als würde man auf einem Samtkissen fahren. Da es seit Tagen nicht geregnet hat, ziehen wir eine lange, rote Staubfahne hinter uns her.

Acht Kilometer genüssliches Pistenfahren weiter erreichen wir den Strand »Ana Kena«. Es ist der einzige Sandstrand der Osterinsel. Aber das was wir zu sehen bekommen ist Südseeidyll pur. Eine halbmondförmige Bucht mit weißem Sandstrand, Palmen deren Wedel fast bis in Wasser reichen und ein paar Hütten in denen es köstliche, frisch gepresste Fruchtsäfte und saftige Fleischgerichte gibt. Nur wenige Besucher, meist Einheimische, liegen am Strand und genießen die wärmenden Strahlen der Sonne. Doch dies ist nicht Alles. Etwas erhöht, am oberen Ende der kleinen Sanddüne stehen sie. Die sieben Moai

Statuen des Ahu Nau Nau. Teilweise gekrönt von einem riesigen rotfarbenen Steinhut. Für die Erbauer dieser Kultstätte war wohl die Idylle des Strandes der perfekte Hintergrund, denn betrachtet man die Figuren von ihrer Vorderseite so könnte die Szenerie nicht atemberaubender sein.

Leicht vorzustellen, dass wir uns von diesem Ort erst Stunden später wieder losreißen können. Was folgt ist eine mitten durch Insel führende gute Teerstraße von rund 18 Kilometer Länge. Da diese Straße etwas erhöht verläuft, wird unsere Fahrt immer wieder versüßt durch den Blick hinaus auf Meer zu beiden Seiten der Insel. Überrascht werden wir vom Temperaturunterschied als wir durch den einzigen größeren Wald der Insel fahren. Hielten wir uns am Strand noch gerne im Schatten auf, so frösteln wir nun doch ziemlich auf unserem Motorrad. Doch der folgende herrlich kurvige Straßenabschnitt wärmt gleich wieder auf.

Am nächsten Morgen lacht die Sonne und es ist schon richtig warm geworden. So beschließen wir mit etwas leichterer Kleidung die Tour anzugehen. Doch kaum zwei Kilometer außerhalb Hanga Roa platschen die ersten dicken Tropfen auf unsere Visiere. Und schneller, viel schneller, als ich eine Unterstellmöglichkeit finden kann, gießt es wie aus Kübeln. Nach nicht mal einer Minute ist der Spuk vorbei, doch wir sind patschnass. Wieder geht es entlang der Küstenstraße zum anderen Ende der Insel. Sturm ist aufgekommen und selbst bei Vollgas kommt unser

Motorrad im großen Gang nicht dagegen an. Immer wieder heißt es bis in den dritten Gang zurückzuschalten. Dies bringt uns aber auf den Gedanken so oft es geht von der Hauptstraße auf parallel verlaufende Feldwege auszuweichen. Oft genug enden diese zwar in einer Sackgasse aber das gemütliche Offroadfahren macht dafür umso mehr Spaß. An einige der Maoi Statuen können wir so, ganz legal sogar, recht dicht heranfahren. Davor ist die Yamaha ein reiner Winzling. Heute einfach nur die unbekannte Seite der Insel zu erkunden, zu sehen wir mühsam Ackerbau betrieben wird, wie gemütlich das Inselleben verläuft, ist für den Rest des Tages unser Motto.

Ich, falsch, das Motorrad gibt alles. Grund ist, dass wir vor den organisierten Touristengruppen, auch wenn sie überschaubar sind, die Entstehungsstätte der Moais besichtigen wollen. Pünktlich, zusammen mit dem Nationalparkmitarbeiter, erreichen wir die Eingangspforte. Doch zunächst überrascht uns der Mitarbeiter und sein Motorrad. Stellt er dies zuerst, wie üblich, links auf den Seitenständer ab und, als dies nicht so recht gelingt, weil das Motorrad zu steil steht, stellt er es einfach nach rechts auf den Seitenständer ab. Wir staunen nicht schlecht, hat doch dieses Motorrad tatsächlich zwei Seitenständer. Ganz ehrlich, so etwas habe ich mir in manch heikler Situation auch schon mal gewünscht. Vielleicht nimmt ja mal ein Zubehörhersteller dieses Thema auf.

Zurück zur Kultur. Rund um den erloschenen Vulkan Ranu Raraku sollen 397 fertige oder halbfertige Moai Statuen zu finden sein. Kaum sind wir zu Fuß einige Meter den Hang hinauf gewandert, sehen wir die halb im Erdreich steckenden Steinkolosse. Jetzt haben wir direkt vor unseren Augen die Bilder, die wir bisher nur von Fotografien kannten. Doch es ist nicht nur der reine Anblick, es ist die mystische Stimmung, vielleicht auch eine besondere Energie, die von diesem besonderen Ort ausgeht. Das frühe Aufstehen hat sich in jedem Fall gelohnt, denn so können wir die Szenerie ganz alleine genießen. Ein recht steiler Anstieg führt hinauf zum Kraterrand. Von hier oben reicht der Blick weit über die Insel. Noch beeindruckender ist der Blick nach innen. Tiefblau schimmert der im Krater liegende Süßwassersee. Gesäumt von Schilf und Schilfmatten, die vom Wind getrieben über den See treiben. Halbwilde Pferde am gegenüberliegenden Kraterinnenrand suchen Windschutz am Rande des Schilfs. Dass dieser Schilfgürtel auch den Tod bringen kann, ist schmerzlich zu sehen. So liegt ein totes Tier, stark aufgedunsen, im Wasser des Sees.

Beim Anblick der vielen Moai Statuen kommen mir Zweifel über die zuvor gelesene Theorie des Transports der tonnenschweren Figuren. So können wir uns noch vorstellen, dass ein Abrutschen auf dem Außenhang des Vulkans und der Transport auf Holzrollen zu den Kultstätten möglich sein könnte. Wie allerdings die Figuren über den Kraterrand des Vulkans gebracht worden sein sollen, bleibt rätselhaft. Mit Abrutschen und auf Holzrollen aber sicherlich nicht. Da dieser Ort mit dem Nationalparkticket nur einmal besichtigt werden kann, verweilen wir noch Stunden hier, allerdings wird es uns nicht eine Sekunde langweilig.

Doch wir wollen etwas Offroad-Piste fahren. Nach 13 Kilometer zweigt eine Schotterpiste ins Innere der Insel ab. Vier staubig schöne Kilometer später stehen wir vor einer weiteren Besonderheit der Moai Kultur. Die Moais von Ahu Akivi. Stehen doch diese sieben, leicht bauchigen, jeweils rund sechzehn Tonnen schweren Herren, nicht mit dem Gesicht zum Inselinnern, sondern sie schauen hinaus auf Meer. Und ihr Blick richtet sich genau auf den Sonnenuntergang zur Frühlings- und Herbstsonnenwende.

Die nächsten sechs Kilometer die wir entlang der Westküste fahren würden jeden Teilnehmer eines Enduro Trainings ein breites Grinsen ins Gesicht zaubern. Auf diesem Parcours mit knackigen Gefällestrecken, mit ausgewaschenen Spurrinnen, durch gröbere Gesteinsbrocken hindurch, kann unsere Yamaha wieder ganz ihre Trümpfe ausspielen. Und wir vergessen fast, dass wir an der Steilküste noch die Höhlen von Ana Te Pahu anschauen wollten. Diese sind allerdings auch nicht ganz einfach zu finden. Nur mit einem winzigen Schild gekennzeichnet führt ein Pfad an den Rand der Steilküste. Und nur von See aus gesehen lassen sich diese ausmachen. Der Geschichte nach sollen sie einst den Menschen als Zufluchtsort gedient haben. Wir aber flüchten vor der hereinbrechenden Dunkelheit über die restlichen fünf Kilometer herrlich staubige Piste zurück nach Hanga Roa.

Wieder ziemlich früh geht es heute in der morgendlichen Kühle hinauf auf den über 300 Meter hohen Vulkan Rano Kau. Für die Touristenbusse wurde diese Straße vor einigen Jahren, mit UNESCO Geldern, verbreitert und asphaltiert. Dies mildert zwar den Fahrspaß, aber immerhin sind einige schwungvolle Kurven eingebaut.

Dieser Teil des Nationalparks gehört zu den beiden Bereichen, die nur einmal pro Eintrittskarte besucht werden können. Diesmal ist weit und breit niemand der uns kontrolliert. Nur wenige Meter Fußweg entfernt befindet sich die Kultstätte Orongo mit rund 50 restaurierten Häusern und verschiedenen Felszeichnungen. Beeindruckend ja, aber der Blick der sich uns in den 200 Meter tiefer liegenden Vulkankratersee bietet ist mit überwältigend nur oberflächlich zu beschreiben. Tiefblau spiegeln sich Himmel und Wolken im See. Durchsetzt mit in verschiedensten Grüntönen versehenen Schilfinseln.

Einen Weg nach unten gibt es legal nicht und auch der Weg rund um den Kraterrand existiert nicht mehr. War wohl doch zu gefährlich, denn schließlich fällt an der südlichen Seite die Corona mehrere hundert Meter auf der einen Seite ins offene Meer und auf der anderen Seite in den Kratersee hinab. Gut für uns ist, dass wir auf der anderen Seite des Vulkankegels zwei kleine Wege entdecken, die wir mit der Yamaha hinauffahren können und wir nur wenige Meter zu Fuß gehen müssen, um diesen einzigartigen Anblick aus einer anderen Perspektive sehen zu können.

Zurück im Ort heißt es die Essenvorräte aufzufüllen. An der Hauptstraße, der Atamu Tekena, haben sich heute die Einheimischen Bauern aufgestellt. Und es geht ziemlich rustikal zu. Pick-Up geparkt, Ladeklappe runter, Waage aufgestellt und schon wird verkauft.

Wortlos bekommen wir eine Plastiktüte in die Hand gedrückt. Tomaten, Zwiebeln, Salat, Kartoffeln und vieles mehr wandern in die Tüte. Irgendwie komisch denken wir noch, wie wird dies wohl abgerechnet. Doch dies wird hier ganz einfach erledigt. Gesamte Tüte auf die Waage und zum Einheitspreis 1.200 Pesos, rund 1,60 Euro, wird abgerechnet. Dass es noch extremer geht zeigt der Stand nebenan. Hier wird vor Ort zerlegt, bevor die Fleischstücke in der prallen Sonne ausgebreitet werden. Mit Palmwedeln werden die Fliegen verscheucht.

Auch der Fischverkauf geht recht grob vonstatten. Ein kurzer Zuruf des Käufers aus dem Auto und schon landen im hohen Bogen drei prächtige Fische auf der sandigen Ladepritsche. Die Menschen aus dem Inselinneren sind ziemlich verschlossen und tragen raue Gesichtszüge. Erst beim dritten, vierten

Einkauf können wir ihnen ein kleines Lächeln entlocken.

Der nächste Tag steht im Zeichen des Projekts »Maunga Terevaka«, das heißt, ich will mit dem Motorrad den höchsten Punkt der Insel mit 509 Metern erklimmen. Auf den meisten Karten sind die Wege dort hinauf nur als Trampelpfade, auf anderen ist mal die westliche, mal die östliche Strecke, als Weg gekennzeichnet. Also hilft nur Selbsterkunden. Acht Kilometer außerhalb von Hanga Roa zweigt mitten im Wald bei Vaitea die östliche Piste ab. Zunächst rund einen Kilometer geht es leicht bergauf über Waldboden und steinige Bereiche. Vor dem ersten knackigen Anstieg halte ich erst einmal an und suche mir am Hang eine geeignete Linie. Steil, sehr steil, tief ausgefahren mit groben Gesteinsbrocken versehen, zeigt sich Piste recht anspruchsvoll. Jedoch mit Crossreifen und meinem leichtem Gerät macht es einfach nur höllischen Spaß die lange Steigung zu erklimmen.

Oben angekommen laufen mehrere, teilweise kaum zu erkennende, Spuren durch flaches Wiesengelände. Hier heißt es die richtige Wahl zu treffen. Ich entscheide mich für die optisch direkteste Variante zum Gipfel. Mit mittlerer Drehzahl und teilweise im dritten Gang lasse ich es flott über die schmale Spur fliegen. Bis, ja bis, zum nächsten Steilstück. Eine respekteinflößende, felsige Auffahrt mit gröberen Gesteinsbrocken liegt vor mir. Schade, dass ich vergesse mein Gesicht aufzunehmen mit dem breiten Grinsen, wie die 250er den Berg hinauf stürmt. Unvermittelt wird es wieder sanft und steigt kaum noch an. Erst mal das Motorrad abstellen und diesen unvergleichlichen Rundblick genießen sage ich mir. Und in der Tat ist der Ausblick einzigartig, kann ich doch von hier fast die gesamte Insel überblicken und sehe am Horizont nur das blaugraue Wasser des Pazifischen Ozeans. Nur einen kleinen Bereich versperrt hier noch der höchste Gipfel der Insel. Und, als hätte ich es fast schon geahnt, fordert der letzte Teil alles von mir und der Yamaha ab. Ein bisschen stolz bin ich schon auf mich selbst, als ich auf 509 Meter Höhe das Motorrad abstelle. Ein 360 Grad Blick, absolute Stille und dieses Gefühl von positiver Einsamkeit sind kaum zu beschreiben. So sitze ich gefühlte Stunden und lasse einfach nur meinen Blick in die Ferne schweifen.

Für die Fahrt wieder hinunter an die Küste hatte ich mir die westliche Route ausgesucht. Doch irgendwelche Hinweise gibt es hier nicht. Wieder zurück im Wiesenbereich fahre ich einfach in Richtung Westen quer durchs kniehohe Gras hindurch. Langsam sind auch wieder Spuren zu finden. Zwei knifflige Passagen fordern bremsenloses hinab tuckern im ersten Gang. Langsam kommen die ersten Behausungen näher, was folgt ist noch eine 800 Meter lange »Baumwurzelholperstrecke«, welche die Federelemente mächtig arbeiten lässt. Beim schon mal besuchten Ahu Akivi hat mich dann die Straße wieder.

Noch kitschiger könnte, am letzten Abend, unser Abschied von der Osterinsel kaum ausfallen. Kurz vor Sonnenuntergang fahren wir an das Nordende der Stadt, dort wo ebenfalls größere Moaistatuen aufgestellt sind. Zusammen mit rund hundert anderen Sonnenanbetern betrachten wir das Schauspiel der untergehenden Sonne, die genau zwischen den mystischen Figuren im Meer versinkt. Aroha Rapa Nui, auf Wiedersehen Osterinsel.

Chiles unbekannte Mitte

Südlich von Santiago de Chile auf der Panamericana, heißt es Kurs Süd und man will so schnell wie möglich Patagonien erreichen. Dabei bleiben die Landstriche rechts und links oft unentdeckt. Doch die chilenischen Weinanbaugebiete, die Bilderbuchvulkane, die »Los Lagos« Region - das chilenische Seengebiet - und nicht zu vergessen, die Surfparadiese am Pazifischen Ozean versprühen einen ganz besonderen Charme. Auch für die Freunde von erdigen und schottrigen Pisten wird ziemlich viel geboten.

Der »große Tag«, das Motorrad wartet. Raus aus der Metro erwartet uns ein Gewirr an Straßen und es bedarf mehr als ein Blick auf die Karte um die richtige Richtung einzunehmen. Ausgerechnet heute strahlt die Sonne in voller Stärke beinahe senkrecht über unseren Köpfen und bietet fast 30° Grad. Die Motorradjacke ist zum Laufen bei diesen Temperaturen nicht wirklich förderlich. Innerhalb von wenigen Sekunden ist mein rotes Baumwolle T-Shirt restlos nass und auch die entstehenden Gerüche verändern sich in Richtung Naserümpfen. Viel weiter als angenommen zieht sich der Weg durch die Wohnorte der gehobenen Mittelschicht von Santiago de Chile. Große SUV der deutschen Nobelmarken finden sich fast in jeder Garageneinfahrt. Endlich ist die Straße erreicht in der unsere Motorradvermietung »ridechile« zuhause ist. Mike und Thomas haben uns bereits erwartet und unsere Yamaha 660 Ténéré steht fertig in der Ausfahrt. Offensichtlich sieht Thomas mein ziemlich rotes und verschwitztes Gesicht und bietet uns sofort zwei Gläser mit köstlichem Mineralwasser an, in dem glitzernde Eisblöcke viel Erfrischung versprechen. Das tut gut. Die innere Hitze, die Spannung verlässt uns und ich bin bereit für den unvermeidlichen Papierkram. Einen Berg von A4 Seiten gilt es zu unterschreiben und die Abbuchungen für die Miete und die Kaution zu machen. Nun kann ich auch gemütlich die Yamaha ein bisschen genauer ansehen. Erst dachte ich, die sieht ja ganz schön mitgenommen aus, bis ich genauer hinsehe und entdecke, dass lediglich die faltige Tankschutzfolie die Optik stört. Stolz zeigt mir Mike den angebauten Scotoiler und gibt mir auch noch einen halben Liter Spezialöl mit, nicht ohne den Hinweis immer schön auf die

Kette aufzupassen, dass diese auch stets gut geschmiert ist. Und wäre dies noch nicht genug legt er auch noch eine große Dose Kettenspray in den Koffer. Kopfschütteln verursache ich, als ich noch sage, dass ich den Tankrucksack gar nicht brauche. Nur mit etwas Überredungskunst gelingt es mir, dass dieser wieder abmontiert wird.

Aber ich bin gierig endlich aufzusitzen und loszufahren. Sanft rastet der erste Gang ein und wir rollen vom Hof. Doch ich gebe keine gute Figur ab. Wie ein Anfänger schlingere ich die ersten paar Meter davon. Ich muss mich erst einmal an die, für mich ungewohnte, Lenkgeometrie gewöhnen. Doch nach einigen Kilometern Fahrtstrecke gewinne ich mehr und mehr Vertrauen in die Maschinen. Natürlich muss ich mich auch damit anfreunden, dass ein Einzylinder runder gefahren werden muss, damit dieser nicht unwillig in die Kette haut. Nach einem kurzen Zwischenstopp im Hostal soll es gleich mal hinauf in die nur rund 50 Kilometer entfernten Anden und die dortigen Skigebiete gehen. Entlang der großen durch den Stadtkern führenden Straße Providencia, kommen wir vorbei am noblen Wohn- und Einkaufviertel »La Golf«, in dem die Glaspaläste von Shoppingzentren, Versicherungen, Banken und sündhaft teuren Appartementanlagen um die Wette protzen.

Die acht Millionen Metropole zieht und zieht sich und weit und breit sind keine Hinweisschilder zu entdecken. Also beschließe die Grobe Richtung auf die Berge zu nehmen. Langsam verlassen wir die dicht besiedelten Stadtviertel. Doch ob wir richtig sind oder nicht lässt sich nicht sagen. Einige Kilometer weiterbeschließen wir dann, auch wegen der vorgerückten Zeit, umzukehren und einfach die erste Ausfahrt als Installation-Lap zu sehen. Und was noch viel ausschlaggebender ist, mein Magen knurrt mächtig und hat Hunger. Also Maschine gewendet und zurück in die City. Doch lange dauert die Fahrt nicht, es ist Rushhour in Santiago und über die sechs und achtspurigen Straßen quält sich der Verkehr in und aus der Innenstadt. Schnell lerne ich den Fahrstil der einheimischen Motorradfahrer zu kopieren und folge diesen wie ein Schatten. Im Kielwasser geht es in hohem Tempo zwischen den Autos und Bussen hindurch. Und mehr als einmal möchte ich nicht eine dicke Tageszeitung zwischen die Lenkerenden und dem Bus schieben. Permanente, wieselflinke Kurs- und Spurwechsel bestimmen den Rhythmus. Es ist wie Tanzen auf der Straße und macht gehörigen Spaß. Schnell, fast zu schnell, sind wir am Plaza d'Italia und am Hostal. Eine neue Erkenntnis macht mir richtig Freude. Auch Kolonnenhüpfen in der Stoßzeit kann richtig Spaß machen. Bei einem typischen Chilenischen Afterwork-Essen, das heißt Papas Fritas und kühlem chilenischem Bier aus Literflaschen, beschließen wir den heutigen Motorradtag. Nach einem sehr üppigen Frühstück mit leckerem »Jugo Natural«, frisch gepresstem Orangensaft, füttern wir das Navi mit unserem nächsten Ziel; Santa Cruz. Doch das Navi will immer wieder auf die Autobahn. Entnervt gebe ich irgendwann nach und ehrlich gesagt ich will auch so schnell wie möglich aus der Metropole raus. Endlich finde ich die Abfahrt auf die Landstraße, die G60. Herrlich lässt es sich cruisen. Kaum, bis gar kein, Verkehr erlaubt es den Augen die karge, trockene Landschaft zu scannen. Immer wieder erstaunlich ist wie viel einfacher es auf dem Land im Vergleich zu Deutschland zugeht. So wohnen vier- bis fünfköpfige Familien auf kaum mehr als $30m^2$, ohne Keller. Dafür aber mit recht großen eigenen Gärten für den Gemüse- und Früchteanbau. Kurz vor San Petro gehen dann die Meinungen über den weiteren Weg auseinander. Unsere beiden klassischen Landkarten führen zu völlig unterschiedlichen Strecken. Auch das zur Hilfe genommene Navi präsentiert nur eine weitere Version, die aber auf den Karten nicht zu finden ist. Und nun? Ich entscheide mich als technikaffiner Mensch für die Navivariante. Und das Navi sollte Recht behalten. Nicht nur dass die Richtung stimmt, die Route entlang des grünblau schimmernden Lago Rapel ist beeindruckend und auch die schönen Strände und Unterkünfte laden zum Verweilen ein. Nach ein paar schwungvollen Kurven über sanfte Hügel öffnet sich vor uns der Blick in das Zentrum des chilenischen Weinanbaus, das Valle Colchagua. Sattgrün reihen sich Tausende und Abertausende Weinreben bis an den Horizont. Kein Wunder, dass Chile zu den größten Weinproduzenten der Welt gehört. Chile liegt mit rund 13.000

Hektoliter pro Jahr deutlich vor Deutschland mit einer Jahresproduktion von 9.000 HL. Das kleine Hotel, Viña Bello, könnten schöner nicht liegen. Mitten in den, von drei Seiten umgebenden Weinreben. Trotz aller Romantik zieht es uns aufs Motorrad um die nahe gelegene Stadt Santa Cruz zu erkunden. Doch bei brütend heißen Temperaturen von weit über 35° sind wir in Vollmontur deutlich overdressed. Gleich neben der Plaza de Armas, dem kleinen Zentrum, findet sich ein Schattenplatz und wir können Jacken und Handschuhe in den Motorradkoffern verschwinden lassen. Doch so richtig will sich da Gefühl einer kleinen, kolonial geprägten Stadt nicht einstellen. Entlang der Hauptstraße finden sich zu beiden Seiten nur schmuck- und gesichtslose Hausfassaden. Und ein Laden mit grellbunten Platikdingen reiht sich an den anderen. Leider wurde eben die alte Substanz durch Erdbeben, wie an so vielen Orten in Chile, zerstört. Nur das Hotel Santa Cruz strahlt in historischem Outfit. Doch in Wirklichkeit ist das Hotel ein Neubau mit einer Aussenfassade ähnlich der einer Theaterkulisse. Schön aber eben nicht echt. Da um diese Jahreszeit, im chilenischen Frühling, die Sonne senkrecht über unseren Köpfen herab brennt, beschließen wir, den Rest des Tages im Schatten oder im Pool zu verbringen. Zusätzlich verwöhnt das nahegelegene Restaurant Viño Bello mit köstlichen Speisen und schwerem Rotwein. Beim Studieren des Etiketts ist mir klar, warum ich den Wein im Kopf spüre. 14,7% ist schon eine Ansage. Auf einem Flyer hatte ich ein Bild einer schweizerischen Kabinenseilbahn gesehen, die es hier im Colchagua Tal geben soll. Westlich von Santa Cruz, drei Kilometer vor Colol, findet sich des Rätsels Lösung. Der Besitzer des Weinguts Viña Santa Cruz ließ sich, weil er eben dies in der Schweiz gesehen hatte, hinauf auf einen Hügel seines Weingutes eine kleine Seilbahn bauen. Carlos Cardoen, so der Name des Besitzers, baute sich aber auch noch ein eigenes Automobilmuseum, neben dem sehenswerte Museo de Colchagua bei Santa Cruz. Wie wir erfahren, entstammt auch das neue Hotel in Santa Cruz ebenfalls der Idee und des Geldbeutels dieser schillernden Persönlichkeit. Seit den 80er Jahren gibt es einen internationalen Haftbefehl wegen Verstrickungen in Waffengeschäfte. Da er somit nicht mehr aus Chile ausreisen kann, verwirklicht er seine Träume nun vor Ort. All das erfahren wir auf einer Führung durch das Weingut. Der kleine Rundgang endet, wie könnte es anders sein, mit einer Weinprobe. Zuerst umschmeichelt der Gaumen ein starker Roséwein, dann ein tiefroter Carménère, gefolgt von einem Cabernet-Sauvignon der förmlich auf der Zunge zerfließt. Langsam mache ich mir Sorgen, dass ich nachher in diesem Zustand nicht mehr Motorradfahren kann. Doch noch »müssen« wir einen Grand Reserve Malbec probieren, der nochmals ein Geschmacksfeuer zündet. Jetzt ist an Fahren endgültig nicht mehr zu denken. Besonders lustig finde ich, dass unsere Gastgeberin fleißig mitgetrunken hat. Entsprechend leichtfüßig geht es zur Talstation der

Kabinenseilbahn, die uns in drei Minuten auf die Spitze des kleinen Hügels bringt. Auch hier hat Cardoen etwas geschaffen. Eine Hommage an die drei größten Urbevölkerungsgruppen, die Azney aus dem Norden, die Mapuche aus Mittelchile und die Rapa Nui der Osterinsel. Jedem dieser Volksgruppen sind Exponate und ein winziges Museum gewidmet. Ach ja, und nebenan befindet sich auch noch eine voll ausgestattete Sternwarte. Nach einer gemütlichen Kaffeepause im hauseigenen Restaurant und Stunden später, traue ich mich wieder auf das Motorrad. Und es macht Spaß, denn kurz hinter Colol geht es im fröhlichen Kurvenschwingen hinauf in die Hügel von Pumanque und kurvenreich wieder hinunter ins Tal der großen Weingüter. Große und bekannte Namen wie die der Rothschilds oder Los Vascos stehen an den Eingängen der riesigen Güter, deren Reben sich mehrere Kilometer bis zu den Winzereien ziehen. In Peralillo, einem kleine Straßennest meldet sich punktgenau zur Mittagszeit mein knurrender Magen zu Wort. Und er wird mit frisch gebratenem Fisch mit köstlich in der Schale gegrillten Kartoffeln verwöhnt. An die Kombination, Motorradfahren, Weinprobe, Relaxen, Motorradfahren, lecker Essen könnte ich mich gewöhnen. Bei der Rückfahrt nach Santa Cruz ist es gut, dass die Straße topfeben und gut ist, denn Schlaglöcher würden sich mit unseren übervollen Bäuchen nicht gut machen. Wolken sind über Nacht aufgezogen und es ist, besonders im Gegensatz zu gestern, empfindlich kühl geworden. Das Navi ist mit

Überland- und Offroadstrecken gefüttert. Nach ein paar knackigen Kurven Richtung Westen und einer kleinen, sanften Bergstrecke geht es wieder hinüber ins Tal von Colol. Dichter und dunkler werden die Wolken von Minute zu Minute. Und dann, als hätte jemand die Dusche voll aufgedreht, beginnt es stark zu regnen. Wie könnte es anders sein, darauf hatte ich nicht gewettet und so müssen wir schnellstmöglich etwas zum Unterstellen suchen. Zum Glück sind die chilenischen Bushaltestellen meist überdacht und wir retten uns vor dem Wolkenbruch unter das schützende Dach. Schnell ziehe ich das Goretex-Inlet an und will auch die wasserdichten Handschuhe überstreifen. Aber, es ist schon zu ahnen, befinden sich diese tief unten in der fest verschnürten Gepäckrolle. Alles abbauen oder mit nassen Handschuhen weiterfahren. Ich entscheide mich, gegen alle Vernunft, für die nasse Variante. Vier Kilometer westlich des Ortes Colol ist der Einstieg in die 47 km lange Naturstraße hinüber in die Region Maule. Doch als ich diese Piste sehe, stockt mir schon ein wenig der Atem. Vom Regen komplett aufgeweicht, schmierig, dass ich selbst beim Testen mit den Stiefeln ständig ausrutsche. Und zu allem Übel auch noch vom gerade darüber gefahrenen Lastwagen mit tiefen Furchen verziert. Das wäre, gerade zu zweit auf einer Maschine, eine echte Quälerei mit Spaßfaktor Null. Etwas enttäuscht wende ich die Yamaha und fahre die gesamte Strecke wieder zurück nach Santa Cruz, da es Richtung Süden keine andere Alternative gibt. Wenigstens hat der Regen mittlerweile aufgehört, aber es ist bitterkalt und mir frieren, bedingt durch den Chilleffekt mit den nassen Handschuhen, die Finger ein. Leider drängt die Zeit und es gilt nun eine zügigere Gangart einzulegen. Schnell haben wir die riesigen Weinrebenfelder hinter uns gelassen und tauchen in die Region Maule ein. Diese zeigt ein deutlich verändertes Vegetationsbild. Wüsste man nicht, dass man in Chile ist, würde diese Landschaft glatt als Süddeutschland durchgehen. Eine alternative Streckenführung, die recht schnell nach Süden führt, gibt es in diesem Teil Chiles nicht. Heißt deshalb nun für uns die Autobahn 5 zu nehmen, die legendäre Panamericana. Und so fahren wir zwar komfortabel aber auch leicht gelangweilt, vorbei an Curico, Talca, bis wir endlich kurz nach Chillan, die Autobahn wieder verlassen können. Ziel ist das kleine Weingut Viña Chillan, das vom Schweizer Winzer und Landwirt Rudolf Ruesch geführt wird. Herzlich und mit festem Handschlag werden wir auf Schweizerdeutsch willkommen geheißen. Doch Rudolf muss gleich wieder zur Arbeit und will auch noch schnell, es ist 16 Uhr, zu Mittag essen. Später, beim Abendessen, erzählt er uns, dass er auch noch eine große Rinderherde sein Eigen nennt, die ihm im Moment aber Sorgen bereitet, da fast alle Rinder an einer Grippe erkrankt sind. Doch gleich darauf strahlen wieder seine Augen als er uns die leckeren Speisen aufzählt die uns heute erwarten. Und er vergisst natürlich nicht, auf den besonders guten Wein aus seinem Keller hinzuweisen den er nun gleich ausschenken wird. Bei 14,7 prozentigem Camenere und 14,5 prozentigem Malbec klingt der Abend noch lange nicht aus. Und Rudolf erweist sich als Meister der Unterhaltung, erzählt vom Anfang des Weinguts 2001 bis zum verheerenden Erdbeben des Jahres 2010, dass er live miterlebt hat. Die Führung durch sein Weingut und seinen Weinkeller und die spannenden Geschichten von Rudolf fesseln uns so, dass wir ganz vergessen, dass wir heute noch »Strecke machen« müssen. Wieder rauf auf die Panamericana Kurs Süd. Eine Ausfahrt zu früh verlasse ich diese und lande mitten im Chaos. Temuco, eine Stadt mit 260.000 Einwohnern und Hauptstadt der Region Araucania, lässt einen verzweifeln. Null Wegweiser und keine markanten Anhaltspunkte finden sich in der gesichtslosen Stadt. Gesichtslos hauptsächlich deshalb, da nach dem Erdbeben von 1960 nahezu alles schnell wieder aufgebaut werden musste. Auch unser Navi tut sich schwer und führt uns durch winzige Wohngebietsstraßen. Ruck zuck sind wir nach einer guten Stunde raus aus diesem Moloch und finden die Straße nach Cunco. Wie herrlich ist dies zu fahren, sanfte Kurven in dieser hügeligen Landschaft versüßen das Motorradfahren. Und auch die ständige Berg- und Talfahrt der langen Geraden macht mächtig Freude. Viel zu schnell sind wir am Abzweig Faja 16000 mit dem Hinweisschild

Adela & Helmut. Was jetzt folgt sind knackige viereinhalb Kilometer Schotterpiste mit, besonders in den Spitzkehren, ausgewaschenen Passagen. Doch das 21 Zoll Vorderrad der Ténéré kämpft sich auch hier souverän hindurch. Helmut, ein waschechter Schwabe, hat hier mit seiner einheimischen Frau Adela ein Gästehaus mit voll eingerichteten Wohnungen und ein Backpacker-Quartier aufgebaut. Adela zaubert für uns an diesem Abend ein Essen mit einer riesigen Portion Lachs, leckeren Dips, knackigem Salat und einer süßen Nachspeiseverführung. Natürlich gibt es auch hier wieder viel zu erzählen und wir lauschen aufmerksam den Erzählungen Helmuts. Am nächsten Morgen gibt er uns für die Offroadtour durch den Nationalpark Conguillio genaue Tipps, welche Streckenabschnitte kniffelig zu fahren sind und wo wir aufpassen sollen. Und, er gibt uns auch noch eine große Dose Bier mit, die wir am Parkeingang beim Parkranger abgeben sollen. Wieder 4,5 km Schotter, zurück auf die Hauptstraße und einige Kilometer Asphalt, führen nach Cunco, einer kleinen, aber liebenswerten Provinzstadt. Da wir der Tankanzeige nicht recht trauen, füllen wir unseren Tank randvoll, da es auf den nächsten 120 km keine Tankstelle mehr gibt. Bereits am Ortsausgang des nächsten Dorfes, Melipeuco, sehen wir den Bilderbuch Vulkan Llaima, einer der aktivsten Vulkane Chiles. Und auch am Ortsausgang endet das Asphaltband und ab jetzt heißt es »Schotter pur«. Die uns von Helmut mitgegebene Dose Bier wirkt an der Zahlstelle zum Eingang des Nationalparks Wunder. Mit einem breiten Lächeln sind wir von nun an Mitglieder einer Reisegruppe und bezahlen nur ein Drittel des normalen Personenpreises. Grobschotterig geht es vorbei an noch jungen Lavafeldern hinauf auf das Hochplateau auf der Südostseite des Vulkans. Der Blick auf den mit einem Eispanzer bedeckten, in der Sonne glitzernden Berg, verschlägt einem den Atem. Ebenfalls verschlägt einem der Pistenabzweig hinüber zur Laguna Verde den Atem. Wie auf Watte gebettet gleitet die Yamaha auf pechschwarzer Aschepiste. Still, garniert mit abgestorbenen Baumstämmen, präsentiert sich der See, der seinen Namen zu Recht trägt. Spiegelt sich doch der Himmel im grünblauen Wasser des Sees. Rund zweieinhalb Kilometer genießen wir die Aschepiste, die in der Nationalparkkarte nicht eingezeichnet ist, entlang des Sees. Vor einigen Pistenpassagen hatte uns Helmut gewarnt und diese auch in die Karte eingezeichnet. Und fast auf den Meter genau fordert der ausgewaschene rund 50 Meter lange Anstieg alles von Maschine von Fahrer. Wovon wir dann noch überrascht werden, sind die teils 50cm tiefen Wasserdurchfahrten, die sich nach dem gestrigen Regen gebildet haben. Da ich diesmal die am Schaft etwas kürzeren Stiefel anhabe, muss ich die Füße von den Rasten nehmen, damit mir das Wasser nicht oben reinläuft. Entsprechend unpräzise steuere ich durchs schlammige Wasserloch. Doch die Belohnung folgt einen Kilometer später, die Laguna

Arco Iris. Majestätisch spiegelt sich Vulkan Llaima im kleinen Bergsee. Nur die immer wieder das Wasser kräuselnden Winde, stören die perfekte Silhouette. Von diesem Anblick sich loszureißen fällt schwerer als gedacht. Und dann, nach der nächsten Kurve, sehen wir sie. Die Bäume, die der ganzen Region ihren Namen geben, die Araukanien. Diese Bäume verleihen dieser vulkanisch geprägten Landschaft etwas Urzeitliches. Und dies täuscht nicht, sind doch die Araukanien eine uralte Koniferenart, die es schon zur Jura- und Kreidezeit, also vor 145 bis 200 Millionen Jahre gab. Hier oben im Nationalpark konnten diese langsam wachsenden Bäume überleben, während sie in bewirtschafteten Zonen vom Menschen gefällt und meist durch schnellwachsende Eukalyptus Bäume ersetzt wurden. Wenn jetzt noch irgendwelche urzeitlichen Tiere durch die Araukanienwälder streifen würden, wir würden es glauben. Auch hier fällt es schwer, sich wieder auf das Motorrad zu setzen und weiterzufahren. Eine Gelegenheit länger im Park zu verweilen bietet der Campingplatz am großen Lago Conguillio, unweit des Informationszentrums des Parks. Jedoch, wir wollen weiter, weiter zum Laguna Captrén. Ein bemaltes Hinweisschild macht uns stutzig. Weiterfahren nur mit »zwei« angetriebenen Achsen und auch auf der uns von Helmut vorbereiteten Karte, ist die Stelle als besonders schwierig deklariert. Zum Umdrehen habe ich keine Lust, wird schon irgendwie klappen ist die Parole. Erdig, im dunklen Wald, schmierig und mit tiefen Spurrinnen zeigt sich der, nicht unerhebliche, Anstieg. Aber zwischen den verschiedenen Spurrinnen gibt es eine Art schmales Hochplateau. Und genau darauf lässt es sich, präzises Zielen vorausgesetzt, recht komfortabel die Bergstrecke erklimmen. Oben angekommen öffnet sich der dunkle Wald und wir können wieder den makellos blauen Himmel sehen. Drei Kilometer weiter dann die schon ersehnte Laguna Captrén, mit ihrem Unterwasserwald. Vor der Kulisse der schneebedeckten Anden, hat dieser kleine See etwas Mystisches. Wiederum lädt ein Campingplatz zum längeren Verweilen ein. Doch auch hier zieht es uns weiter. Stets den Vulkan Llaima zu unserer Linken verlassen wir nach rund acht Kilometern den Park. Unser Nummernschild wird beim Ausfahren notiert, so dass die Parkverwaltung stets weiß wer sich im Park befindet. Weitere 65 km Schotterpiste begleitet uns bis zur nächsten Asphaltstraße. Eigentlich wollten wir noch die Fondacion Cholchol besuchen, in der Kunst der Mapuche Indianer zu Fairtradepreisen verkauft wird. Aber direkt vor unseren Augen schließt das Eingangstor. Nun gut, dann beim nächsten Mal. Nur noch 70 Kilometer trennen uns von einem köstlichen Abendessen bei Adela und Helmut und einem köstlichen Bier der Marke »Baltica Dry«. Insgesamt 270 km ist die heutige Tagesetappe lang, davon rund 110 km Schotterpiste. Ein echter Genusstag für jeden Off-Roadfahrer. Es heißt Abschied nehmen von einem Stück Schwabenland im Mapucheland. Mit frischem Rührei der hauseigenen Hühner gestärkt lassen wir es auf der Pistenhausstrecke ordentlich fliegen. Ein paar Kilometer weiter im Ort Cunco ist der Teufel los. Es ist Wahlsonntag in Chile und die Hauptstraße vor dem einzigen Wahllokal der Stadt ist zur Fußgängerzone erklärt. Überall sichert Polizei und Militär die Straßen. Etwas ungewöhnlich für unsere Augen. Doch die Einwohner machen daraus ein wahres Fest. An allen Ecken stehen kleine Markt- und Essenstände. Von überall her klingt Musik. Nur eines gibt es heute nicht, Bier. Denn an Wahltagen ist Alkoholausschankverbot. Wegen der Sperrung finden wir auch nicht gleich den Einstieg zur Piste nach Süden. Nach drei Kilometer Teerstraße heißt es, Schotterpiste pur. Hinunter an den Lago Colico, der uns einen atemberaubenden Blick beschert. Eingebettet zwischen den tiefgrün bewaldeten kleinen Berghügeln. Es ist schwer zu entscheiden wohin der Blick gehen soll. Auf den romantischen See oder auf die immer anspruchsvoller werdende Piste. Rund zehn Kilometer führt der Weg am Nordufer des Sees entlang. Mal fast auf Seehöhe, dann wieder hoch darüber an einer Steilwand entlang. Kaum zu glauben, dass es in dieser Einsamkeit noch viele Bauernhöfe mit Viehzucht gibt. Nachdem der See langsam aus unserem Rückspiegel verschwindet, steigt die Piste mehr und mehr an. Den fjordartig, tief eingebetteten nächsten See, den Lago Caburguo, können wir zwischen den die Sicht versperrenden vielen Bäumen nur erahnen. Die Strecke wechselt hier, in den dunklen Waldstrecken stets von Schotter auf Waldboden, der sich aber erstaunlich gut und sicher befahren lässt. Für einen kurzen Moment, können wir im zehn Seelen Dorf Playa Negra, die ganze Pracht dieses Bergsees genießen. Fast schon sanft gleiten wir Kilometer und Kilometer, Höhenmeter um Höhenmeter weiter Richtung Osten. Als wir aus dem dichten Wald herauskommen, bietet sich eine einzigartige Szenerie. An den Berghängen, hinauf zur Argentinischen Grenze, stehen dicht an dicht Araukanienbäume wie aus dem Bilderbuch. Selbst oben auf dem Grenzkamm recken diese Urbäume stolz ihre Äste in den Himmel. Vor lauter bewunderndem Umherschauen merke ich viel zu spät, dass ich für den vor mir liegenden extrem steilen Anstieg, gewürzt mit tiefen Furchen, den falschen Gang drin habe. Und ausgerechnet jetzt bekomme ich den ersten Gang nicht rein und lande im Leerlauf. So hänge ich am unteren Ende des Hangs in einer Furche fest und kann gerade noch einen Sturz abwenden. Durchatmen, Gang präzise einlegen und ganz sanft anfahren ist nun gefragt. Und es klappt, der Stollenreifen greift und langsam nehmen wir wieder Fahrt auf. Seit Stunden sind wir keiner Menschenseele mehr begegnet, so dass es gut tut im Dorf Reigolli wieder auf ein normales Dorfleben zu treffen. Und, so unglaublich es klingt, wir genießen auch die geteerte, glatte Hauptstraße des Ortes. Leider gibt es hier kein Restaurant in dem wir unseren Hunger etwas stillen können und auch die Freude über die Teerstraße ist nur von kurzer Dauer, endet doch diese genau am Ortsausgangsschild. Entlang eines Gebirgsflusses geht es recht zügig voran. Da es seit Tagen nicht mehr geregnet hat, ziehen wir eine mächtige Staubfahne hinter uns her. Doch das Flusstal wird zunehmend enger und die Straße führt höher und höher am Berghang hinauf. Und höher und höher wird auch die Grobschotterauflage. Trotz des 21 Zoll Vorderrades schlingert das Motorrad recht ungemütlich. Rund zehn Kilometer, bis nach Currarrehue, schlingern wir so dahin. Nach 118 Kilometer anspruchsvoller Piste haben wir uns den Besuch, des direkt neben der Tankstelle liegenden, Restaurants verdient. Hier müssen wir alle unsere Spanischkenntnisse zusammennehmen, denn eine Speisekarte gibt es nicht, dafür wortgewaltige Aufzählungen von einheimischen Köstlichkeiten. Ein exzellent gebratenes Hähnchen, sahnig weiche Kartoffeln und der knackfrische Salat lassen die Lebensgeister wieder mehr als aufleben. Ob das wohl mal eines der Hühner gewesen ist, die lustig gackernd rund um uns herumlaufen. Jetzt nur nicht darüber nachdenken. Die nächsten 36 Kilometer bis in den Touristenort Pucon sind fahrerisch unspektakulär. Doch es fällt unglaublich schwer die Augen auf die Straße gerichtet zu lassen. Viel zu schön ist der Blick auf den, wie aus dem Bilderbuch stammenden, Vulkan, den Vulkan Villarica. Majestätisch, die weiße Schneekappe im hellen Sonnenlicht glitzernd, erhebt sich dieser 2.840 Meter hohe Vulkankegel. Von stets aus dem Krater aufsteigenden Rauch- oder Dampfschwaden sehen wir aber im Moment nichts. Vielleicht macht er heute einfach auf Nichtraucher. Der am Fuße des Vulkans liegende Ort Pucon ist ein typischer chilenischer Ferienort mit vielen Restaurants, Cafés, Bars und vor allem, vielen Adventure-Agenturen. Unser Hostal, das Casa Satya, liegt etwas außerhalb in einer ruhigen Seitenstraße. Doch in der Vorsaison verbreitet das, ansonsten überfüllte, Ortszentrum einen durchaus gemütlichen Charme. Vielleicht auch deshalb, weil wir ein bayrisches Lokal mit frisch gezapftem Bier finden. Hier fällt es nicht schwer, über die Landkarte gebeugt, alle die wunderbaren Streckenabschnitte der Tour Revue passieren zu lassen. Badehose und Handtücher einpacken gilt es für den heutigen Tag. Denn rund um den aktiven Vulkan Villarica gibt es eine Reihe von Thermen, die zum Plantschen im heißen Wasser einladen. Eine der, auch optisch, spektakulärsten Thermen soll die »Termas Geométricas« sein. Ursprünglich hatten wir vor, direkt durch den Nationalpark Villarica zu fahren, aber nachdem am Vortag drei KTM Fahrer auf halber Strecke wieder umgedreht sind und anschließend noch einige Zeit an den Motorrädern schrauben mussten, entscheiden wir uns für die sanfte Version. 25 Kilometer entlang der Südseite des Lago Villaricas hinüber nach Westen in die größte Stadt am See, Villarica. Ja, hier ist alles nach dem Vulkan benannt, See, Stadt, Nationalpark. Villarica selbst ist nicht wirklich sehenswert, zu viele, zu schnell aus dem Boden gestampfte Häuser- und Hotelblöcke. Dafür entschädigt die sich sanft zwischen den Hügeln schlängelnde Straße hinunter zum 26 Kilometer entfernten Lago Calafquén. Ebenfalls touristisch umfassend erschlossen, aber dennoch schön am Nordufer daran entlang zu fahren. Fast ist es als wäre man entlang eines oberitalienischen See unterwegs. 20 Kilometer weiter, in Coñaripe, zweigt die Straße zur Therme ab. Ein kleiner, unscheinbarer Wegweiser, wir sind natürlich erst mal daran vorbeigefahren, zeigt, dass wir richtig sind. Eine breite, recht steile Schotterpiste führt am Südhang des Vulkans hinauf. Über sechzehn Kilometer feinstes Offroad-Vergnügen begeistern. Wieder ein winziger Wegweiser, wieder fast verpasst, und wieder geht es nochmals steiler den Hang hinauf. Dann, nach einer scharfen Kurve haben wir das Ziel erreicht. Ein unscheinbarer Eingang und ein einziges Auto sind zu sehen. Völlig durchgekühlt kommen wir an. Am Morgen ist es momentan nicht wärmer als acht Grad. Aber wir wollten ja gleich zur Öffnung in der Terma Geométricas sein, denn von 10 bis 12 Uhr lassen sich pro Person 2.000 Pesos sparen. Und durch das Empfehlungsschreiben von Helmut, als Reiseagentur, sparen wir nochmals 10 Prozent. Noch immer schlottern wir in unseren Motorradklamotten und der Anblick der Umkleidekabinen lässt die Gänsehaut noch stärker auftreten. Denn die Kabinen sind nach allen Seiten unten und oben hin offen. Aber der Anblick, der wunderschön zwischen den Felsen und tropischer Vegetation gelegenen 17 Wasserbecken macht an. An macht auch die Beschilderung an den Becken mit 37°, 39°, 41°, 44° und »muy caliente«. Auf rot lackierten Holzstegen geht es in der engen Felsschlucht, über fast 500 m hinauf. Überall dampft es, überall plätschert der warme Fluss, der tief aus dem Innern des Vulkans kommt. Wir probieren das 39° warme erste Becken. Doch so durchgefroren wie wir sind, empfinden wir dieses Temperatur als viel zu heiß. Bei 37° geht es besser und wir können uns rundum im Thermalwasser aufwärmen. Nach und nach steigern wir uns, und schaffen es bis zum Becken mit 44°. Dabei heizt es uns aber schon recht mächtig ein. Insbesondere meine Schrammen am rechten Bein, die ich mir beim unvorsichtigen Absteigen vom Motorrad vor zwei Tagen geholt habe, brennen höllisch. Doch der Gedanke, dass das Heilwasser ja dafür gut sein soll, lässt die Schmerzen aushalten. Diese Therme ist ein einzigartiges Erlebnis. Einzigartig auch deshalb, weil das, vom Architekten Germán del Sol, geschaffene Ensemble aus geometrisch angeordneten Stegen, Bassins, Ruhebereichen und weiteren geometrischen Elementen ein wahres Kunstwerk darstellt. Auch der Name der Therme leitet sich aus der Form der Elemente ab. Viel zu lange verweilen wir an diesem Tag noch in Pucon mit Blick auf den Vulkan Villarica. Doch von so einem Anblick kann man sich wirklich schlecht losreißen. Rund 300 Kilometer geht es nun wieder Richtung Norden. Vorbei an Villarica, Temuco und weiter in die Region Biobio zu den Wasserfällen, Saltos del Laja. Hier stürzt der gleichnamige Fluss über insgesamt vier Fälle bis zu 40 Meter tief. Im chilenischen Sommer besuchen Tausende dieses Naturschauspiel. Heute ist es jedoch sehr ruhig und die kleinen Kioske und Restaurants schließen bereits um 18 Uhr. In unserem, etwas in Jahre gekommenen Hotel ist zum Glück das Restaurant geöffnet. Und wir werden mit einem exzellenten Abendessen überrascht. Mit dem Blick von der Zimmerterrasse direkt auf den Wasserfall endet dieser Tag.

410 Kilometer sind für die heutige Tagesetappe geplant. Schnell haben wir auf der Panamericana die 260 km Kilometer bis Talca abgespult. Ab hier geht es auf kleinen Landstraße wieder gen Westen. Und endlich, direkt in Licantén, beginnt er wieder, der Schotterpistenspass. Und dieser endet erst wenige Kilometer vor Pichilemu. Pichilemu ist der Hotspot der Jungen und Junggebliebenen, die alle nur Eines im Kopf haben. Nein, nicht das was man jetzt denken könnte, es ist das Surfen auf den Wellen des pazifischen Ozeans. Wenn auch das Meer zu keiner Jahreszeit richtig warm ist und alle mit Neoprenanzügen unterwegs sind, so ist der ganze Ort einzig und allein auf dieses Freizeitvergnügen ausgerichtet. Passend zum Publikum gibt es kaum Hotels, dafür aber Hostels in riesiger Zahl. Wir haben uns das Sunset Hostel, das direkt am Meer liegt und seinem Namen alle Ehren macht, ausgesucht. Von der großen Holzveranda des Hostels lässt sich jeden Abend das Schauspiel von Sonnenuntergang und Surfern genießen. Die

Profis unter den Wellenreitern gehen ihrer Leidenschaft ein paar Kilometer südlich der Stadt, am Punta del Lobos, nach. Dort gibt es die höchsten Wellen, aber auch die höchsten Gefahren. Kreuze und Gedenktafeln oberhalb der Klippen zeugen davon, dass immer wieder Surfer zwischen den Klippen den Tod gefunden haben. Zurück im Ort lädt die Hauptstraße mit den kleinen urigen Restaurants zum Fischessen ein. Riesige Portionen zu unglaublich niedrigen Preisen dürfen wir hier im Restaurant Docas genießen, dazu ein »Chop« einen halben Liter frisch gezapften Bieres. Die, wenn auch etwas zu laute, lebensfrohe Musik, passt prima zum Gesamtambiente des Ortes. Pichilemu ist ein echter Geheimtipp für lustigen, lebensfrohen und dabei günstigen Urlaub an der Pazifik Küste. Nicht nur als Surfers Paradise. Kühl, sehr kühl, ist es heute Morgen und dazu mit bis auf die See reichenden Nebel. Und noch kühler wird es hinauf in die direkt hinter Pichilemu aufsteigenden Hügel. Wunderschön gleichmäßig kurvig schlängelt sich die Straße hinauf auf die bewaldeten Höhenzüge. Über 150 km genießen wir die fast verkehrslosen Landstraßen die nach Norden führen. Als wir kurz vor Casablanca ins gleichnamige Tal eintauchen, hat sich die Quecksilbersäule auf 33° im Schatten eingependelt. Eigentlich wollten wir in diesem Weinanbaugebiet das Bio-Weingut Emiliana besichtigen, doch bei diesen Temperaturen in voller Motorradmontur verschieben wir das erst mal auf die Rückfahrt. So gleiten wir auf der neuen Autobahn hinein in die quirlige

Millionenstadt Valparaiso. Unser Navi ist mit der Adresse unseres Hotels gefüttert und so fahren wir frohen Mutes in das Gewirr der kleinen Straßen. Doch auch nach 30 Minuten kreisen wir immer noch zwischen Hafen und den Hügeln. Auch mit dem Sprit wird es langsam knapp. Also erst mal in Ruhe tanken, Navi neu programmieren und dann zum zweiten Versuch starten. Und wie es scheint klappt es. Das Display zeigt nur noch 50 m bis zum Ziel an. In Gedanken höre ich schon »Sie haben Ihr Ziel erreicht«, doch es kommt alles anders. Steil geht die Kopfsteinpflasterstraße hinauf. Und unvermittelt endet, bei ca. 25% Steigung, die kleine Straße. Da am Ende auch noch zwei Autos stehen gibt es keine Möglichkeit das Motorrad zu wenden. An einer Haustüre entdecke ich eine kaum einen Quadratmeter große, ebene Fläche. Mit viel Geschick und Schweißperlen unter dem Helm gelingt es die beladene Yamaha so zu wenden, dass wir wieder zurückfahren können. Wie konnte sich das Navi denn so verschätzen. Des Rätsels Lösung findet sich in der Topografie der Stadt. Die eigentliche Straße findet sich kaum fünf Meter entfernt, aber 25 höher auf dem Cerro Alegre. Die Altstadt von Valparaiso, die UNESCO Kulturerbe ist, erkunden wir dann erst mal zu Fuß und genießen die einzigartigen Schrägaufzüge, die Funiculares, die teilweise über hundert Jahre alt sind und die zurzeit, eine nach der Anderen, restauriert werden. Dass die gesamte Stadt auch die heimliche Welthauptstadt der Graffiti Kunst ist, merken wir sehr schnell. Überall sind diese wirklich sehenswerten Kunstwerke zu finden. Und dass diese Kunst absolut »in« ist, zeigt sich daran, dass neue Bauten bewusst mit Graffiti verschönert werden. Auch zu einem »Must« gehört die Fahrt mit dem Trolleybus, ein klapprig schrulliges Vergnügen. Die nächsten beiden Tage hat unsere Yamaha erst mal Pause, die Stadt lässt sich einfach besser zu Fuß, mit Trolley und Bus, und mit den Funiculares, den Schrägseilbahnen erkunden. Wieder ist es nicht leicht, sich von diesem Ort, diesem Land und den freundlichen Menschen, zu trennen.

Im Fantasy-Film – Die Färöer Inseln

Seit die Fähre nach Island keinen zweitägigen Zwangsaufenthalt mehr auf den Färöer-Inseln macht, ist die Inselgruppe in einen touristischen Dornröschenschlaf gefallen. Zu Unrecht.

Alles ist an Deck der »Norönna« und wundert sich, wer denn wohl hier von Bord geht. Mitleidige Blicke der Anderen, nach Island weiterreisenden Motorradfahrer begleiten uns aus dem Hafen. Entgegen der Wetterprognose zeigt sich heute extra die Sonne zur Begrüßung bei immerhin 11° C, punktgenau damit getroffen die durchschnittliche Sommertemperatur auf den Färöer-Inseln. Die Zweifel im Hinterkopf, ob es richtig war, hier zu bleiben und nicht nach Island weiterzufahren, verfliegen schnell. Wie aus einem Fantasy-Film zeigt sich uns die Landschaft schon nach der nächsten Kurve. Merkwürdig geformte Berge, direkt aus dem Meer aufsteigend. Viel zu grüne Wiesen, durchzogen von unzähligen großen und kleinen Wasserfällen. Über all diesem unwirklichen Szenario wabert dann noch zusätzlich der Nebel der tiefhängenden Wolken. Würden aus dem Nebel die Gefährten aus dem Film »Der Herr der Ringe« auftauchen, wir würden es glauben.

Die Temperatur ist schnell wieder gefallen auf unserem Weg auf die Nordinseln, wo wir unsere erste Ferienwohnung angemietet haben. Doch zunächst geht es erst einmal 150 Meter unters Meer hinab. Unheimlich einerseits, andererseits sehr bequem, dass seit ein paar Jahren aufgrund dieses 6,3 Kilometer langen Meerestunnels keine Fähre mehr zur Überfahrt nach Klaksvik, der zweitgrößten Stadt, benutzt werden muss. An der tiefsten Stelle lockert die farbige Lichtkunst des färöischen Künstlers Tróndur Patursson die triste Atmosphäre der Tunnelröhre auf. Typisches Färöerwetter mit kaum 12° Celsius lässt uns am nächsten Tag erst mal die Motorradjacke bis ganz oben schließen. Richtung Norden auf der Nr. 70 geht es wenige Kilometer hinter Klaksvik schon wieder in einen dunklen Tunnel. Fast zwei Kilometer lang, nur eine Fahrspur, unbeleuchtet und naturbelassen. Trotz der Zusatzscheinwerfer der Adventure und Fernlicht tasten wir uns mit besserer Schrittgeschwindigkeit hindurch. Auch wenn wir in dieser Richtung Glück haben, denn die Ausweichbuchten, sofern man sie überhaupt sieht, sind auf der anderen Seite, und wir dürften bei Gegenverkehr einfach weiterfahren. Kaum dem dunklen Schlund entronnen währt die Freude nur 40 Meter, danach geht's in den nächsten schmalen kilometerlangen Tunnel. Als wäre dies nicht genug, schlägt wild die ASC-Kontrollleuchte an, und der Motor stottert vor sich hin. Jetzt traue ich mich kaum noch, Gas zu geben, und hänge auf dem letzten Kilometer ziemlich verkrampft am Lenker. Am Ende der Strecke sind wir in Viðareiði, einem Dorf mit atemberaubenden Aussichten. Hier auf die höchsten Klippen der Welt, dort auf die beiden nördlichsten Inseln Fugloy und Svínoy. Beides Inseln, die nur mit einem kleinen Postboot oder dem Helikopter zugänglich sind, auf denen aber nach wie vor, ziemlich einsam, Menschen leben. Bei schlechtem Wetter übrigens, was gerade in den Herbst- und Wintermonaten auf den Färöern Alltag ist, sind die Inseln von der Außenwelt abgeschnitten. Wir nehmen uns vor, in den nächsten Tagen das kleine Boot zu nehmen und die beiden Inseln zu besuchen. Dass wir dies bis zu unserer Abreise nicht schaffen, liegt dann tatsächlich auch am stürmischen Wetter, aber das wissen wir zu diesem Zeitpunkt ja noch nicht. Auf dem Rückweg lassen uns Landschaftsszenen wie aus dem Bilderbuch kurz nach der Insel Vidoy in das Zwei-Häuser-Dorf Múli abbiegen. Laut Reiseführer soll es hier nichts wirklich Besonderes.

Genau das macht neugierig. Und tatsächlich werden wir nach ein paar Metern bereits mit schönster Schotterstrecke für die nächsten sechs Kilometer belohnt. Und auch der Blick über den Fjord hinüber zum Dorf Viðareiði lohnt allemal die Strecke. Genussvolle Schotterkilometer zurück nehmen wir jetzt den Damm zur Insel Kunoy, der uns, völlig unerwartet, zwei knackige Kurven bietet. Humor haben sie schon, hier oben im Norden. Wer baut schon extra für uns Motorradfahrer einen Damm mit zwei Kurven, sind doch Dämme normalerweise stets ziemlich gerade. Das Dorf Kunoy liegt gegenüber der wie eine Blockflöte aussehenden Insel Kalsoy. Die Insel mit nur einer Straße, aber umso mehr dunklen Tunneln.

Wieder durch den Unterseetunnel, der übrigens für Motorradfahrer kostenlos ist, führt der Weg auf schnell zu fahrender Single-Track-Spur nach Fuglafjørdur. Von dort steigt die Strecke zunächst an und windet sich in einer schönen Serpentine hinunter nach Elduvik, einer kleinen Ansiedlung. Wie auf einer Modelleisenbahn kuscheln sich die kleinen, mit Grasdächern gedeckten Häuser zusammen. Man kann sich kaum satt sehen an der Idylle, und die Kamera bekommt viel zu tun. Über Funnigsfjørdur nach Funningur zieht sich die Straße entlang eines steilen Fjordes. Vom versprochenen Kaffee und einer Rast zum Händeaufwärmen müssen wir allerdings noch weiter träumen, denn das einzige Café hat die Pforten geschlossen. Als Ausgleich wird uns jedoch Dolomiten-Herbstfeeling beschert. Hochgebirgsartige Straßenführung, Haarnadelkurven, ordentliche Steigungen, gewürzt mit Nieselregen und Nebel, begleiten uns hinauf auf die Passhöhe. Rund 500 m Höhendifferenz, ausgehend von Meereshöhe, machen einfach Laune. Hinunter in das kleine, aber feine Dörfchen Gjógv. Dort gibt es wieder Kurven und vor allem bessere Sicht Der alte Hafen, oder sollte man besser sagen: die Hafenschlucht, verschlägt einem den Atem. Die Idee, mit der dicken BMW bis hinunter ans Wasser zu fahren, verwerfen wir allerdings schnell. der angesichts des enormen Gefälles und der schlüpfrigen, algenbewachsenen Stufen. »Sport-Enduro« geistert uns da durch den Kopf, damit würden wir uns trauen. Niemand ist zu sehen, auch eine Möglichkeit, ein Tässchen Kaffee zu trinken, gibt es nicht. Nur ein verspielter Schafhütehund leistet uns Gesellschaft und möchte mit uns das Steinchenwerfenspiel machen.

Nach sechs Tagen in unserer Ferienwohnung gibt es noch eine weitere Woche in die Hauptstadt der Färöer, nach Tórshavn. Eineinhalb Stunden im strömenden Dauerregen bei immerhin knappen 8 bis 9° C begleiten uns bei unserem Umzug. Tórshavn bedeutet aber auch die Rückkehr ins fast normale Konsumleben. Der große Supermarkt SMS macht schon fast shoppingwütig. Offensichtlich haben wir doch einen gewissen Entzug gehabt in den letzten Tagen. Tórshavn selbst lockt aber auch mit den alten, rot gestrichenen oder schwarz geteerten Häusern auf der kleinen Halbinsel Tinganes. Sitz der Regierung und des Ministerpräsidenten. Mit 20.000 Menschen wohnen über 40 Prozent der färöischen Bevölkerung in der

Hauptstadt. Bei unserem Rundgang fällt auf, dass überraschend viele dänische Flaggen gehisst sind, und dies, obwohl es doch seit 1959 eine eigene Nationalflagge gibt. Des Rätsels Lösung findet sich im Hafen. Dort hat die nostalgische Yacht der Königin von Dänemark festgemacht. Und wir haben Glück und können aus nächster Nähe einen Blick auf Margrethe II. und Prinz Henrik von Dänemark werfen. Auch wenn der Regen nicht aufgehört hat, zieht es uns am Nachmittag wieder in den Motorradsattel. Aber auf den Färöern spricht man nicht nur davon, dass jeder Tag alle Jahreszeiten mit sich bringt, hier wechselt das Wetter sogar nach jeder Kurve oder nach jedem Tunnel. Durch den zweiten Unterseetunnel hindurch, der auf die Insel Vágar und den einzigen Flughafen führt, und schon empfängt uns strahlend die Sonne, der Himmel ist wolkenlos.

»Gen Westen« heißt die Parole, denn bei dieser Sicht wollen wir einen Blick auf Mykines werfen, die westlichste In- sel. Was wir dann sehen, ist unbeschreiblich und passt als Kulisse wieder perfekt in jeden Fantasy-Film. Bizarr, scharf gezackt, im 90-Grad-Winkel ins Meer abfallend ragen mystisch riesige Felsen und kleine Inseln aus dem Blau des Meeres empor. Wir sind echt sprachlos.

Seit 2006 kann man nun auch zum Dorf Gásadalur kommen, einem weiteren Foto-Highlight der Inseln. Bis zum Bau des Tunnels war das Dorf nur über einen waghalsigen Fußpfad oder mit dem auch hier landenden Helikopter zu erreichen. Ein Dokumentarfilm darüber führte den Titel »1700 m vor der Zukunft« – genauso lang ist der Tunnel mit der Rampe. In der Serpentine direkt nach dem Tunnelausgang hat man die beste Sicht auf Gásadalur und die vorgelagerte Vogelinsel Mykines.

Genau auf diese Insel geht's am nächsten Tag mit einem kleinen Boot, der »Brynhild«, hinüber. Sogar das Wetter spielt mit, nur die vom gestrigen Sturm übrig gebliebenen hohen Wellen schütteln uns gehörig durch und peitschen hoch über das Boot hinweg. Erst im Schutz der Insel Mykines wird die See ruhiger. Bereits die Ankunft am Kai der kleinen Anlegestelle lässt staunen. Brüten doch die Seevögel genau in Augenhöhe, nur eine Handbreit entfernt. Auch wenn man hier nicht Motorrad fahren kann, diese Insel muss man besucht haben. Die niedlichen Papageientaucher, färöisch »Lundi« genannt, kann man hier überall aus nächster Nähe sehen und beim Fischfang beobachten. Besonders das fliegerische Können der großen Basstölpel im stürmischen Aufwind der Klippen ist einzigartig, sehenswert und bietet unvergleichliche fotografische Momentaufnahmen.

Irgendwie können wir der bei schönstem Sonnenschein ausgesprochenen Warnung unseres Vermieters nicht glauben, dass ein Sturm über die Inseln ziehen wird. Zehn Kilometer weiter werden wir von einer gewaltigen Windböe getroffen, und nur der hier breiten Straße haben wir es zu verdanken, dass wir nicht an der Felswand entlang schrabbeln. Windstärke 8 bis

9 ist wirklich nicht ideal zum Motorradfahren. Trotzdem beschließen wir, zum Museumsdorf Saksun zu fahren. Zu erreichen über eine ganz kleine und enge Straße, die sich im längsten Tal der Inseln entlangschlängelt. Links zum Wasser hin nur mit Holzpfosten »gesichert«. Nach elf Kilometern gibt das Tal den Blick frei in eine traumhafte Bucht, alte grasbedeckte Häuser, ein weißes Kirchlein, dahinter die versandete Bucht und die Ausfahrt aus dem Fjord. Trotz Sauwetter muss die Kamera jetzt zeigen, dass sie auch spritzwassergeschützt ist. Vorher stellen wir die Adventure aber erst mal ganz dicht in den Windschatten eines Hauses. Auf der freien Parkfläche würde sie wohl in Sekundenschnelle umgeweht. An den schroffen Bergwänden werden die Wasserfälle sogar so vom Sturm gepeitscht, dass das Wasser wieder nach oben geworfen wird und nichts im Tal ankommt. Unglaublich. Noch unglaublicher ist der nächste Tag. Es ist Sommer geworden und es hat doch tatsächlich 17° Celsius. Rauf aufs Motorrad und Richtung Norden nach Sydradalur. Schmal, an den Hang geklemmt windet sich die Straße mit beachtlichen Steigungen, Gefällen, Serpentinen und schlechtem Belag hinunter in den Ort. Na ja, Ort ist vielleicht zu viel gesagt. Ein großes Bauernhaus mit ein paar Nebengebäuden und unglaublich neugierigen Kühen, mehr nicht. Nein, stimmt nicht ganz, denn der Blick von hier auf die beiden Inseln Hestur und Koltur ist besonders heute, nachdem sich um die Bergspitzen

kleine Wolken tummeln, ein echter Hingucker. Bei einem der Höhepunkte jeder Färöerreise hat das Motorrad dann erstmal Pause. Der Flug mit dem Helikopter bringt uns über die größeren Südinseln Sandoy und Suðuroy sowie die kleinen Eilande Kúvoy, Stóra Dímun, die einzige bewohnte Insel und Lítla-Dimun. Nur ganz besonders klettertaugliche Tiere können hier überleben. Auf den extrem teilen Hängen sind die Schafe meist ein ganzes Jahr auf sich gestellt, bis ein Teil eingefangen wird und per Boot auf die Hauptinseln gebracht wird.

Die Zeit auf den Inseln vergeht schneller als gedacht. Zum Abschluss gönnen wir uns noch einmal die fahrerischen und landschaftlichen Höhepunkte über die Bergstrecken von Nord-Eysturoy. Und dies bei feinstem färöischem Wetter. Fantasy-Film pur.

Dominikanische Republik

All-exclusive

Die Dominikanische Republik stand und steht in unserem Verständnis für den »All-inclusive-Urlaub«. Doch will man das wahre Herz der Menschen erleben, das einfache Leben auf dem Land sehen, den Rhythmus des echten Merengue spüren, dann muss man dieses Land unmittelbarer bereisen. Und was wäre dazu besser geeignet als ein kleines Motorrad, das Hauptverkehrsmittel der einheimischen Bevölkerung. Eigentlich sollten wir die winzige Ferienanlage gar nicht verlassen. Ein palmengesäumter Traumstrand wie aus dem Bilderbuch. Palmengedeckte, alleinstehende Bungalows mit einer riesigen Holzterrasse und davor das aquamarinblaue Meer. Doch die Lust auf Motorradfahren, die Lust diese große Insel wenigstens ein klein wenig zu erkunden, die Lust auf die Begegnung mit den ganz normalen Menschen ist groß, sehr groß. Und so fahren wir schnellstmöglich mit dem Taxi in das nahe Cabarete. Josef, der Chef, hat uns wohl schon erwartet, denn mit einem herzerfrischenden Lächeln streckt er uns die Hand entgegen, kaum dass wir dem Taxi entstiegen sind. Doch zunächst klagt er uns sein Leid über den Niedergang des Tourismus entlang der Nordküste, insbesondere in Cabarete, der einstigen Hochburg von Party-, Surf- und AI-Tourismus. Die meisten der kleinen und mittelgroßen Hotels sind geschlossen. Restaurants und Bars haben in großer Zahl Bankrott anmelden müssen. Der All-inclusive Tourismus ist längst weitergezogen, weitergezogen in Richtung der großen und vor allem neuen AI-Anlagen in der Region Punta Cana. Auch bei unserem Motorradvermieter finden sich nur noch fünf Leihmotorräder von einst über 30. Doch wir wollen mehr wissen von Josef. Wir wollen Insider Informationen über die kleinen, unbekannten Ecken der Nordküste der Dominikanischen Republik. Und die bekommen wir auch und tragen diese in unsere Landkarte ein. Nur auf die Frage nach der Besichtigung einer Rum-Destillerie muss Josef passen. Die Einzige in der Nähe, die Firma Brugal, zeigt lediglich touristisch aufgepäppelte Filme und eine Abfüllanlage »Made in Germany«. Die eigentliche Brennerei bleibt dem Besucher verschlossen. Allmählich wollen wir endlich zum Motorradfahren kommen. Die Yamaha XTZ 125, die wir übernehmen, ist offensichtlich ziemlich in die Jahre bekommen. Sie läuft zwar schnell an, stirbt aber ebenso schnell, wegen fehlendem Leerlauf, wieder ab. Aber erst mal egal, einfach ein wenig auf Gas halten, dann geht das schon. Viel schlimmer wiegt da schon, dass das Teil keinen einzigen Meter geradeaus fährt. Als wären wir betrunken eiern wir zunächst zurück in unsere Bungalowanlage. Damit längere Strecken zu fahren macht wenig Sinn und wir beschließen am nächsten Tag nochmal zu Josef zu fahren und eine andere Maschine zu übernehmen. Und, als hätte er es wieder gewusst, er empfängt uns mit der Nachricht er habe ein sehr gute 180er für uns. Und die, ja die, steht wirklich gut da. Rundherum funktioniert alles und das Dashboard hat mehr Funktionen wie bei manchem Mittelklassemotorrad zuhause. Es ist ein indisches Fabrikat von TVS. Wir fahren entlang der Nordküste nach Osten. Kaum Verkehr gibt es hier und die Straße ist ungewöhnlich gut asphaltiert. Im nächsten Ort, einem typischen Straßendorf, stehen die kleinen Häuschen rechts und links der einzigen Straße. Gleich hinter den Häusern liegen die Felder der Einwohner, die hauptsächlich zur Eigenversorgung bewirtschaftet werden. Vergeblich suchen wir irgendeinen Hinweis auf den Abzweig der Straße hinauf in die Berge. Doch hier in Sabaneta de Yásica findet sich nichts. Braucht es auch nicht, denn nur eine einzige, etwas breite Straße führt aus dem Dorf hinaus in Richtung der Küstenkordillieren, mit dem fast lyrischen Namen Cordillero Septentrional. Was jetzt folgt ist Genuss pur. Nicht nur die vielen süchtig machenden Kurven hinauf auf über 1.000 Meter über Meereshöhe, auch die weit in die Ferne reichenden Ausblicke begeistern auf diesem Streckenabschnitt. Langsam wechselt auch die Vegetation ihr Gesicht. Begleiten uns anfangs noch viele Palmen, so sind es nun niedrige Sträucher und die Bäume der Kakaopflanze. Doch was ist dies alles gegen den Kulturschock der uns rechts und links der Straße zeigt. Es ist das einfache, das sehr einfache, Leben der Inselbewohner abseits der großen Städte und Touristenzentren. Was bei uns bestenfalls als mittlere Schrebergartenhütte durchgehen würde, ist das Haus für eine ganze, vielköpfige Familie. Doch für das Lachen der Kinder, das Strahlen in den Gesichtern der Erwachsenen stellt dies offenbar keinen Hinderungsgrund dar. Da heute Sonntag ist, findet das Leben neben und auf der Straße statt. Überall werden die weißen Plastikstühle rausgestellt, man plaudert, man scherzt, man lacht, man freut sich im Kreis der Familie und man winkt und lächelt uns zu. Je weiter wir in die Berge kommen, desto kühler wird es. Die schwüle heiße Luft am Meer weicht der Frische. Dass es mittlerweile Mittagszeit geworden ist, ist leicht zu erkennen oder besser, zu riechen. An kleinen Garküchen wird alles gebrutzelt und gegrillt was der heimische Garten und die eigene Tierzucht zu bieten haben. So wetteifern gebratene Hühner, knusprige Spareribs und gegrillte Bananen mit herrlichem Duft um die Gunst der hungrigen Käufer. Und, wie könnte es anders sein, der so typische Merengue Sound schallt aus allen Küchen und Bars. Nichts für empfindliche Ohren, würde doch die Lautstärke selbst in einer Disko als deutlich viel zu laut empfunden werden.

Leicht hörgeschädigt geht es von der Passhöhe, in herrlich kurvenschwingendem Rhythmus, hinunter ins Tal. Die nächste größere Stadt empfängt uns mit schwül heißem Gegenwind. Irgendwo hatten wir gelesen, dass dieses Örtchen sehenswert sei. Gefunden haben wir jedoch nichts, außer vielen Gebrauchtwagenhändlern mit europäischen Nobelkarossen. Offensichtlich muss wohl gerade diese Gegend sehr wohlhabend sein. Denn selbst für den gerade vor uns stehenden, gebrauchten SUV werden 45.000 US$ aufgerufen. Beim einem durchschnittlichen Jahreseinkommen der Dominikanischen Bevölkerung von rund 5.250 US$ sind dies über acht Jahresgehälter. Auch muss es offensichtlich viel Geld aus der Staatskasse gegeben haben, anders ist es nicht zu erklären, dass die nächsten 25 Kilometer Straße sehr breit angelegt sind, dass überall große Hinweisschilder stehen und sich diese Straße nicht von den besten Straßen zuhause unterscheidet. Und so fliegen wir mit unserer 180er mit weit über 90 km/h dahin und erreichen den Ort Salcedo. Salcedo wäre kaum einer Beschreibung wert, gäbe es nicht das Denkmal der drei Schwestern. Die Schwestern Mirabel waren dominikanische Regimegegnerinnen und wurden im

Auftrag des Diktators Trujillo im Jahr 1960 ermordet. Trujillo selbst wurde im Mai des folgenden Jahres bei einem Anschlag erschossen. Die Diktatur des Trujillo-Clans endete, nach 30 Jahren, im November 1961. Im nächsten Ort, Tenares, wollen wir die Straße wieder über das Gebirge hinüber an die Nordküste nehmen. Doch jegliche Beschilderung fehlt. Völlig ziellos fahren wir umher. Ein Wachmann vor einem öffentlichen Gebäude hilft uns weiter. Ohne ihn hätten wir den Einstieg wohl nie gefunden, sehen doch alle Querstraße in dieser Stadt, für unsere Augen, völlig gleich aus. Aus der stehenden Hitze des Tales bergauf schenkt uns die Straße pures Kurvenvergnügen, wenn auch an vielen Steigungen die geringe Leistung unseres Motorrades ein hinunter schalten in den zweiten Gang erforderlich macht. Aber aus jeder Situation lässt sich Positives gewinnen. So bleibt uns viel mehr Zeit die Augen rechts und links schweifen zu lassen. Durch ganze Kakaopflanzenwälder, vorbei an duftenden Hibiskussträucher ist viel zu schnell die Passhöhe erreicht. Von hier geht es ungewöhnlich steil zur Küste hinunter. Doch die Bremsen unseres Motorrades erweisen sich als erstaunlich standfest und zeigen kaum Fading. Vor dem größeren Ort Caspar Hernández endet die rasante Talfahrt und wir erreichen die Küstenstraße. Kaum Verkehr auf dieser einstigen, vor Verkehr überquellenden Straße zeigt auch hier den Niedergang dieser einstigen Touristenhochburg. Wir entgegen, empfinden dies alles als sehr angenehm, wir genießen das ganz normale Dorfleben mit den kleinen Geschäften und Läden. Wieder in Sabaneta de Yanica schließt sich der Kreis der heutigen Tour. Mit leicht schmerzendem Hinterteil und ziemlich tauber Gashand schmeckt das einheimische Bier der Marke »Presidente« natürlich ganz besonders gut. Die nächsten eineinhalb Tage ist an Motorradfahren nicht zu denken, denn Dauerregen in karibischer Stärke, dazu starker Wind, Blitz und Donner laden nicht gerade zum Fahren ein. Doch gegen Mittag bricht wieder die Sonne durch und wir können die geplante Tour in die nächstgelegene Stadt, Puerto Plata antreten. Die Strecke ist fahrerisch völlig unspektakulär. Spektakulär hingegen ist die von spanischen Eroberern errichtete Festung. Das älteste Teil wurde mittlerweile gut restauriert und beherbergt heute ein durchaus sehenswertes Museum. Die umliegenden Gebäude, die früher einmal eine gefürchtete Strafanstalt waren, verfallen zusehends. Die Erkundung der historischen Innenstadt machen wir zu Fuß. So bleibt genügend Zeit die vielen pittoresken Holzhäuser, gestrichen in bunten Farben, genussvoll zu betrachten und in Ruhe Fotos zu machen. Viele Exilkubaner leben und arbeiten heute in Puerto Plata. Und so finden wir ein authentisches Lokal voll im Kuba-Look. In der Musikbox läuft Musik von »Buena Vista Social Club« und überall sind Fahnen und Erinnerungsstücke aus Kuba aufgehängt. Der Chef des Hauses fragt uns ob wir nicht eine deutsche Fahne dabeihaben, die würde sich gut neben der Kubanischen machen. Leider haben wir nichts dabei. Aber eine Überlegung ist dies doch, und für zukünftige Reise eine nette Option, überall ein wenig Heimat zu hinterlassen. Als würde die Welt untergehen stürmt es die ganze Nacht. Es sind Ausläufer eines Tornados der die Insel Hispaniola, zum Glück, nur streift. Am Morgen erst sehen wir die Schäden der Nacht. Zwei größere Bäume wurden am Strandweg entwurzelt. Große Mengen Treibgut und Tang sind flächendeckend über den Strand verteilt. Die Wellen, bis zu sechs Meter hoch, prallen mit immenser Kraft an die Küste. Zwei Stunden später, die Sonne geht auf. Es ist als wäre nichts gewesen. Wir steigen auf unser Motorrad und wollen entlang der Nordküste heute Richtung der Halbinsel Samaná. Kaum sind wir ein paar Kilometer außerhalb Cabarete sehen wir das ganze Ausmaß des nächtlichen Unwetters. Weite Teile des Landes stehen knietief unter Wasser. Kühe haben sich auf die wenigen erhöhten Grasflecken gerettet. Es sticht ins Herz, als wir den Anblick der im Wasser versunkenen Häuser und Hütten sehen. Teilweise bis zum ersten Stock steht das Wasser. Viel Hab und Gut konnte offensichtlich gerettet werden, denn links und rechts der Straße ist der Hausrat aufgetürmt. Die Straße, einem Damm gleich, führt als höchste Stelle der Landschaft durch das Überschwemmungsgebiet. Verblüffend ist, in unseren Augen, der Umgang mit dieser Katastrophe. Auf Plastikstühlen, mitten auf der Straße, wird das Zurückgehen des Wassers abgewartet. Kein Anzeichen von Verzweiflung, kein Anzeichen von Panik. Selbst inmitten des Chaos wird uns noch freundlich zu gewunken. Mit gemischten Gefühlen fahren wir weiter nach Osten und erreichen nach 50 Kilometern die Lagune GriGri am Rande des Dörfchens Rio San Juan.

Als ich hier vor über 15 Jahren das erste Mal hier war, war hier die touristische Hölle los. Bus an Bus voller Touristen wurde angekarrt. Hinunter zu den Booten, die die Lagune hinaus aufs offene Meer befuhren. Heute ist davon nichts mehr zu spüren. Nicht ein einziges Boot wartet auf Kunden. Nur ein französisch geführtes Restaurant hat offen und wird auch landsmannschaftlich von französischen Touristen genutzt. Aber das Essen ist exzellent und sehr günstig. Von der Terrasse können wir den Blick auf das türkisblaue Wasser der Lagune genießen. Nur wenige Meter entfernt führt ein Trampelpfad in die Mangrovensümpfe. Eine, fast unheimliche Stille, umgibt dieses Naturparadies. Nur schwer können wir uns davon lösen. Im »Old style« wollen wir heute ein paar gute alte Ansichtspostkarten versenden. Der Kauf derselben ist im einzigen Laden am Ort schnell erledigt. Der Kauf von Briefmarken hingegen ist eine ganz besondere Geschichte. Denn diese bekommen wir im offiziellen Postamt. Doch dieses Postamt unterscheidet sich so ganz und gar von allem, was wir uns bisher von einem Postamt vorgestellt haben. Ein grauer Betonbau, ein verrostete Eingangstüre führt uns zum Postschalter. Nahezu nichts füllt dieses Büro, nur ein klappriger alter Schreibtisch, ein verrosteter Stuhl und ein Deckenventilator ist sehen. Die Farbe blättert von den Wänden und der Decke. Und weit und breit ist niemand zu sehen. Wir finden eine Mitarbeiterin im sonnenbeschienen Innenhof. Mit herzöffnendem Lächeln fragt sie nach unserem Anliegen. Briefmarken nach Deutschland für zehn Postkarten würden wir gerne kaufen, entgegnen wir. Etwas verlegen blättert sie in einem alten Register und sucht nach entsprechenden Briefmarken. Etwas unschlüssig fragt sie ihren Kollegen und zusammen haben sie die Lösung für uns. 30 Briefmarken zu je 15 Pesos und 10 Briefmarken zu je 5 Pesos geben zusammen je 50 Pesos pro Postkarte. Und dann erklären sie uns, einfach zu herzig, wie wir die vielen einzelnen Briefmarken auf die Postkarte kleben sollen. Als sie uns zum Abschied noch liebevoll nachwinken, können wir eine Träne der Rührung nicht verdrücken, so berührend wirkt diese Szene. Das war ein ganz besonderer Moment. Immer noch die Gesichter dieser besonderen Menschen vor Augen fahren wir aber dennoch weiter. Rund fünfzehn Kilometer weiter biegt eine Naturstraße zur »Laguna Azul« zur blauen Laguna ab. Hier scheinen schon seit langer Zeit kaum mehr viele Touristen gewesen zu sein. Der Kiosk ist geschlossen bzw. wird gerade etwas renoviert. Zwei Arbeiter winken freundlich. Sonst ist absolut nichts los. Mit unserem Motorrad können wir bis fast an die kleine Schlucht heranfahren. Tiefes aquamarinblaues Wasser füllt ein rund 30 mal 30 Meter großes Wasserloch. Wir können von unserem Standpunkt nur erahnen wie es unterirdisch weitergeht bis zum rund zwei Kilometer entfernten Meer. Vereinzelt lassen sich sogar schon Fledermäuse blicken, die oberhalb der Lagune in den Felsspalten ihren Tagesschlaf halten. Ein weiteres Highlight an landschaftlicher Schönheit erreichen wir auf der Rückfahrt, auf einem kurzen Weg hinunter ans Meer. Die »Playa Diamante« macht ihrem Namen alle Ehre. Wie ein funkelnder Diamant liegt die kleine, schmale Meeresbucht umrankt von Felsen und Bäumen in der mittäglichen Sonne. Wirklich ein Platz um die Seele baumeln zu lassen. Das genießen auch zwei ältere britische Herren die uns unbedingt vor dieser grandiosen Kulisse fotografieren wollen. Auch hier spüren wir die besondere Energie, die besondere Schönheit dieser Insel fernab von Tourismus und dem Lärm der lauten Welt. Erschöpft von so viel Eindrücken, erschöpft von über 300 Kilometern auf unserm Motorrad, fahren wir mit einem breiten Lächeln zurück zu unserer Oase der Ruhe. Von dort wandern wir auf einem 30-minütige Spaziergang entlang des türkisblauen Meers zu einer kleinen Landspitze. Hier sind die anbrandenden Wellen am Größten. Kein Wunder, dass sich hier die Surfer treffen. Viel ist heute allerdings nicht los. Nur eine Handvoll stürzen sich den Wellenbergen entgegen um dann in atemberaubender Geschwindigkeit auf dem Wellenkamm krönend gekonnt die Welle zu reiten. Es ist, als wäre die Zeit irgendwann vor 25 Jahren stehen geblieben, dürfte sich doch die einzige Strandbar seit dieser Zeit nicht verändert haben. Die Füße im warmen Sand, ein kühles Bier in der Hand, der Blick durch Palmenwedel hinaus auf Meer, alle Zeit der Welt, einfach nur paradiesisch schön. Aber schon am nächsten Morgen zieht es uns wieder hinaus. Wir wollen noch einmal hinauf in die Berge, noch einmal die Kühle des Nebelwaldes spüren. Da wir wissen, dass dies unsere letzte Tour mit unserem Motorrad ist, lassen wir uns ganz besonders viel Zeit. Wir genießen die vielen Kurven, die hügeligen Berg- und Talstrecken, die steilen Anstiege und die kleinen Hüttendörfer. An einem kleinen Kaufladen machen wir Rast. Die Besitzerin hat uns wohl ins Herz geschlossen und setzt sich gleich zu uns und erzählt und erzählt. Obwohl wir nur einen Bruchteil davon wirklich verstehen, macht es Spaß, Teil von allem sein zu dürfen. Wie immer, ist es für uns richtig schwer, wenn wir unser mittlerweile ins Herz geschlossenes Motorrad wieder abgeben müssen. Doch die Tour zur Inselhauptstadt Santo Domingo, zum UNESCO-Weltkulturerbe, zur Wiege der spanischen Kolonisation wollen wir mit dem Linienbus machen, ganz so wie es die einheimische Bevölkerung macht, wenn sie in Hauptstadt fährt. Doch dies, dies ist eine andere Geschichte.

Saaremaa
Erst auf den 3. Blick

Meist bleiben bei einer Baltikumreise nur ein bis zwei Tage Zeit für die estnische Insel Saaremaa. Doch der besondere Charme offenbart sich erst auf den zweiten Blick. Und, dass die viertgrößte Insel der Ostsee ein wahres Paradies zum Endurowandern ist, gar erst auf den dritten Blick.

Stahlblauer Himmel und klare Luft in Sturmstärke empfangen uns im Hafen von Kuivastu auf der Saaremaa vorgelagerten kleineren Schwesterinsel Muhu. Mit voll beladenen Alukoffern und Topcase müssen wir uns auf der BMW Adventure erst einmal wieder an den in voller Breitseite heranbrausenden Wind gewöhnen. Auf der neu ausgebauten Hauptstraße, flankiert von tiefgrünen Wäldern, queren wir

Muhu. Genauer wollen wir uns die kleine Insel auf einer extra Tour ansehen. Kurz nach der pittoresk wirkenden alten Bockwindmühle trifft uns eine Windböe ziemlich unvermittelt und einmal mehr freuen wir uns auf die, dank EU Unterstützung, prächtig ausgebaute Straße, denn die gesamte Breite brauchen wir zur Korrektur. Der Wind begleitet uns die nächsten vier Kilometer auf dem die beiden Inseln verbindenden Damm. Solange, bis uns die für Saaremaa typischen Wälder perfekten Windschutz geben. Unspektakulär führt die Hauptstraße Nr. 10 in die siebzig Kilometer entfernte Inselhauptstadt Kuressaare. In den Außenbezirken wetteifern leicht renovierte Plattenbausiedlungen mit Shopping-Centern und den bekannten globalen Marken. Dann aber, als hätte jemand ein Einsehen mit uns, das echte, das alte Kuressaare. Kleine, maximal zweistöckige Häuser aus verschiedenen Epochen säumen die Hauptstraße. Wenige Straßencafés und ein paar liebevoll ausstaffierte Restaurants zeugen von sanftem Tourismus. Die letzte Herausforderung für den heutigen Tag ist weniger für uns gedacht, als für die Federungs- und Dämpferqualitäten unserer Adventure. Es sind die großen, groben Pflastersteine der Nebenstraßen, die den Weg zu unserem Ferienhäuschen säumen.

Beim leckeren Frühstück im Sadhu Café beschließen wir beim Anblick der Karte von Saaremaa und angesichts der Größe der Insel, diese in verschiedenen Tagestouren zu erkunden. Tour 1 führt uns aus der Stadt hinaus in westlicher Richtung. Dem Fischerdorf Nasva statten wir einen kleinen Besuch ab, aber abgesehen von ein paar alten Fischerhäuschen und Booten gibt es nicht viel zu sehen. Sehenswert ist der hier an der Südküste beginnende fast sieben Kilometer lange Sandstrand. Auf sandiger Piste können wir direkt an die kleinen Dünen heranfahren. Etwas geländetauglich muss man aber hier sein, denn die meisten Wege sind stark ausgefahren, im Kiefernwaldbereich schlammig um dann fast abrupt in Tiefsand überzugehen. Zu zweit auf der Adventure ist dies aber, dank einiger Trainingsstunden im BMW Enduro-Park, doch recht ordentlich zu meistern. Am Ende des Strandes, an dieser so friedlichen Stelle, holen uns dann aber die Schatten der Geschichte ein. Ein 21 Meter hohes Denkmal im Sowjetstil und ein sowjetischer Soldatenfriedhof erinnern beim Dorf Tehumardi an die Schrecken einer Schlacht, die sich hier am 8. Oktober 1944 ereignet hat. Etwas nachdenklich fahren wir weiter. Die Straße, die uns nun auf die Halbinsel Sõrve bringt, bietet Kilometer um Kilometer keine Kurven. Erholsames cruisen zwischen würzig duftenden Nadelbäumen macht uns aber auch Spaß. Dann, ein erlösendes Verkehrsschild. Kurven! Endlich können wir mal wieder, fast rhythmisch, die Maschine schwingen lassen. Und diese leichten Kurven enden erst nach vielen Kilometern an der Südspitze der Halbinsel. Vom weiß schwarz gestrichene Leuchtturm von Sääre mit seinen 52 Metern Höhe soll man bei guter Sicht bis an lettische Küste sehen können. Mangels Zutritt können wir das aber leider nicht überprüfen. Stattdessen genießen wir das ruhige, warme Sommerwetter und die in türkisblau getauchte Ostsee. Im weiteren Verlauf führt die Straße, meist in Sichtweite des Meeres, an der Westseite wieder Richtung Norden. Waren es noch vorhin die harzigen Düfte der Wälder, umschmeichelt nun unsere Nasen die frische Brise den nahen Meeres. Kurz vor dem Weiler Ohessaare sehen wir eine der für Saaremaa so typischen Bockwindmühlen. Wir folgen linker Hand dem schmalen Schotterweg bis fast an den Strand. Doch wie erstaunt sind wir, als uns ganz unvermittelt eine Frau aus einem kleinen Kiosk heranwinkt. Hier stillen wir unseren Hunger an einem köstlichen, selbstgebackenen Rhabarberkuchen und frisch gemahlenem Kaffee. Die eigentliche Überraschung ist aber, dass sie uns ihre Mühle als das kleinste Windmühlenhotel der Welt vorstellt. Und in der Tat, im ersten Stock, erreichbar über eine steile Holztreppe, befindet sich ein Einzelzimmer, einen Stock höher das Doppelzimmer. Direkt unterhalb der Windflügelwelle, mit Blick hinaus auf die Weite des Meeres, lässt sich sicherlich vortrefflich schlafen und träumen. So weit, so gut, doch wie geht das mit Bad und Toilette. Ganz einfach, zwanzig Treppen wieder hinunter auf die Wiese und 25 m hinüber zu einem kleinen Schuppen. Unsere Fantasie malt uns natürlich gleich wieder ein Szenario mit Dunkelheit, Regen und Sturmwind aus. Doch im Sommer ist es hier oben im Norden nachts nicht völlig dunkel und Sturm und Regen sind selten. Ein Versuch für ein paar Nächte wäre es wert. Knapp zehn Kilometer weiter biegt eine kleinere Straße nach Westen ab. Wir beschließen, um wieder ans Meer zu kommen, dem Weg zu folgen. Und dann wissen wir, was es bedeutet, eine in der Landkarte gelb eingezeichnete Straße zu fahren: Schönste Schotterpisten. Flott lassen wir es angehen und ziehen eine lange Staubfahne hinter uns her, die, fast schon schade, die bunten Blumenwiesen einstaubt. Unterbrochen von wenigen Kilometer Asphaltstraße geht es auf der Piste weiter. Konnten wir auf den letzten Kilometern schon mal das Geradeausfahren üben, folgt nun für elf Kilometer die wohl schönste Straße der Insel. Kurvig schlängelt sich die schmale Piste am Ufer entlang. Zwischen in saftiges Grün getauchte Wiesen und dem unverschämt blauen Meer fahren wir in bester Endurowandermanier entlang der Westküste. Unverhofft ist dann allerdings vorerst der Schotterpistentraum zu Ende. Die nächsten fünfzehn Kilometer lassen den Adrenalinspiegel deutlich steigen. Frischer Teer und Split, mit teils bis zu 20 Meter langen Flickstücken, lassen den Vorderreifen gehörig ins Schwimmen kommen. Tempo drosseln ist angesagt, sonst kommt Protest von hinten. Ab Varpe hat uns dann eine ganz normale Straße wieder. Mit mehr als den erlaubten 90 km/h fliegen wir auf der schnurgeraden, fast schon edlen Straße, zurück nach Kuressaare.

Bei unserer zweiten Tour beginnt der Enduro Pisten Spaß schon achtzehn Kilometer nördlich von Kuressaare. Ein breite, trockene und mächtig staubige Schotterpiste reizt uns, das Tempo ein wenig zu steigern. Ab dem Ort Kärla, jetzt wieder auf Asphalt, erreichen wir nach ein paar Kilometern den Karujärv, den Bärensee. Umgeben von Laub- und Nadelwäldern fällt uns spontan nur das, na ja, etwas abgegriffene Wort, wildromantisch ein. Doch genau damit lässt sich die Szenerie am besten umschreiben. Nebenbei gilt der See bei den Einheimischen auch als warmer Badesee. Wirklich warm empfinden wir das Wasser nun aber doch nicht. Ab Kihelkonna biegen wir, entgegen dem Vorschlag des Navi, erst nach einem Kilometer weiter, nach Norden ab. Denn dort führt die Straße einerseits direkt am Meer entlang und bietet immer wieder schöne Ausblicke auf die vorgelagerte, kleine Insel Vilsandi. Andererseits wieder schönstes Pistenfeeling. Um in den Vilsandi Nationalpark zu kommen, geht es bis zum Örtchen Tagamöis nochmal auf Asphalt zurück. Doch ab hier wird es zu zweit zur Herausforderung. Eine kurvige, schmale Schotterpiste führt über viele Kilometer tief in den Park hinein. Hier oben im Nordwesten sind die großen Kiefern des Südens ihren kleineren Schwestern gewichen, was hauptsächlich dem sandigen Boden und den starken Winden geschuldet ist. Doch wenn es am schönsten ist, ist es leider diesmal auch zu Ende. Denn eine Schranke verwehrt uns die weitere Fahrt. Von hier heißt es nun fünf Kilometer bis an die Landspitze zu wandern. Völlig falsch ausgestattet belassen wir es heute bei einer halbstündigen Wanderung bis hin zum weißen, feinsandigen Strand. Nur das leise Rauschen der Brandung, das Geschrei der Möwen und das Singen der Vögel umgibt uns hier. Wieder zurück, suchen wir die in unserer Karte eingezeichneten Windmühlen von Veere. Weit und breit nichts zu sehen, bis wir merken das wir direkt davorstehen. Als Hommage an alte Geschichten Saaremaas wurden diese in den »Alten und die Alte«, in die Inselhelden Suur Töll und seine Frau Piret umgeschaltet. Auffällig sind die vielen, mit Namen versehenen Steine die zu Füßen von ihr liegen. Diese werden von jungen Mädchen hierhergebracht und sollen viel Eheglück bringen. Weiter nach Osten macht uns ein liebevoll gemachtes Restaurantschild, mit dem Namen Kösitöösahver, neugierig. Idyllischer geht es kaum noch. Ein kleines Häuschen, ein verwunschener Garten mit vielen Kräutern und Blumen und eine Bildergalerie machen den besonderen Flair aus. Leckerer Kaffee und noch leckerer, selbstgemachter Kuchen, machen es uns schwer, uns wieder aufzuraffen. Doch wir wollen noch zu der Steilküste Panga pank. Etwas zu sehr auf Tourismus getrimmt, sind schnell ein paar Fotos gemacht, zumal wir von oben eh nicht viel von den Klippen sehen. Viel schöner ist da schon die 38 Kilometer lange Rückfahrt nach Kuressaare. Völlig allein auf der Straße, cruisen wir zwischen Wäldern und Wiesen hindurch, manchmal unterbrochen mit Blicken auf verwachsen Seen und blumengeschmückte Moore. Entspannter kann Motorradfahren nicht sein.

Tour drei führt heute auf die kleine Insel Muhu, die wir bei der Anreise nur schnell durchreist hatten. Doch zunächst besuchen wir Püha. Hier soll es eine aus dem 13. - 17. Jahrhundert stammende Kirche, welche dem Heiligen Jakobs geweiht ist, geben. Da die Kirche aber leider verschlossen ist, können wir nur einen Blick durch das Eingangsgitter werfen. Bei Salde macht der Blick nach rechts wieder Appetit auf Schotterpiste und wir beschließen, statt zwei Kilometer Asphalt lieber zehn Kilometer Schotter auszuprobieren. Belohnt wird dies auch noch mit Blicken auf das türkisfarbene Meer. Zurück auf dem direkten Weg setzen wir ab Käo wieder den rechten Blinker. Dadurch müssen wir kaum auf der großen Hauptstraße fahren und bekommen obendrein noch sechs Kilometer Schottereinlage. Über den Damm hinüber nach Muhu können wir fast die Gashand komplett zurücknehmen. Bläst doch der Wind mit ordentlicher Stärke genau von hinten. Nach dem Damm biegen wir zweimal links ab und landen im, teils noch heute bewohnten, Museumsdorf Koguva. Der ältere Bereich ist touristisch ausgebaut und bietet Einblicke in das einfache Leben vergangener Jahrzehnte und Jahrhunderte. Der hintere Teil des Dorfes besteht aus funktionsfähigen Bauernhöfen. Offensichtlich haben die Bewohner die Nase voll von fotografierenden Touristen. Anders ist es wohl nicht zu erklären, dass überall »Zutritt verboten« Schilder aufgestellt wurden. Seltsam mutet es auch an, dass die beiden alten Bockwindmühlen von der Touristenschaar nicht beachtet werden. Ob es wohl daran liegt, dass kein ausgeschilderter Weg dorthin führt? Uns freut es umso mehr, dass wir unser Motorrad im Schatten der Mühle abstellen können. Ein Rundkurs, vorbei am kleinen Kliff Üügu, gewürzt mit knackiger Schotterpiste, schließt unsere Muhu Erkundung ab. Die, kurz vor dem Damm liegende, Windmühle lassen wir links liegen, zu touristisch sieht das gesamte Ensemble aus. Wieder auf Saaremaa, müssen wir im Ort Orissaare uns erst einmal wieder stärken und vor allem viel Wasser trinken. Über 26 °C sind in voller Montur ziemlich schweißtreibend. Ab Orissaare ab schlängelt sich eine gute Teerstraße mit weichen, runden Kurven die Nordküste entlang. Der Blick hinaus auf das Meer wird dabei nur ein wenig getrübt durch den ziemlich intensiven Geruch verwesenden Tangs am Ufer. Auch die Straßen machen bei diesen Temperaturen langsam schlapp. Beim flotten Anfahren halten die Split Steinchen nicht mehr in ihrem Asphaltbett und hinterlassen kleine, schwarzglänzende Löcher. Für uns bedeutet dies von nun ab es etwas langsamer angehen zu lassen. Am Ende dieser Traumstraße landen wir in Triigi, einem winzigen Fährhafen. Von hier kann man zweimal am Tag hinüber zur Schwesterinsel Hiiumaa schippern. Heute wenden wir jedoch die GS wieder nach Süden und nehmen noch eine ganz besondere Attraktion der Insel mit. Die Windmühlen von Angla. Auf einem leichten Hügel, hier wird von Mühlberg gesprochen, liegt das Ensemble vor uns. Die Mühlen wurden sorgsam restauriert und bieten, vor allem Technikfans, tiefe Einblicke in die Konstruktion. Neunzig Grad Kraftumlenkungen in Vollholz sieht man nicht alle Tage. Die Rückfahrt nach Kuressaare ist wie Reisen in einer anderen Zeit. Zwar fast nur geradeaus, dafür aber vorbei an pittoresken Häuschen und Bauernhöfen, bunten ursprünglich anmutenden Wiesen und dem immer wieder beeindruckendem saftigen Grün der Wälder.

Für unsere vierte Tour haben wir uns, die recht große Schwesterinsel mit dem kaum auszusprechenden Namen Hiiumaa ausgewählt. Zunächst gilt es rund 45 Kilometer auf der glatten und kaum mit Kurven gesegneten Hauptstraße 79 nach Norden zu fahren. Im winzigen Hafen von Triigi empfängt uns eine, schon in die Jahre gekommene, ältere Fähre, die zweimal am Tag (im Sommer viermal) hinüber nach Hiiumaa fährt. Für kaum einmal acht Euro genießen wir eine einstündige Überfahrt über die ruhige Ostsee. Ebenso winzig wie Triigi ist auch der Hafen von Söru. Und etwas Besonderes können wir ebenfalls nicht entdecken, so dass wir die GS in Richtung Nordwesten lenken. Hier soll es einen legendären alten Leuchtturm geben. Wieder hindurch durch kräftig grüne Wälder, vorbei an den für die Insel typischen

Wachholderbüschen, gewürzt auf den letzten fünfzehn Kilometern mit sanften Kurven, stehen wir plötzlich vor einem Leuchtturm. Doch so recht will dieser nicht ins Bild eines uralten Gebäudes passen. Tatsächlich stehen wir vor dem »Tuletorni Külastus«. Auch nett, aber nicht das, was wir gesucht haben. Wieder zurück auf der kurvigen, kleinen Straße hilft nur eine Vollbremsung, damit wir nicht wieder die Abfahrt auf den Kõpu Berg verpassen. Der Anblick, der uns dann bietet, verschlägt den Atem. Ein 36 m hoher Leuchtturm Koloss mit gewaltigen Ausmaßen erhebt sich auf dem 67 m hohen Berg. Damit steht sein Leuchtfeuer immerhin 103 m über dem Meer. Nur 1,50 Euro kostet der Eintritt um auf die Aussichtsplattform zu gelangen. An diesem Wahrzeichen der Insel werden, gerade jetzt, in den Nächten in denen es nicht dunkel werden will, kleinere Konzerte veranstaltet. So auch heute. Doch es zieht uns weiter. Auf der Nordroute verwöhnt der Blick hinaus auf das Meer. Fast als wäre es heute eine Leuchtturm Tour landen wir am nördlichsten Punkt der Insel, am Leuchtturm Takuna. Strahlend weiß mit einem knallroten Dach sieht er aus wie eine moderne Interpretation der Märchengestalt Rotkäppchen. Kurz vor der Inselhauptstadt Kärdla lockt uns eine Besonderheit in den Wald. Seit 1781 gibt es hier den Hügel der Kreuze, der an die Vertreibung der Schweden durch Katharina die Große erinnert. Seitdem sind tausende Kreuze hinzugekommen. Das Besondere daran ist aber, dass diese allesamt aus natürlichen Materialen bestehen. Ganz natürlich finden es auch die hunderte von Stechmücken, die uns hier militant attackieren. Nur mit moderner Motorradbekleidung haben sie offenbar nicht gerechnet. Da sie hier nichts ausrichten können, fallen sie, nun schon fast wütend, über unsere Köpfe her. Nur noch die Flucht auf die Straße hilft schlimmeres zu verhindern. Schlimm ist, wenn auch auf ganz anderer Art, der Unsinn den stolz ein EU-Info Schild präsentiert. Fast mitten im Nichts gibt es doch tatsächlich eine extrem breite, perfekte Straße mit beiderseitigem Grünstreifen und opulent beleuchtetem Fahrradweg. Über dieses Geldverschwendung können wir nur den Kopf schütteln. Weiter, zurück auf normaler Straße, gibt es außer Wald nichts zu sehen. Trotzdem ist es genau dieses Cruisen, welches den besonderen Reiz dieser Insel ausmacht. Das Warten an der Fähre, wieder hinüber nach Saaremaa, fördert dann nochmal etwas das Ansteigen des Adrenalins. Die Wartespur derer, die bereits im Vorfeld ein Ticket gekauft haben und damit als erste an Bord dürfen, wird länger und länger. Für uns reicht es gerade noch, da wir in einer Gerümpel Ecke etwas Platz bekommen. Beim nächsten Mal buchen wir in jedem Fall im Internet vor, es schont die Nerven.

Tour fünf mit hohem Schotterpisten- und Waldwegeanteil sollte heute quer durch die Insel von Ost nach West führen. Strömender Regen und Wind in Sturmesstärke verwirft uns aber diesen Plan. Wir frühstücken im geliebten Sadhu-Café erst mal ausgiebig und besonders gemütlich. Als hätte der Wettergott für uns ein Einsehen, lassen sich zwei Stunden später wieder Sonnenstrahlen sehen. Nach dem Versuch eine Piste zu fahren stellen wir schnell fest, dass dies heute keine gute Idee ist. Zu zweit auf einer Maschine mit normalen Enduroreifen ist es zu schmierig. Wir beschließen eine Saaremaa Highlight Tour zu machen, gespickt mit ein paar Sehenswürdigkeiten für die bisher die Zeit nicht gereicht hat. So liegen die kleine Seifenmanufaktur »Good Kaarmaa« und der Meteoritenkrater in Kaali auf unserem Rundkurs.

Tour sechs gibt es leider auch für uns nicht. Und dies, obwohl es noch hunderte von Kilometern Piste und Wege zu erkunden gäbe. Die Fähre hinüber ans estnische Festland wartet bereits auf uns.

Head aega Saaremaa! - Tschüß Saaremaa!

Entscheidung zwischen Col & Vin

Entlang der 170 Kilometer langen Elsässer Weinstraße liegen mehr als 70 Weindörfer und über 1.000 Winzer. Daneben locken die kulinarischen Köstlichkeiten der Region. Drei Freunde erlagen jedoch nicht nur dem Charme der legendären Route, sie konnten sich auch nicht der Versuchung der kurvenreichen Bergstraßen der Vogesen entziehen.

Bei einem leckeren Tässchen Kaffee und einem herrlich duftenden Croissant studieren wir erstmal die Karte der Route des Vins d'Alsace, der Elsässer Weinstraße. Hier in Marlenheim ist der nördliche Einstieg in die rund 170 km lange Strecke, die erst südwestlich von Mulhouse im Ort Thann endet. Gestärkt satteln wir die beiden GS und meine Multistrada und folgen ganz artig den braunen Hinweisschildern, auf denen entweder »route des vins d'Alscace« zu lesen ist oder einfach nur das Logo abgebildet ist. Bereits im nächsten Ort fühlen wir uns ins Mittelalter zurückversetzt, fast könnte man meinen, unsere Motorräder sind Zeitmaschinen. Das alte Eingangstor hat die Wirren während der letzten Jahrhunderte unbeschadet überstanden. Unvermittelt landen wir direkt im Ortskern mit seinen pittoresken Fachwerkhäusern und gepflasterten Gassen. Auch die Ausfahrt aus dem Ort Wangen führt wieder durch ein altes Stadttor, an dem wir noch die Scharniere der ehemals dort befindlichen Holztüren sehen können. Nicht immer ist es ganz einfach die Route tatsächlich zu finden, oftmals sind die Hinweisschilder ein wenig versteckt angebracht oder an Kreuzungen fehlt auch das ein oder andere Schild und man sieht erst an der übernächsten Abzweigung wieder das bekannte Logo. Fast eben und nur mit sanften Kurven bestückt, folgen wir der Route über Westhoffen, Traenheim, Balbronn und Avolsheim hinüber nach Molsheim.

An der Industriestadt Molsheim würde man normalerweise einfach vorbeifahren, der Name der Stadt erinnert an die berühmte Automanufaktur Bugatti. In den alten Fabrikhallen, die alle noch stehen, werden heute Fahrwerksteile für Flugzeuge produziert. Ab dem Jahr 1998, als die Marke Bugatti wieder belebt wurde, entstand ganz in der Nähe der alten Produktionsstätte eine hochmoderne kleine

Fabrik, die heute einen der teuersten Wagen der Welt produziert. Zum Beispiel den Bugatti La Voiture Noire mit 1.500 PS aus einem 16-Zylinder Motor zu einem Nettopreis von 11 Millionen Euro. Leider kann man die Fabrik nur aus der Ferne betrachten, jedoch kann man einen Blick auf das nebenan befindliche Château Saint-Jean werfen. Dies ist der Ort an dem Ettore Bugatti einst seinen Kunden stilgerecht die einzigartigen Design- und Kunstobjekte überreichte. Heute noch werden Bugatti Modelle hier manchmal an den Kunden übergeben.

An unserem nächsten Etappenziel, dem Ort Mutzig, ist von der alten, mittelalterlichen Befestigung nicht mehr viel zu sehen, doch es gibt noch das Untere Tor, die Porte de Strasbourg, auf der auf der Ostseite der heilige Mauritius dargestellt ist. Den Wegweiser zur Feste Kaiser Wilhelm II, die von 1893 bis 1916 gebaut wurde, ignorieren wir. Uns steht nicht der Sinn nach Betonpanzertürmen und sonstigen militärischen Einrichtungen.

Allmählich verlassen wir die größeren Orte und fahren über Dorlisheim nach Rosheim und landen unvermittelt am gewaltigen, mittelalterlichen Stadttor von Boersch. Als wir hindurchfahren tauchen wir ein in die Welt der Fachwerkhäuser, der mit Blumenkästen voller Geranien geschmückten Balkone und vielerlei kleiner Bauerngärten. Mitten im Ort befindet sich ein Brunnen mit dem ungewöhnlichen Namen »sechs Eimerbrunnen« der wohl seinen Namen daher hat, dass tatsächlich aus insgesamt sechs Eimern gleichzeitig Wasser geschöpft werden konnte. Gegenüber befindet sich das Rathaus, ein schönes Renaissancegebäude aus dem 16. Jahrhundert mit einem sehr besonderen, zweistöckigen Erker. Nach dem Ort Boersch würden uns eigentlich die braunen Wegweiser der Weinstraße Richtung Ottrott und weiter nach Süden leiten. Jedoch so langsam macht sich bei einem unserer Mitfahrer der Gedanke breit »sieht ja überall gleich aus«. Aber auch wir können uns nur schwer der Versuchung entziehen einem Wegweiser zu folgen, der zum Col du Kreuzweg, einem Vogesenpass mit 768 m Höhe, führt. Bereits kurze Zeit später, nachdem wir das Rheintal verlassen haben, ändert sich die Vegetation, von Weinbergen in bewaldete Hügel. Kühle Luft durchströmt nun unsere Motorradjacken und auch unterm Helm endet das Schwitzen. Nach vielen knackigen Kurven und Serpentinen erreichen wir den wichtigsten Wallfahrtsort des Elsass auf dem Odilienberg. Waren wir noch vor wenigen Kilometern auf 211 m Höhe sind wir nun auf 763 m angelangt: Der gesamte Klosterkomplex liegt malerisch auf einer Bergkuppe des Vogesengebirges ist. Dass heute Sonntag ist, merken wir allerdings gleich, selbst für Motorräder ist es schwierig einen Parkplatz zu finden. So wenden wir unsere Maschinen und folgen nun dem Wegweiser zum Col du Kreuzweg. Die Strecke ist ein wahrer Genuss für jeden Motorradfahrer. Kurvig, schmal, mit schattigen Abschnitten durch den Wald, vorbei an kleinen Dörfern und einsamen Höfen erreichen wir den Pass.

Die D 57 bringt uns gleich zum nächsten Pass, dem Col de la Charbonnière mit 961 m. Nun folgen wir dem Verlauf der D 214, einer Genussstraße, die sich am Westhang der Vogesen ins Tal schlängelt. Hier holt uns die Geschichte ein, ein kleines Schild auf 602 m weist darauf hin, dass in den Jahren 1873-1918 genau hier die Grenze zwischen Frankreich und dem Deutschen Reich verlief. Sanft geht es nun auf der Westseite der Vogesen in flache Gefilde hinunter, nur wenige Prozent beträgt das Gefälle auf den nächsten 5 km. In der Ebene bei Lusse ist die hohe Temperatur wieder da. Trotz bester Lüftung unserer Motorradjacken machen wir erstmal eine längere Pause, um unseren inneren Wasservorrat wieder aufzufüllen. Von hier aus könnten wir direkt, durch einen ehemaligen Eisenbahntunnel und heute bepreisten Straßentunnel, nach Saint-Marie-aux-Mines fahren. Doch die weitaus schönere Strecke führt natürlich wieder hinauf auf die Höhen des Elsass. Denn wir wollen uns die vielen Serpentinen zum Pass Col de Sainte Marie natürlich nicht entgehen lassen. Fahrspaß und purer Genuss bietet uns diese Auffahrt auf den 772 m hohen Pass, immer wieder garniert mit knackigen Spitzkehren. Ein bisschen aufpassen muss man im Wald, denn die Straße ist schmal und an den Rändern liegt Laub und Schmutz. Noch spektakulärer ist die Fahrt hinunter nach Sainte-Marie-aux-Mines. Die

Stadt in der früher in der Nähe Silber und Blei abgebaut wurde, ist wenig sehenswert. So nehmen wir gleich die D 416, die direkt im Ort steil nach oben führt. Durch Wälder, vorbei an Almwiesen geht es mal sanft, mal knackig kurvig auf den Col du Ribeauvillé auf 742 m Höhe. Noch spaßiger, mit noch mehr Kurven, erleben wir die Fahrt hinunter am Osthang der Vogesen. Eng, mit vielerlei engen Kehren kommen die Gas- und Kupplungshand und auch die Bremse nicht zur Ruhe. Und, als hätten die Straßenbauer sich noch eine besondere Überraschung ausgedacht, bringt eine, mit rotem Gestein gepflasterte, Spitzkehre das Fahrwerk ordentlich zum Arbeiten. Ein paar Kurven weiter, gibt es dann noch mal eine Pflasterung, aber diesmal in modisch grauem Granit. Viel zu spät bin ich auf der Bremse, das ABS der Multistrada korrigiert aber souverän meinen kleinen Fehler. Erst kurz vor dem bekannten Weinort Ribeauvillé endet der Kurvenzauber. Für heute wollen wir es gut sein lassen und genießen stattdessen die Annehmlichkeiten der elsässischen Küche.

Lief uns auf den Bergstrecken der Vogesen schon das Wasser im Mund zusammen vor lauter Spaß am Motorrad fahren, so läuft uns nun das Wasser zusammen, beim Blick auf die Speisekarte. Und auch das Knurren des Magens ist unüberhörbar in Anbetracht der Aussicht auf eine Elsässer Sauerkrautplatte, Flammkuchen oder Baeckeoffe, einem deftigen Kartoffel-Fleisch-Wein-Eintopf. Allerdings alles nicht unbedingt leichte Küche, denn zur Zubereitung für den charakteristischen elsässischen Geschmack, kommen Gänsefettschmalz und lokale Weine zum Einsatz. Aber auch für den Fischliebhaber ist die Auswahl an einheimischen Süßwasserfischen recht groß. Die typische Sauerkrautplatte mit Fisch heißt dann einfach Choucroute aux Poissons, Sauerkraut mit Fisch. Herrlich schwierig ist aber auch die Auswahl an Weinen, soll man einen Sylvaner, einen Pinot Blanc, einen Muscat oder den typischen, elegant frischen Riesling nehmen? Aber egal worauf die Auswahl fällt, Essen und Trinken im Elsass ist ein echter Genuss.

Früh am Tag, auch um die Kühle des Morgens genießen zu können, starten wir in Ribeauvillé und suchen im Ort zunächst die kleine Rue de Vignoble. Diese Straße führt leicht am Hang, mitten durch Weinreben, hinüber ins kleine Dörfchen Hunawihr. Das touristische Highlight auf der Strecke ist das nächste Dorf, Riquewihr. Jetzt, um diese Vormittagsstunde kann man auch die mit Blumen geschmückten, krummen und schiefen Fachwerkhäuser genießen. Kaum zu glauben, dass jährlich rund 2 Millionen Touristen dieses Dorf besuchen.

Über Mittelwihr, Sigolsheim bis nach Ammerschwihr folgen wir noch brav den braunen Hinweisschildern der Route des Vins. Doch dann verlassen wir die Niederungen des Tals und begeben uns wieder ins Bergland der Vogesen. Gleich die ersten Meter der D 11.VIII sind schmal und bieten eine große Zahl von Kurven und sogar einige enge Kehren. Ab

Trois Épis geht es weiter und weiter den Berg hinauf. Kurve an Kurve, Spitzkehre an Spitzkehre folgen nun. Es ist, als wäre die Straße von einem begeisterten Motorradfahrer gebaut worden. Am Col de la Schlucht auf 1.139 m Höhe steigen wir in die Höhenstraße, die Route des Crêtes, ein. Eine fast 80 km lange Straße, die einst aus militärisch strategischen Gründen gebaut wurde. Daher verläuft diese immer ein wenig unterhalb des Hauptkamms der Vogesen, so dass man nicht ins Rheintal schauen kann, dafür in die weiten Ebenen nach Westen. Nicht mehr durch tiefen Wald, sondern durch Felder und grasbedeckte Berghänge lassen wir unsere Maschinen gleiten. Viele herrliche Kilometer später sind wir am höchsten Punkt der Vogesenstraße, am Col du Grand Ballon mit 1.343 m, angelangt. Der höchste Berg der Vogesen der Grand Ballon, ist gleich nebenan mit seinen 1.424 m. Elf Kilometer weiter erreichen wir den Hartmannsweilerkopf, auf Französisch »Vieil Armand«. Auf dieser 957 m hohen Bergkuppe in den Südvogesen tobte vom 31. Dezember 1914 bis zum Ende des Krieges ein erbarmungsloser Stellungskrieg. 30.000 Tote beider Seiten stehen für die Sinnlosigkeit des Krieges. Dazu gelernt hat die Menschheit bis zum heutigen Tage sehr wenig. Nachdenklich und ergriffen zugleich fahren wir den Rest der Route des Crêtes steil hinunter Richtung Rheintal. Noch einmal wird uns eine atemberaubende Strecke mit vielen Kurven und Serpentinen geschenkt, die erst im Weinort Cernay endet.

So ganz lässt mich diese Weinstraße noch nicht los. Und so mache ich mich, diesmal mit meiner Freundin Bärbel auf, noch ein paar weitere Kilometer der Strecke zu erkunden. Gleich im ersten Ort, in Éguisheim, steigen wir vom Motorrad und bummeln durch die gepflasterten Straßen des Dorfes. Éguisheim zählt zu den schönsten Dörfern Frankreichs und trägt das Prädikat »Plus beaux villages de France«. Es ist wirklich ein absolutes Muss durch die im Kreis führenden Gassen dieses Dorfes zu schlendern. Die am meisten beeindruckende Straße ist die Rue des Remparts. Mit ihrem groben Kopfsteinpflaster und den zu beiden Seiten stehenden alten Fachwerkhäusern ist es wie ein kleines Labyrinth aus Gassen und kleinen Plätzen. Die meisten Häuser stammen aus dem 18. Jahrhundert, viele sind aber wesentlich älteren Ursprungs. Geht man die gesamte Straße entlang ohne abzubiegen, kommt man nach 360° wieder genau zum Ausgangspunkt zurück. Momentan ist allerdings ziemlich viel los in Éguisheim, denn man feiert das 60. Jubiläum des weit über die Grenzen des Elsass hinaus bekannten Weinfestes.

Anstatt nach Süden fahren wir erstmal Richtung Norden. Über die Winzerdörfer Wettolsheim, Wintzenheim und Turckheim landen wir im kleinen Dorf Niedermorschwihr an einem wunderschönen Haus. Zu herzig ist es, dass man einfach vorbeifahren könnte. Es ist ein niedriges Fachwerkhaus mit einer blumengeschmückten Holztreppe, die in den ersten Stock führt. Dieses beflaggte, wahre Kleinod ist das

Rathaus des Dorfes. Bereits im nächsten Ort, in Ammerschwihr, erwartet uns ein weiteres Highlight. Ein besonderes Tor aus der Stadtbefestigung des 14. Jahrhunderts, denn sowohl auf der Westseite als auch auf der Ostseite ist eine Sonnenuhr angebracht. Verblüffend genau zeigt die westliche Uhr die Tageszeit an, während die östliche Uhr schon im Schatten liegt.

In Kayserberg wenden wir unsere Ducati und tingeln, immer den braunen Wegweisern folgend, nach Süden. Nach einem Kaffee in Soultz verlassen wir, etwas vorzeitig, die Route des Vins d'Alsace und fahren nun durch die weite Ebene des Rheintals bis wir auf kleinen, winzigen Nebenstraßen, kurz hinter Bantzenheim, auf den Rhein treffen wo unsere Tour endet. Nicht jedoch ohne uns vorher noch mit einigen Kilo des herzhaft duftenden Munsterkäse einzudecken.

Die Frage Pass oder Weinstraße, Col oder Route des Vins, ist nach dieser Tour leicht zu beantworten. Natürlich beides. Und der ziemlich strenge Duft nach Munsterkäse, der unserem Koffer entströmt, wird uns noch lange an dieses schöne Fleckchen Erde erinnern.

Gaaaaanz weit draußen

Es soll immer regnen, es soll stets viel Wind blasen und es gibt nur Schafe, Schafe, Schafe. Das wollten wir doch mal selbst überprüfen und fuhren auf die Äußeren Hebriden, die westlichsten Inseln von Schottland.

Da ist sie wieder, diese vermaledeite Seekrankheit. Nicht stark, aber unangenehm genug. Schon in Oban, noch auf dem schottischen Festland, hatte der Tag trübe und regnerisch begonnen. Und jetzt die über fünfstündige Überfahrt auf der Fahre nach Barra. Alles andere als lustig bei dem aufgezogenen Sturm. Doch wenigstens die Delfine, die hinter unserem Schiff schwimmen, sorgen für Aufheiterung. Mehrmals springen immer zwei gleichzeitig hoch aus dem Wasser, um dann elegant einzutauchen und gleich darauf wieder aus dem Wasser zu schießen. Und trotz schlechter Sicht können wir nach der Hälfte der

Strecke schon die Äußeren Hebriden im Westen auftauchen sehen, die westlichsten Inseln vor Schottland. Irgendwann legt sich auch der Sturm, und die Einfahrt in den Hafen von Castlebay auf der Insel Barra ist bezaubernd schön. Majestätisch mitten im Hafen ragt Kisimul Castle empor. Wieder festen Boden unter den Fußen und den Reifen, geht es an diesem Tag nur noch wenige Meilen nach Norden in unser B&B. Herzlicher als bei David und Diana im Northbay House, einem ehemaligen Schulgebäude, kann ein Empfang nicht ausfallen. Alles wartet schon auf uns, und die selbst gebackenen Kuchen, die es hier als ganz besonderen Service gibt, schmecken ausgezeichnet. Da die Insel Barra sehr klein ist, machen wir trotz der späten Stunde noch die rund 18 Meilen lange Inselrundfahrt. Kleine Buchten, schöne Strände und der ständige Blick aufs Meer verzaubern den Abend. Jetzt sind wir also ganz weit draußen, weiter westlich von Schottland gibt es keine befahrbaren Inseln mehr, danach kommt nur noch Amerika.

Am nächsten Tag wollen wir die über einen kleinen Damm verbundene Insel Vatersay besuchen. Eine winzige Straße führt auf die hauptsächlich von Schafen bewohnte Insel. Plötzlich tauchen am linken Straßenrand viele Aluminiumteile eines Flugzeuges auf. Stumme Zeugen der Vergangenheit. Hier stürzte am 12. Mai 1944 aufgrund eines Fehlers des Pilotenkompasses eines der berühmten Catalina-Flugboote ab. Eine Gedenktafel erinnert an die Opfer. Erstaunlich, dass die Teile hier immer noch einfach daliegen und Souvenirjäger sie nicht längst mitgenommen haben.

Ach, fast hätte ich es vergessen, für die Äußeren Hebriden sollte man sich unbedingt vor Ort eine Karte kaufen, denn die führt alle noch so kleinen Nebenstraßen auf. Viel wichtiger ist jedoch, dass in dieser Karte die gälischen Namen der Ortschaften stehen, denn meist tragen die Wegweiser nur den gälische Name allein, ohne die englische Bezeichnung. Jetzt wird es aber Zeit, denn der Flug- plan der British Airways mahnt zur Eile. Nicht etwa, dass wir wegfliegen wollen, nein, eine weitere kuriose Sehenswürdigkeit wartet auf uns. Ganz im Norden der Insel Barra liegt der einzige regelmäßig angeflogene Flughafen der Welt ohne feste Landebahn. Auf einem riesigen, völlig ebenen Strand landen hier die Twinotter-Passagierflugzeuge. Natürlich nur bei Ebbe, denn bei Flut reicht das Wasser bis an das kleine Airport-Terminal. Verblüffend wenig Rollfeld braucht das zweimotorige Flugzeug für die Landung und den Start. Wer will, kann hier den kleinen Zwischenflug auf die nördliche Nachbarinsel Benbecula mitmachen, um dann beim Rückflug wieder auf dem Strand zu landen. Wenn wir das früher gewusst hätten, hätten wir so auch mal die Insel aus der Luft ansehen können. Für heute ist es jedoch zu spät, und außerdem wollten wir noch einmal die Insel umrunden. Zugegeben nicht gerade eine reine Motorradstrecke, denn da dies eine Singletrack-Road ist, kann man höchstens mal ein paar Meter im vierten Gang fahren. Als Geheimtipp zum Essen gibt es in Castlebay das kleine Café Kisimul. Ein Inder bringt »Spicy to the Island«, wie die örtliche Presse schrieb. Aber unbedingt am Tag vorher oder tagsüber reservieren, sonst kann es passieren, dass man wie wir eine Stunde wartet oder Pech hat, denn es wird schon recht früh geschlossen. Auf den Nachtisch haben wir verzichtet, denn zu Hause warten schon der selbst gemachte Kuchen und eine gute Tasse Tee auf uns.

Ganz im Norden von Barra verkehrt die Fähre nordwärts auf die Insel Eriskay. Zwei Wohnmobile, ein großer Mülltransporter und viele Autos warten bereits. Wie sollen die alle auf diese kleine Fähre passen? So langsam wird das Schiff voll, und wir stehen immer noch an Land. Ganz zum Schluss können wir in einer Lücke zwischen den Autos unsere dicke BMW abstellen. Einzig der Lieferwagen der Royal Mail muss wieder von Bord, da die Heckklappe sonst nicht zugeht. Die Insel Eriskay und auch die nächste Insel, South Uist, sind recht unspektakulär. Dafür pfeift der Wind vom Meer ungebremst über das flache Land. In Schräglage geht es Meile um Meile kerzengeradeaus. Abwechslung bieten aber die Stichstraßen, die von der Hauptstraße nach Westen an die Strände abzweigen. Meist gekennzeichnet durch ein braunes »Picnic«-Schild. Nach dem vielen Seitenwind und den nicht gerade hohen Temperaturen sind wir froh, den Tipp unseres B&B-Gastgebers vom Northbay House gefunden zu haben. Am Schild

»Hebriden Jewellery Shop« biegen wir Richtung Iochdar ab und erreichen nach einer Meile den Shop. Wunderbar warm ist es dort drin, und gutes Essen und duftender Kaffee wärmen wieder auf. Und wer will, kann hier natürlich auch Schmuck und Andenken von den Hebriden kaufen. Weiter geht es Richtung Norden über die Insel Benbecula, eine Insel, die nicht nur völlig eben ist, eine Insel, die auch nicht besonders abwechslungsreich ist. Insbesondere die vielen Gebäude der Royal Air Force und des britischen Verteidigungsministeriums und der große Flughafen sind keine Augenweide. Aber auf der strukturschwachen Insel hängen daran viele Arbeitsplätze. Weiter nach Norden, links und rechts des Damms nach North Uist versöhnt die Landschaft jedoch wieder. Große, kleine, und unendlich viele winzige Süß- und Salzwasser-Lochs spiegeln den Himmel in wunderschönen blauen Farben. Doch nur für wenige Minuten, dann sind die grauen, schweren Regenwolken wieder da. Also schnell zu unserem heutigen Quartier, dem Caranish Inn. Doch so leicht wollen wir heute nicht nachgeben, starten noch zur Inselrundfahrt auf der Ringstraße um North Uist. Überall grüne Wiesen mit unzähligen Schafen, die meist gemütlich mit ihren Lämmern neben der Straße liegen und dann beim Näherkommen verschreckt davonrennen. Dabei muss man auf alles gefasst sein, denn plötzlich ändern sie einfach die Fluchtrichtung. Zu unserer großen Überraschung steht dann plötzlich mitten in fast einsamer Landschaft ein Supermarkt, mit Blick direkt auf die Weite des Nordatlantik. 3,6 Meilen Fußmarsch in Motorradklamotten am nächsten Morgen. Dabei kann einem schon mal recht warm werden. Aber im Natur- und Vogelreservat auf North Uist kann man nun mal nicht Motorrad fahren. Vorbei an schneeweißen Stränden und Klippen geht der Rundweg, nur von den vielen Vogelarten sehen wir nicht viel. Immerhin: Die lauten, rotschnäbeligen Oyster-Cracker machen einiges wieder wett.

Eher zufällig fahren wir eine schmale Straße im Nordosten von North Uist, die am Ort Kallin vorbeiführt, wo plötzlich tausende und abertausende Muschel- schalen auf der Straße liegen. Hinterlassenschaften der hiesigen Shellfish Factory. Kleine bis mittelgroße Schalen werden hier einfach ins Meer gekippt. Jeder darf sich zum Andenken ein paar mitnehmen. Die größeren Muschelschalen gehen in riesigen Säcken an die Souvenirindustrie in alle Welt.

Aufstehen, und ein richtiges schottisches Frühstück genießen mit original Blackpudding macht stark für den Tag. Blackpudding – sicher nicht jedermanns Sache – ist eine beidseitig angebratene Blutwurst. Einfach nicht darüber nachdenken, meint unsere Bedienung, und stimmt, dann ist es echt lecker. Weiter geht es wieder in Richtung Nor- den auf die Fähre zur kleinen Insel Berneray. Obwohl die Luftlinie gar nicht weit ist, benötigt die Fähre über eine Stunde, da viele Untiefen und kleine Inselchen umfahren werden müssen. Auf dem Damm von Berneray zur bergigen Insel Harris muss man aufpassen, mahnt ein Schild. Hier überqueren gern mal Fischotter die Straße, aber natürlich tun sie es ganz sicher nicht, wenn man mit der Kamera darauf wartet. Harris empfängt uns mit strahlendem Sonnenschein und unglaublich riesigen Stränden. Dazu das türkisfarbene bis tiefblaue Wasser – man könnte meinen, hier in der Karibik zu sein. Menschenleer sind die Traumstrände und durch keine Hotels verbaut. Aber hier ist nicht die Karibik, wie uns der wenige Minuten später ein- setzende Regen schnell wieder ins Bewusstsein ruft. Hier erlebt man wirklich drei Jahreszeiten in einer Viertelstunde. Heute fehlt die Zeit, Harris genauer zu erkunden, das werden wir nachholen. Am Nachmittag müssen wir schließlich auf der Insel Lewis unsere Ferienwohnung in Stornoway beziehen. Stornoway, die größte Stadt auf den Äußeren Hebriden, ist ein harter Kontrast zu den Impressionen der letzten Tage. Eine quicklebendige Stadt, mit allem was heute dazugehört. Tankstellen, Supermärkte, Kirchen, ein großer Hafen und sogar ein attraktiv angelegter Golfplatz. Etwas aufgeschreckt durch die Info unserer Vermieterin, unbedingt heute noch einzukaufen, da zurzeit nur ein Supermarkt geöffnet hätte, brechen wir gleich auf. Und erfahren, wie der Shopping-Ausnahmezustand in Stornoway aussieht: Zwei, drei Leute bilden die »Schlange« vor der Kasse! Shocking. 15 Meilen sind es zu dem berühmten Calanais-Steinkreis, oft auch mit Callanish bezeichnet. Bis 5000

Jahre geht die Entstehungsgeschichte dieser nach Stonehenge in Südengland zweitgrößten Anlage dieser Art zurück. Die größeren Steinreihen und Steinkreise wurden vor rund 3500 Jahren errichtet. Ein mystischer Ort, und niemand weiß wirklich genau, wie diese Stätte genutzt wurde. War es eine astronomische Stätte, war es Kultstätte, war es eine Begräbnisstätte? Ungeklärt auch, warum hier in der nächsten Umgebung, immer in Sichtweite, noch zwei weitere, wenn auch kleine Steinkreise zu finden sind. Der Sonntag ist auf Lewis noch ein ganz besonderer Tag. Nahezu alles ist geschlossen. Kein Restaurant, kein Pub, kein Geschäft hat geöffnet, nur eine einzige Tankstelle. Auch geht an diesem Tag weder nach, noch von Stornoway aus eine Fähre. In den Hotels gibt es nur für die Hausgäste Essen, aber wenigstens ein einziger chinesischer Take-away hat geöffnet und lässt uns nicht hungrig aufbrechen. Denn für eine Inselerkundung ist der Sonntag natürlich ideal, auf den Straßen ist noch weniger los als sonst. Zurück auf die Insel Harris, und auf der Straße nach Tarbert erwischt uns am Pass der gefürchtete Harris-Dauerregen. Die Wolken, die direkt von Westen, vom Atlantik kommen, hängen in den bis zu 800 Meter hohen Bergen fest. Optisch ist dieses Stück Straße kaum von einem Alpenpass zu unterscheiden. Kurz vor der Passhöhe biegen wir auf eine Single-track-Road ab und folgen dem fjordartig eingebetteten Loch Shiphoirt, der die Doppelinsel ins südliche Harris und ins nördliche Lewis aufteilt. Gut sechs Meilen mit Steigungen von über 13 Prozent, Dann endet die Straße in Reinigeada mit einem traumhaften Blick auf die wild zerklüftete Küste. Zurück in Stornoway folgen wir der B 895 Richtung Tolsta, vorbei an zwei großen Stränden bis zum Ende der Straße und stehen plötzlich vor der überdimensionalen »Bridge to nowhere«. Unter diesem Namen steht sie wirklich in der Karte. Hier sollte einst die Straße in das zwölf Meilen entfernte Ness weitergeführt werden, was niemals geschah. So wird diese Brücke heute nur von den weidenden Schafen genutzt. Viel schöner aber ist der direkt vor uns liegende Strand zu dem man fast hinunterfahren kann. Ein kleiner Parkplatz und ein Toilettenhäuschen sind vorhanden. Atemberaubend, auf der linken Seite die Steilküste, auf der rechten Seite der lange, unberührte Strand. Ein Platz, an dem man es länger aushalten kann und sicher auch ein nettes Plätzchen zum Campieren. Am nächsten Morgen schlägt uns der Regen horizontal ins Gesicht, und der Wind bläst mit beachtlicher Stärke. Zum Motorradfahren brauchen wir in den Windböen die ganze Straße. Von Stornoway aus fahren wir über die Hochebene von Lewis. Kein Baum, nur grünbraune Moorlandschaft, soweit das Auge reicht. Hier wird das braune Gold der Insel, der Torf, in mühseliger Handarbeit gestochen und zum Trocknen aufgeschichtet. Auch heute noch dient er als Brennmaterial und gewinnt vielleicht bei den heutigen Energiepreisen neue Bedeutung. Bedeutung hat der Torf hingegen nach wie vor bei der Whiskyherstellung. Er gibt ihm diesen unverwechselbaren, rauchig milden Geschmack.

Weiter führt der Weg zu den ursprünglichsten Häusern der Insel, den so genannten Blackhouses – Langhäuser, die früher überall auf der Insel standen. Die in Gearrannan wurden erst 1974 verlassen und dann 2001 umfassend restauriert und mit Geldern aus dem schottischen Lotto-Fonds wieder der Öffentlichkeit zugänglich gemacht. Café, Info-Shop, ein Museum und eine Werkstatt sind in den Häusern untergebracht. Im größten Haus bietet sogar eine Jugendherberge rustikale Übernachtungsmöglichkeiten, und vier Häuser können als Ferienhäuser gemietet werden. Nur so komfortabel, mit Einbauküche, Dusche, Heizung, Satellitenfernsehen haben die Bewohner wohl damals nicht gelebt. Das Thai Cafe in der Church Street wird von vielen empfohlen. Was wir allerdings nicht wissen, ist, dass wir Wein oder Bier selbst hätten mitbringen müssen. Das Lokal hat keine Alkoholausschanklizenz, und so müssen wir mit einem Softdrink auskommen. Wer also dort Essen geht, sollte einfach vorher im nahe gelegenen Supermarkt eine Flasche Wein kaufen. Einen Korkenzieher muss man übrigens nicht mitnehmen, denn die Flasche wird gerne von den freundlichen Mitarbeitern geöffnet. Am nächsten Tag fahren wir bewusst keinen Meter mit dem Motorrad, denn in Stornoway gibt es einiges zu entdecken. Zunächst sind wir auf der Suche nach einem Tweed-Laden. Dieser typische

Stoff darf sich nur Tweed nennen, wenn er hier auf der Insel hergestellt wird. Doch das »Lewis Loom Centre« ist mehr als ein Laden, dies ist Tweed-Geschichte pur, ein wahres Museum. Tweed aus allen Epochen, Stoffballen über Stoffballen, Mützen, Kappen und viele sonstige alte Sachen sind hier zu finden. Und wer es mag, kann sich wie Mister Stringer aus Agatha Christies »Miss Marple«-Romanen einkleiden. Eine weitere Kuriosität muss man unbedingt gesehen haben, die kleine Hebridean-Brauerei. In Handarbeit werden hier vier Sorten Bier hergestellt. Von leichten 3,9 Prozent über 4,8 bis hin zu 7,5 Prozent Alkoholgehalt. Das stärkste Bier trägt übrigens den passenden Namen »Berserker«, der Name eines im Rausch kämpfenden mittelalterlichen nordischen Kriegers. Hier bekommt man eine persönliche Führung vom Bierbrauer selbst, der uns zeigt, wie auf den Hebriden mit viel Liebe gebraut wird. Aber Achtung: Nach der Bierprobe sollte man nicht sofort wieder aufs Motorrad. »Berserker« eben, und unbedingt die Aufschrift auf dem Etikett beherzigen: »Should be drunk in a manner befitting island life, slowly!« – Sollte in einer dem Inselleben angemessenen Weise getrunken werden: langsam! Um den schönsten Strand auf Lewis zu erkunden, entern wir dann wieder die Adventure. Eingebettet in eine weite, halbrunde, wunderschöne Bucht mit weißem Sand, ist der Strand ganz im Westen der Insel bei Timsgearraidh wirklich einzigartig. Ein Anblick, von dem man sich nur schwer trennen kann. Doch ein paar Meilen fahren wir noch an der südwestlichen Küste entlang. Selbst für eine Singletrack-Road ist der Weg sehr schmal, wird immer schmaler und ist teilweise mit Gras bewachsen. Irgendwo im Nichts ist dann kein Weiterkommen mehr. Nur die offene See und die zu Fuß zugängliche Küste liegen vor uns. Der richtige Ort, um nochmal die Tage auf den Äußeren Hebriden Revue passieren zu lassen. Eine Landschaft, die so ganz anders ist, als wir es gewohnt sind. Diese unendliche Ruhe, die freundlichen Menschen, die klare und reine Meeresluft. Und selbst den täglichen Regen haben wir irgendwie liebgewonnen.

Falklandinseln
Twin Paradise

Selten gibt es auf Reisen gleichzeitig zwei so unterschiedliche Besonderheiten wie auf den Falklandinseln. Einerseits sind die Inseln im Südatlantik ein Paradies für die niedlichen und majestätischen Pinguine, die tonnenschweren Seeelefanten, die hungrigen Killerwale und andererseits sind sie ein Traum für Geländewagen Freunde. Wir wollen diese raue Inselwelt eigentlich mit dem Motorrad erkunden. Doch es wird nirgends eine Möglichkeit geboten ein Motorrad, Moped oder Roller zu bekommen. So haben wir uns kurzerhand entschlossen auf eine rustikale, vierrädrige Variante umzusteigen, einen Land Rover Defender.

Meist sind die Falklandinseln nur bekannt durch den Krieg von 1982 zwischen dem Mutterland Großbritannien und Argentinien. So verwundert es zunächst nicht, dass wir mitten auf dem riesigen Militärkomplex Mount Pleasant landen. Und es verwundert auch nicht, dass wir bis zum Verlassen des Geländes weder Fotos machen, noch GPS oder Notebook nutzen dürfen. Da wir unseren Mietwagen erst am nächsten Tag bekommen werden, fahren wir mit dem Shuttlebus in die eine Stunde entfernte Inselhauptstadt Stanley. Bereits auf dieser Fahrt dürfen wir uns über Schotterstraßen freuen, die nur durch wenige Kilometer Asphaltdecke gestört werden.

Der nächste Tag beginnt mit einer kräftigen Überraschung, denn obwohl wir schon viele Monate vorher bei der FIC, der Falkland Island Company, einen Land Rover Defender gebucht hatten, ist im leicht chaotischen Büro davon nichts bekannt. Des Rätsels Lösung ergibt sich jedoch sehr schnell. Der bisherige Mitarbeiter ist nicht mehr im Betrieb und hatte wohl offensichtlich die Buchführung als nicht so wichtig angesehen. Aber Jamie, ein Vollblutverkäufer, lässt sich dadurch nicht aus der Ruhe bringen. Er bietet uns, da kein Defender verfügbar ist, zum gleichen Preis einen Land Rover Discovery3 TD6 an. Eigentlich wollten wir ja die ungeteerten Inselstraßen etwas rustikaler erkunden, aber beim Gedanken an mehr Komfort willigen wir dann doch ein.

Die erste Fahrt führt uns gleich hinaus ins »Camp«. So bezeichnen die Falkländer alles, wirklich alles, außerhalb von Stanley. Nach 18 km breiter, zweispuriger Schotterpiste, biegen wir nach Norden ab. Von hier steigt das Gelände stetig an, die nun einspurige Piste windet sich in sanften Kurven zur kleinen Passhöhe hinauf. Unbeschreiblich der Blick von dort hinunter auf den Nordteil der Inseln. Bis weit zum Horizont ist keine einzige Siedlung auszumachen. Nur spärliche Vegetation und alles nur in den unterschiedlichsten Brauntönen. Einzig die blauen Bänder der Meeresarme in der Ferne bringen etwas Kontrast in das Bild. Doch unser Blick fällt direkt links und rechts der Straße auf riesige Mengen von Steinen. Steine, die aussehen, als würde sich ein Gletscher oder Lava aus Stein von den Bergen ins Tal wälzen. Die Steinwälle sind so hoch, dass zwischen den Steinen nicht einmal etwas wächst. Die Entstehungsgeschichte dieser einzigartigen »Stoneruns« ist bis heute bei den Experten umstritten. Kalter, stürmischer Wind erinnert uns daran, dass wir heute noch die kleine Siedlung Johnsons Harbour erreichen wollen. Auf der Fahrt dorthin ist die Piste teilweise so hoch geschottert, dass wir mit unserem Discovery kräftig ins Schwimmen kommen und die Geschwindigkeit deutlich zurücknehmen müssen. Die Straße in Johnson Harbour endet am Strand, um zum letzten Farmhaus zu gelangen geht es direkt über den Sand. Überall stehen hier alte Defender, die friedlich vor sich hin zerfallen. Aus allen Modellepochen finden sich Exemplare. In Gedanken sieht man schon einen großen Container voller Oldtimer auf dem Weg nach Hause. Aber nicht nur dies erfreut das Auge, auch die bunten Dächer der Gebäude und die freilaufenden Kühe, Schafe, Enten, Gänse, Hühner die rund um unser Auto nach Fressbarem suchen. Auf der Rückfahrt ziehen wir eine riesige, mehrere hundert Meter lange Staubfahne hinter uns her, denn in diesem Teil der Insel hat es seit Wochen nicht mehr geregnet. Auf einem kargen Hochplateau sehen wir inmitten des Buschgrases zwei Männer, die offensichtlich hier etwas suchen. Beim Näherkommen können wir irgendwelche Schrotteile ausmachen. Wir sind neugierig geworden.

Nur ca. 40 m links der Piste liegen Wracks zweier Hubschrauber. Es sind argentinische Maschinen, die im Falkland Konflikt von einem britischen Harrier Flugzeug abgeschossen worden sind. Die Hitze der Explosion muss enorm gewesen sein, überall sieht man geschmolzenes Aluminium. Schon erstaunlich, dass nach fast 30 Jahren noch immer diese Teile einfach so herumliegen und nicht längst von Souvenierjägern mitgenommen worden sind. Übrigens, die Falkländer sprechen über die Ereignisse aus dem Jahr 1982 immer vom »Konflikt«, niemals von Krieg. Weitere Hinterlassenschaften aus diesem Konflikt sehen wir auf der Rückfahrt nach Stanley. Es sind die Minenfelder, die gut gekennzeichnet, links und rechts der Straße die Einfahrt zur Hauptstadt flankieren. Insgesamt gibt es auf den Falklandinseln 119 Minenfelder mit rund 20.000 Landminen und nur ein Feld wurde bisher vollständig geräumt. Natürlich würde man gerne alle Minen bergen oder unschädlich machen, aber, so die Falkländer, gäbe es auf der Welt weit wichtigere Minenfelder, die beseitigt werden müssten. Schließlich seien alle Felder bestens gekennzeichnet und bisher ist auch noch niemals etwas passiert. Etwas Gutes haben die Minenfelder jedoch. Hier konnte sich seit drei Jahrzehnten die Tier- und Pflanzenwelt ungestört weiterentwickeln.

Die Tierwelt ist es dann auch, die uns zur Touristenattraktion Gipsy Cove weiterfahren lässt. Die Piste führt nur wenige Kilometer außerhalb Stanley über eine von Pionieren im Konflikt errichtete Stahl- und Aluminiumbrücke zunächst dicht an den Strand heran. Im grünen Grasland brüten eine Vielzahl wilder Magellan- oder Falkland Gänse, die aber trotz ihrer Jungen kaum Scheu vor uns zeigen. Direkt am Ende der Bucht liegt das gewaltete Wrack der 3-Mast Bark »Lady Elisabeth«, ein 1879 aus Stahl gebautes Segelschiff, das hier 1936 gestrandet ist. Die teilweise völlig durchgerosteten Planken zeigen, dass es wohl nur noch eine Frage von wenigen Jahren ist, bis alles zusammenbricht. Einen Kilometer weiter führt die Piste durch eine wahre Mondlandschaft. Bizarre Felsen, wechseln mit schneeweißen Sandflächen ab. Auch hier finden wir alte Sandbleche und allerlei Kleinschrott aus schlechten Tagen. Die eigentliche

Attraktion findet sich aber am Ende der Piste. Eingebettet in eine Bilderbuchbucht, umrankt von bis zu zwei Meter hohem Tussacgras brüten hier Magellan-Pinguine. Vor ihren kleinen Erdhöhlen machen die immerhin fast 50 cm großen Vögel ein gewaltiges, akustisches Spektakel, das einem Eselsgeschrei verblüffend ähnlich ist. Daher bekamen sie auf den Falkland-Inseln den Namen »Jackass«, was so viel wie Esel bedeutet.

Am nächsten Morgen scheint strahlend die Sonne. Warum also heute nicht eine längere Fahrt in den Westen der Insel machen. Zunächst geht es wieder auf der zweispurigen Piste zum Mount Pleasant Militärstützpunkt. Die Piste ist so gut, dass wir unseren Discovery mit über 65 Meilen pro Stunde über die Straße fliegen lassen. Immer in der Hoffnung, dass die Inselpolizei nicht gerade hier die einzige Radarpistole der Insel ausprobiert, denn offiziell sind nur 45 Meilen pro Stunde erlaubt. Auf Höhe des Stützpunktes ändert sich schlagartig die Piste. Nun geht es auf einer Single-Track-Road und grob geschottert weiter nach Westen. Nach 50 Kilometern sehen wir auf einem Hügel ein großes Kreuz. Und kurz darauf den Wegweiser zum Argentinischen Kriegsgräberfriedhof. Hier in den Hügeln der Siedlungen Goose Green und Darwin tobte am 29. Mai 1982 eine 14 stündige Schlacht. Über 260 Tote waren die schreckliche Bilanz dieser Auseinandersetzung. Übrigens, das Angebot der Britischen Regierung, die hier beerdigten argentinischen Soldaten nach Argentinien zu überführen, lehnt die Argentinische Regierung bis heute ab. Grund sei, dass diese Soldaten ja bereits in Argentinischer Erde liegen würden.

Heute zeigt sich Darwin friedlich. Ein Gatter versperrt uns mit dem Hinweis auf eine vorherige telefonische Anmeldung, die Weiterfahrt zur Siedlung Darwin. Wir beschließen dies Mal einfach zu ignorieren und fahren die steile Straße bis zum Eingang der Darwin Lodge hinunter. Hier war laut Prospekt ein gemütliches Café versprochen. Doch weit und breit ist davon nichts zu sehen. Offensichtlich müssen unsere suchenden Blicke auch die Eigentümerin gesehen haben, denn sie kommt aus dem Haus und lädt uns zu sich ein. In der guten Stube, im Wintergarten des Hauses, werden wir von der Gastgeberin Sheena zum traditionellen »Smoko« eingeladen. Köstliche kleine Gebäckstückchen und ein exzellenter Kaffee werden uns gereicht. Nur schwer können wir uns vom von diesem schönen Ort losreißen. Nach ein paar Kilometern erreichen wir die mit 70 Einwohnern größte Siedlung außerhalb der Hauptstadt, Goose Green. Malerisch auf einer Halbinsel gelegen, sehen die kleinen Häuschen mit ihren bunten Dächern wie eine Modelllandschaft aus. Zur Stärkung lädt hier das einzige Restaurant im »Camp« ein, das »The Galley Cafe«. Vor der Eingangstüre liegen ein Dutzend Gummistiefel vor der mit Jacken überquellenden Garderobe. Da ziehen wir mal lieber auch unsere nicht ganz sauberen Schuhe aus. Des Rätsels Lösung sehen wir im Gastraum. Die Arbeiter der benachbarten Schaffarm nehmen hier ihr Mittagessen ein. Die Tagesspeisekarte verspricht einiges. So entschließen wir uns einen Burger nach Art des Hauses zu bestellen. Alle Zutaten werden hier selbst gemacht, selbst gebraten, gebacken oder gekocht. Und so ist ein einfacher Burger ein kulinarischer Genuss. Wer in Goose Green übernachten will, kann dies ebenfalls, denn dem Café angegliedert ist ein rustikales Ferienhaus für bis zu neun Personen. Der Wind hat inzwischen wieder zu Sturmstärke aufgefrischt, so dass wir nur einen kleinen Rundgang durch die Siedlung machen. Auch hier sind die Spuren des Falklands Konfliktes allgegenwärtig. Nicht nur die Bilder im Galley Cafe erinnern daran, auch die kleine Versammlungshalle des Ortes ist historisch bedeutsam. Hier wurden, während der rund um Goose Green tobenden Auseinandersetzung, 114 Einwohner von den Argentinischen Truppen mehrere Tage eingesperrt, bevor sie von der Britischen Task Force befreit werden konnten.

Ein besonderes Highlight erwartet uns rund zehn Kilometer außerhalb Goose Green. Die südlichste Hängebrücke der Welt. Der Weg ist extrem schmal und tief ausgewaschen. Von unserem Discovery wird die volle Geländegängigkeit abgefordert. Und doch geben wir nach rund drei Kilometern auf. Zu tief sind die Furchen, zu hoch die Grasnaben. Hier möchten wir uns dann doch die Peinlichkeit ersparen und mit unserem Miet Land Rover stecken bleiben. Zum ersten Mal hätten wir nun lieber einen Defender. Mit schweißnassen Händen erreichen wir nach gefühlten unendlich langen Kilometern wieder den Ort Goose Green. Der Rückweg nach Stanley ist wieder Pistenfliegen pur und macht gewaltigen Spaß.

Ein absolutes »Muss« ist die nicht mit dem Auto erreichbare, kleine und südlichste Insel des Archipels mit dem Namen Sea Lion Island. Dafür erwartet uns hier »Fliegen pur«. Mit einer sechssitzigen, zweimotorigen Propellermaschine erheben wir uns in den wohl extra heute für uns blau angemalten Himmel. Gut ist, dass wir am Check-in noch Ohrstöpsel bekommen haben. Die Maschine vom Typ Britten Norman Islander macht einen unglaublichen Lärm. Die Sicht hinunter auf die vielen Inseln ist wirklich atemberaubend. Farben wie in der Karibik wechseln von leuchtendem Türkis bis zu tief dunklem Blau, unterbrochen vom grellen Weiß der Strände und dem saftigem Grün des allgegenwärtigen Tussac Grases. Nach 50 Minuten Flugzeit sehen wir die kurze Schotterpiste von Sea Lion Island voraus. Erstaunlich, wie das Flugzeug schon nach wenigen Metern zum Stehen kommt. Standesgemäß wird unser Gepäck von einem Defender abgeholt. Wir selbst laufen, denn zur einzigen Lodge auf der Insel sind es nur wenige Meter. Von Jenny, der Chefin, werden wir auf das herzlichste begrüßt, fast schon so als wären wir alte Freunde. Zur Erkundung der rund fünf Meilen langen und maximal etwas über eine Meile breiten Insel steht extra ein nagelneuer Land Rover Defender 110 zur Verfügung. Wir beschließen erst einmal die nähere Umgebung zu erkunden. Und diese ersten Eindrücke rauben uns fast den Atem. Nur 50 Meter vom Haus entfernt brüten Tausende Pinguine, hunderte der überhaupt nicht scheuen Wildgänse laufen mit ihren Küken rund um uns herum. Richtung Strand dann noch weitere, riesige Pinguinkolonien. Je nach Windrichtung legt sich damit aber auch ein unglaublicher Geruch nach verdautem Fisch über die Insel. Völlig überrascht werden wir, als wir den Strand erreichen. Wo das Auge hinblickt, alles voller See-Elefanten, die größte Robbenart der Welt. Von den putzigen Jungtieren mit ihren so treu blickenden Augen bis zu ausgewachsenen Elefantenbullen. Bis zu fünf Tonnen schwere Kolosse liegen nur wenige Meter vor uns. Die gesamte Szenerie wirkt so friedlich, dass wir uns zwischen die ruhig da liegenden Tiere trauen. Kaum zu beschreiben was dies für ein Gefühl ist, nur 20 Zentimeter entfernt in die Augen eines Bullen zu blicken. Aber unsere Anwesenheit stört das riesige Tier in keinster Weise. Nur der freche, unserer Amsel ähnliche Vogel, bringt ihn aus der Ruhe. Denn immer wieder versucht der Vogel aus der Haut des riesigen Tieres etwas herauszupicken. Dass dies sicherlich ein wenig unangenehm ist, können wir gut verstehen.

Am nächsten Tag sind die wenigen Gäste der Lodge bereits am Morgen total aufgeregt. An der Küste wurden Killerwale gesichtet. So ganz können wir das nicht glauben und genießen erst einmal das vorzügliche Frühstück. Die Neugier treibt uns dann doch an den Strand. Direkt am Strand, nur einen Meter vom Wasser entfernt, starren wir auf das Meer hinaus. Schon nach fünf Minuten sehen wir in weniger als 50 Meter Entfernung die charakteristischen Heckflossen von insgesamt drei Orcas. Zwei große Tiere werden von einem Jungtier begleitet. Offensichtlich jagen sie gerade unter Wasser nach Fischen, denn eine Hundertschaft Seevögel begleitet die jagenden Tiere; in der Hoffnung etwas von der Beute abzubekommen. Was dann allerdings folgt, lässt den Auslöser unserer Kameras heiß laufen. Die Orcas nehmen direkt Kurs auf das Ufer. Nur drei Meter vor uns dreht das gewaltige Tier ab und rauscht direkt vor uns im flachen Wasser des Strandes vorbei. Und diese Szenerie wiederholt sich noch einige Male. Kein Pinguin, kein See-Elefant traut sich in dieser Zeit in das Wasser. Ein Gast zeigt uns auf seiner Kamera, wie gefährlich es für unvorsichtige See-Elefanten sein kann. Am frühen Morgen waren die Orcas wieder auf Jagd und erwischten in der Nähe des Strandes ein Jungtier. Überall nur Blut im Wasser ist auf den Aufnahmen zu sehen. Zum Glück haben wir dies nicht live erlebt.

Weitaus friedlicher ist unser heutiger Ganztagestrip ans westliche Ende der Insel. Jenny schlägt uns vor den neuen Defender zu nehmen, aber wir beschließen mehr von der Tierwelt zu sehen und zu Fuß zu gehen. Also heißt es nun zwei Stunden bis zum »Sheffield Memorial« zu marschieren. Ständig werden wir von einem Caracara begleitet. Einem, eigentlich, seltenen Raubvogel. Dieser hat es aber nur, wie wir später merken, auf unsere Lunchpakete abgesehen. Das Sheffield Memorial wurde zur Erinnerung an die auf See gestorbenen Seeleute errichtet. Im Falkland Konflikt wurde der moderne Lenkwaffenkreuzer HMS Sheffield der Royal Navy von einer einzigen Rakete der argentinischen Luftwaffe versenkt. Die wirkliche Attraktion ist aber hier die Rockhopper Pinguin Kolonien. Nicht nur, dass diese kleinste Pinguin Art, mit ihren gelben Kopffedern, recht lustig aussehen ist bemerkenswert. Die Art der Fortbewegung ist es, die auch den Pinguinen ihren Namen gab. Sie hüpfen in großen Sprüngen von Stein zu Stein und auch aus beachtlicher Höhe hinunter ins Meer.

Nur sehr schwer können wir uns nach drei Tagen von dieser beeindruckenden Tierwelt trennen. Doch unser Flugzeug wartet bereits vor der Türe auf uns. Volonteer Point, viel hatten wir bereits darüber gelesen. Es soll die größte der Kolonie der majestätischen Königspinguine sein. Und, leider dürfen wir nicht mit unserem Land Rover selbst dort hinfahren, denn rund 18 Kilometer Off-Road trennen die Halbinsel von der nächsten Piste. Also buchen wir bei einem örtlichen Anbieter für den nächsten Tag diesen Ganztagestrip für nicht ganz billige 230 Pfund. Pünktlich um acht Uhr morgens holt uns John mit seinem Toyota Landcruiser vom Motel ab. Zusammen mit seiner Frau Charlene, die einen neuen Land Rover

Defender 110 fährt, geht es zunächst auf der uns schon bekannten Schotterpiste bis nach Johnson's Harbour. Was nun folgt begeistert jeden Off-Road Fan. Querfeldein geht es über moorige Graslandschaften, durch tiefe Wasserrinnen und steile Auffahrten durchs Gelände. Tapfer folgt der Landcruiser dem Defender. Doch je anspruchsvoller das Gelände wird, desto leichtfüßiger zieht Charlene mit ihrem Defender davon. Aber mit dem gewaltigen Drehmoment des drei Liter Dieselmotors in Verbindung mit dem Drehmomentwandler des Automatikgetriebes kommen wir mit unserem Landcruiser doch aus den tiefsten Morastlöchern wieder heraus. Über eine Stunde kämpfen wir uns bis zum Volonteer Point durch. Ausgerechnet heute meint das Wetter es überhaupt nicht gut mit uns. Dicke Regenschauer und stürmischer Wind peitschen uns das Wasser ins Gesicht und in Sekunden sind wir ziemlich durchnässt. Im Vertrauen auf die propagierte Wasserdichtigkeit in den Prospektangaben nehme ich meine Nikon Kamera doch heraus, denn zu beeindruckend ist die Kolonie der Königspinguine. Wir gehen trotz diesem gruseligen Wetter in die Hocke um die Tiere näher zu betrachten und werden prompt belohnt. Die überall umher stehenden Jungtiere mit ihrem zotteligen brauen Gefieder halten uns offensichtlich für große Pinguine und betteln direkt vor unserem Gesicht nach Nahrung. Mittlerweile sind wir ziemlich durchgefroren und beenden die Fotosession. Zum Glück gibt es hier auch einen kleinen, beheizten Container in dem uns schon Charlene und John mit heißem Kaffee und leckerem Gebäck erwarten. Nachdem wir unsere Kleidung einigermaßen am Gasofen wieder getrocknet haben, besteigen wir wieder unseren Geländewagen zur Rückfahrt. Zu gerne würde ich ab und an mal selbst das Steuer in die Hand nehmen. Doch für diese extrem anspruchsvolle Rückfahrt müsste ich in jedem Fall noch ein paar Off-Road Kurse belegen. Die Tour zum Volonteer Point ist zwar ein nicht ganz billiges Vergnügen, aber für jeden Tier- und Off-Road Freund jeden Pence wert.

Zum Abschied unseres zweiwöchigen Aufenthalts auf den Falklandinseln starten wir zu einer rund 330 km langen Rundtour mit einem Schotteranteil von über 99 %. Wieder geht es zunächst auf der »Autobahnpiste« vierzehn Kilometer weit bis zur schmalen Straße nach Estancia. Vorbei an den uns schon bekannten Hubschrauberwracks hinunter zur idyllisch in einer kleinen Bucht gelegen Farm Estancia. Ab hier wird die Piste enger und führt 30 Kilometer durch steppenartige Graslandschaften. Alles ist durch den hier immerwährenden Wind ausgetrocknet, so dass wir eine riesige Staubfahne hinter uns herziehen. Links der Piste steigen die schroffen Felsen immerhin zu einer Höhe von 627 Metern an, rechts der Piste immer wieder atemberaubende Blicke auf den Port Salvador Fjord. Teal Inlet ist die nächste, der recht beschaulich anzusehenden Siedlung. Im 1982er Konflikt war dies ein wichtiges Etappenziel der britischen Truppen auf dem Weg von San Carlos im Norden nach Stanley im Süden. Altes Kriegsgerät steht zwar keines mehr herum, aber dafür ein halbes Freiluft Defender Museum. Unglaublich was alles gemütlich vor sich hin gammelt. Die Strecke wird nun zunehmend interessanter. Steile Abfahrten in Flusstäler wechseln mit ebenso steilen Auffahrten, so dass wir mehr als einmal vom Gas gehen müssen, da außer Himmel nichts zu sehen ist. Die hier so genannte »North Camp Road« bietet feinstes Schotterstraßen Feeling. Viel zu schnell erreichen wir den Abzweig nach Port San Carlos. Viel ist nicht mehr vom einstigen Hafen und der Schafwollverarbeitungsfabrik zu sehen. Der eiserne Pier fällt in sich zusammen und die großen Blechhallen machen sich nur durch eine im Wind quietschende Tür bemerkbar. Auch erinnert nichts mehr an die Landung der britischen Task Force vor fast 30 Jahren. Die Berg und Tal Straße führt uns wieder auf die North Camp Road und weiter Richtung Süden. Die nächste Siedlung, San Carlos, ist auf den Falklandinseln berühmt. Denn hier landete am 21. Mai 1982 ein Großteil der britischen Truppen zur Rückeroberung der Inseln von den Argentiniern. Voller Erwartung fahren wir den steil zur Küste abfallenden Weg hinunter. Zunächst denken wir, der Weg ist zu Ende. Doch ein schmaler Durchlass durch blühendes Buschwerk bringt uns auf ein kleines Plateau. Weit und breit ist kein Ortsschild zu sehen. Sind wir hier richtig? Offensichtlich doch, denn an einem unscheinbaren Container hängt ein

Schild mit der Aufschrift »San Carlos Museum«. Die Türe ist nicht abgeschlossen und so gehen wir auf Entdeckungsreise. Im ersten Teil sind Ausstellungsstücke über das karge Leben der Schafzüchter und Infos zur Tier- und Pflanzenwelt. Im hinteren Teil dann die Ausstellung zum Falkland Konflikt. Viele originale Stücke, persönliche Gegenstände und Fotos beeindrucken nachhaltig. Was wir bisher noch nie gelesen hatten ist, dass die Britischen Truppen den ersten Tag dieser Landung auf den Falklandinseln »D-Day« nennen. Genauso wie den Tag der alliierten Landung in der Normandie 1944. Wer allerdings außerhalb altes Kriegsgerät sucht, wird enttäuscht. Außer alten Sandblechen aus verrostetem Stahl ist aus diesen Tagen nicht mehr viel zu finden.

Nach einer Stunde treffen wir wieder auf die Piste nach Goose Green. Noch einmal ein typisches Falkländer Essen genießen, noch kurz hinüber zum West-Falkland-Fähranleger mit seinen Gentoo-Pinguin Kolonien, noch einmal typisches Falkland Wetter erleben mit Sturmböen und horizontal fliegendem Regen. Und, nicht zu vergessen, über die wunderschönen Schotterpisten zu rauschen.

All dies macht es uns noch schwerer, dieses kleine Tier- und Defender Paradies am unteren Ende der Welt wieder zu verlassen. Doch der Flugplan der LAN ist unerbittlich. Nur das Wetter hat ein Einsehen mit unserem Abschiedsschmerz und gönnt uns noch einmal herrliche Bilder der Falklandinseln aus luftiger Höhe.

Inseln der Krone

Die im Ärmelkanal, unweit vom französischen Festland, gelegenen Inseln Jersey und Guernsey sind meist nur als Steuerparadiese bekannt. Dass man jedoch auch paradiesisch schön Motorradfahren kann, ist hingegen weniger geläufig. Die Kanalinseln gehören nicht zu Großbritannien, sondern sind privates Eigentum des britischen Königshauses.

Wir berauschten uns im Gewirr der kleinen und kleinsten Straßen der Inseln, genossen das milde Klima und die vielen Sandstrände. Mit der Voyager, nicht mit dem gleichnamigen Raumschiff und nicht mit Warp Geschwindigkeit, aber immerhin mit 39.000 PS und 40 Knoten nähern wir uns dem Hafen von St. Helier, der Hauptstadt der Kanalinsel Jersey. Als eines der ersten Fahrzeuge kommen wir von

Bord. Von nun an heißt es wieder, »the right side is the wrong side«, die rechte Seite ist die falsche Seite. Da Jersey der britischen Krone gehört, wird natürlich links gefahren. Nach dem dritten Kreisverkehr klappt dies jedoch schon ganz vorzüglich. Es ist noch Vormittag und viel zu früh um direkt zu unserer Unterkunft zu fahren. Also machen wir uns gleich daran, ein wenig die Insel mit unserem Motorrad zu erkunden.

Kaum zwei Kilometer hinter der geschäftigen, quirligen und ziemlich überfüllten Hauptstadt, wird es ruhiger und nur noch wenige Autos befahren die Küstenstraße. Zur linken Hand geht unser Blick zur halbmondförmigen St. Aubin's Bay, die mit ihrem weißen Strand fast schon ein wenig an die Karibik erinnert. Doch heute ist das Wetter keinesfalls karibisch. Irgendwie hatten wir es auch so erwartet. Es ist neblig, es ist kühl und ein scharfer Wind weht von der See her. Ganz am Ende der Küstenstraße verlassen wir die Hauptstraße und folgen den Wegweisern zum Noirmont Point. Hier erleben wir zum ersten Mal die Faszination der typischen schmalen Straßen und Sträßchen. Manche sind gefühlt kaum breiter als unser Motorrad mit den ausladenden Alukoffern. Als wir den Noirmont Point erreichen, nach einer interessanten Fahrt entlang hoher Hecken, trifft uns die volle Wucht des Windes. Hier erblicken wir auch zum ersten Mal die Hinterlassenschaften der deutschen Okkupation der Jahre 1940 bis 1945. Graue Betonklötze, Bunker und Beobachtungstürme, die wir im

Weiteren noch in vielen Bereichen der Insel finden. Zurück auf der Hauptstraße geht es recht steil hinunter, zunächst zur St. Brelade's Bay und weiter wieder zum westlichsten Punkt der Insel, zum Corbière Point. Der einige hundert Meter vor der Küste liegende, gleichnamige Leuchtturm ist das wohl bekannteste Fotomotiv der Insel. Bei Ebbe ist er zu Fuß zu erreichen. Jetzt bei Flut und diesigem Wetter, sehen wir nur die Spitzen einiger Felsen und den darauf thronenden Leuchtturm. Für uns erstmal erstaunlich, dass es auf dem folgenden Kilometer einige knackige Spitzkehren und teilweise ziemlich steile Abfahrten gibt. An der letzten Kehre sehen wir den nahezu unendlich erscheinenden Strand der St. Quen's Bay, dessen Ende im Nebel verschwindet. Überhaupt ist dieser Küstenabschnitt rau, sandig und trocken. Und es wächst auch nur Dünengras. Sandhügel reiht sich an Sandhügel bis zum Anstieg aufs Hochplateau.

Plötzlich ohrenbetäubenden Lärm über unseren Köpfen. Gefühlt nur wenige Meter entfernt zieht ein Flugzeug über uns hinweg, um auf dem etwas höher gelegenen Jersey Airport zu landen, dessen Landebahn direkt am Abhang beginnt. Weiter geht es durch die Strandhafer- und Dünenlandschaft Richtung Norden. Am Ende der La Grand Route des Mielles, in einem der vielen an diesem Strandabschnitt befindlichen Bunker, wurde ein Militärmuseum eingerichtet, dass viele militärische und zivile Erinnerungsstücke aus der deutschen Besatzungszeit zusammengetragen hat.

Kaum einen Kilometer weiter heißt es zurückschalten, denn steil und garniert mit ziemlich knackigen Kehren führt die Straße auf ein fast baumloses Plateau hinauf. Wir wollen zum Grosnez Point dem nordwestlichsten Punkt der Insel. Als wir an einem riesigen Gestüt mit Pferderennbahn entlangfahren, wird die Straße immer schmaler und schmaler. Schlussendlich endet das Asphaltband und wir befinden uns auf einer mit vielen Schlaglöchern und Pfützen übersäten Piste wieder. Offensichtlich hat es wohl in den letzten Tagen auf der Insel stark geregnet. Ziemlich eingesaut erreichen wir den Parkplatz am Ende des kleinen Weges. Jetzt geht es zu Fuß weiter. Vom Grosnez Castle sind nur noch wenige Mauern sowie das Eingangstor vorhanden. Die Burg wurde um 1330 gebaut und schon 1461 zerstört. Kein Wunder, dass kaum etwas zu sehen ist. Zurück auf schlammigem Untergrund verändert sich, Minuten später, die Landschaft schlagartig. Wir durchstreifen auf kurvenreicher Straße dunkle, tiefgrüne Wälder und verwunschene Alleen, wie wir sie bisher noch nicht auf der Insel erlebt haben. Irgendwie mag unser Navi die vielen kleinen Straßen nicht und will uns immer wieder auf die Hauptstraße Richtung Süden führen. Doch wir ignorieren das etwas nervige Gerät und benutzen stattdessen den Kompass um Richtung Osten zu fahren.

Am »Le Câtel Fort« genießen wir den Blick auf einen winzigen, aber wunderschönen, leuchtend gelben Strand. Nicht ganz einfach zu finden ist unser nächstes Ziel. Wir sind diesmal auf einem besonders schmalen Sträßchen unterwegs. Mehr als einmal streifen die Alukoffer linksseitig an einer der vielen Hecken. Zwei Kurven sind so eng, dass wir diese nur im Schritttempo bewältigen. Doch dann sehen wir es, das Hinweisschild des Zieles. Es ist das La Mare Wine Estate, ein landwirtschaftlicher Betrieb der neben hervorragenden Weinen unter anderem auch Spirituosen, Liköre, Apfelweine, Schokolade und Backwaren herstellt. Und all dies wird auf dem Weingut hergestellt. Wer will, kann im alten Farmhaus aus dem Jahr 1797 Wein, Gin, Rum und Brandy verkosten. Manchmal wünscht man sich doch tatsächlich nicht mit dem Motorrad vor Ort zu sein. Ein paar Selfies später sind wir zurück auf der Route du Nord und schlagen uns zur Bonne Nuit Bay durch, denn dort wollen wir in den nächsten Tagen auch mal die eine oder andere Wanderung beginnen lassen. Uns zieht es aber weiter nach Osten, auf den nördlichsten Straßen der Insel. Kurven an Kurven, kleine enge Sträßchen, schrullige Häuser und Häuschen, vornehme Gärten und herrliche Blicke aufs Meer versüßen unseren Weg. Erst als wir in Gibraltar sind wird die Straße wieder breiter. Vor uns liegt die Fliquet Bay von der aus wir eigentlich das französische Festland sehen sollten. Doch noch geben Nebelschwaden den Blick nicht frei. Nur zwei Kilometer entfernt sehen wir das mächtige Mont Orgueil Castle. Doch nach Besichtigung ist uns heute nicht zumute. Noch eine herrliche Spitzkehre und wir sind im kleinen Ort Gorey. Rund um den Hafen finden sich ein paar Restaurants, ein paar wenige Pubs und ein Hotel. Da gerade Ebbe ist, besteht der Hafen nur noch aus einer einzigen Schlammkuhle, in der die vielen großen und kleinen Boote einfach auf Grund liegen. Nach einer kleinen Erfrischungspause machen wir uns auf die letzten Meter zu unserer Unterkunft nahe des Ortes Grouville. Schon der erste Tag auf dieser Insel hat uns mächtig überrascht. So viele kleine, ja gar winzige Straßen hatten wir nicht erwartet vorzufinden.

Wie, als wäre am Vortag nichts gewesen, erleben wir den Morgen bei wolkenlosem Himmel und strahlendem Sonnenschein bei Temperaturen weit über 20 Grad. Heute soll es allerdings nicht auf dem Motorrad weitergehen. Wir wollen die Insel nicht auf zwei Rädern, sondern auf zwei Beinen erkunden. Durch das hervorragende Bussystem der Insel erreichen wir schon nach kurzer Zeit unseren Startpunkt, die Bonne Nuit Bay. Von hier aus geht es, stets ostwärts, größtenteils am Ufer entlang, dann wieder steil bergauf durch Farnwälder und niedrige Eichenbäume von Bucht zu Bucht. Nach 4 Stunden, die mir deutlich länger vorkommen als 4 Stunden auf dem Motorrad, erreichen wie die Bouley Bay. Von hier bringt uns einer der kleinen Busse zurück nach Grouville.

Einen Tag weiter und gut gestärkt durch ein »full english breakfast« mit allem was da so dazugehört, wie Bohnen, Würstchen, gebratenem Speck, Toast, gebratener Blutwurst, gebratener Leberwurst, gebratenen Tomaten und Champignons sowie zwei Spiegeleiern, ist wieder Motorradfahren dran. Weniger nach Navi, sondern mehr nach Kompass geht es in westlicher Direktion. Nach schmalen Straßen und der ein oder anderen Irrfahrt erreichen wir das Steam Motor & General Museum im Inselteil Trinity. Was hier alles durch den Gründer Don Pallot zusammengetragen wurde, ist unglaublich. Sein Antrieb war der Erhalt der mechanischen Geschichte der Insel. Alte Autos, Motorräder und Lastwagen, dazu landwirtschaftliche Werkzeuge und Fahrzeuge aus vielen Jahrzehnten sind liebevoll aufbereitet. Die im Außengelände stehende Schmalspurdampflokomotive und die dazugehörigen historischen Wagen sind leider nicht mehr im Betrieb. Dem kleinen Museum fehlt das Geld um die Strecke wieder betriebsfähig zu machen. Sehr sehr schade. Aber es lohnt sich, allein schon die riesigen dampfgetriebenen Traktoren zu betrachten. Einer dieser Riesen, die Dolly May, wird einmal im Jahr, am zweiten Septemberwochenende, unter Dampf gesetzt. Dagegen erscheinen selbst die heutigen, modernen Traktoren vergleichsweise klein.

Da wir am ersten Tag etwas Pech mit dem Wetter und der Sicht hatten, wollen wir heute noch mal zum

Corbiére Leuchtturm am südwestlichen Ende der Insel, fahren. Erfrischend kurzweilig geht es über die Straßen, knackigen Kurven und durch grünes Farmland nach Westen. Inmitten der Insel führt die Straße vorbei an einer weiteren Hinterlassenschaft aus dem Zweiten Weltkrieg, den »Jersey War Tunnels«, einem unterirdischen Krankenhaus aus der Okkupationszeit. Dann endlich sind wir am Ziel, dem Postkartenmotiv Corbiére Leuchtturm. Fast wie ein Wesen aus einer anderen Zeit leuchtet der heute in der Sonne glänzende, schneeweiße Leuchtturm inmitten des tiefblauen Meeres. Ein Anblick, von dem wir uns kaum trennen können. Auf dem Rückweg machen wir noch einen Stopp in der Hauptstadt. Es lohnt sich die alte, gusseiserne Markthalle, den kleinen Fischmarkt oder die im historischen Herz der Stadt liegende King Street zu besuchen. Motorradplätze sind leicht zu finden, drei große, einer sogar in einem Parkhaus sind direkt im Zentrum. Wie fast schon jeden Abend, lassen wir unseren Aufenthalt auf Jersey in einem herrlich schrulligen und typisch englischen Pub, bei einem frisch gezapftes Pint und herrlich duftendem Fish and Chips ausklingen.

Am Vormittag des nächsten Tages stehen wir wieder am kleinen Hafen von St. Helier und warten auf unser Raumschiff, die Fähre Voyager, die uns nun, in nur einer Stunde, hinüber nach Guernsey bringt.

Schon auf den ersten Metern im Hauptort St. Peter Port merken wir, dass hier die Uhren anders ticken. Viel weniger Verkehr, viel weniger moderne Häuser, viel weniger Trubel in und auf den Straßen. Da es bereits Nachmittag ist, können wir auch gleich auf die Suche nach unserer Unterkunft gehen. Hoch über der Stadt thront das große Anwesen Les Cotils mit herrlicher Sicht auf die benachbarten Inseln Herm und Sark. Doch lange verweilen wir nicht, schließlich wollen wir ja die Insel ja mit dem Motorrad erkunden. Zunächst südwärts auf der gut ausgebauten Hauptstraße ist unser erster Anlaufpunkt der Saint Martins Point mit dem gleichnamigen Leuchtturm. Hier beginnt die Steilküste, die sich bis in den Westen der Insel zieht. Entlang der Forest Road, die etwas von der Steilküste abgesetzt läuft, geht es Richtung Westen. Auf schmalen Wegen, stets Sackgassen erreicht man an vielen Stellen den Klippenrand der Küste. Komfortabel cruisen wir auf der gut und breit ausgebauten Straße dahin. Im Gegensatz zu Jersey, wo wir in der Stadt 30 und außerhalb 40 Meilen fahren durften, ist auf Guernsey die Geschwindigkeit nochmals um fünf Meilen reduziert. In der Stadt sind es 25 Meilen und außerhalb der Stadt 35 Meilen. Kurz hinter der westlichsten Spitze, dem Pleimont Point, beginnt die Promenadenstrecke der Insel Guernsey. Ein Strand reiht sich an den anderen. Erst der lange L'Eree Beach, dann der schmale Perelle Beach, dann der in der Sonne leuchtende Vazon Beach und schlussendlich die malerische Vazon Bay. Am nördlichen Ende, direkt angrenzend an den Grandes Rocques Beach, liegt auf einer kleinen Halbinsel ein heute zur Touristenattraktion ausgebauter Bunkerkomplex, das Fort Hommet. Alles wurde in den Originalzustand von 1944 versetzt. Erstaunlich viel Verkehr herrscht auf der Küstenstraße. Kein Wunder, denn hier finden sich die meisten Hotels und Ferienwohnungen der Insel. Die Besucher wollen alle die wunderschönen Strände genießen. Sympathisch ist, dass wir überall dort, wo es einen Strand gibt, auch einen kleinen Kiosk finden. Von einem guten Kaffee über Eis und Süßigkeiten bis zu kleinen Snacks reicht das Angebot.

Weiter entlang der Nordküste Richtung Osten verlassen wir die Hauptstraße und versuchen uns am Ende der la Chouet Bay auf einer besonders kleinen Straße an die Spitze der Halbinsel durch zu schlagen. Doch kurz hinter dem Royal Guernsey Golfclub ist der Weg zu Ende. Wir genießen den Blick hinüber auf eine weitere Kanalinsel, die noch etwas nördlicher liegende Insel Alderney. Zurück auf der Ringstraße endet im Ortsteil Vale unser Weg nach Osten. Die Straße biegt wieder Richtung Süden ab und wir durchstreifen den nicht so schönen Teil der Insel, das Industrie- und Hafengebiet. Doch schon nach zwei Kilometer sind wir wieder in St. Peter Port, mit seiner typischen Architektur, die britischer nicht sein könnte. Auch auf Guernsey finden wir wieder diese herrlich engen, kleinen und kurvigen Straßen. Doch das, was hier geboten wird, macht selbst bei 35 Meilen Höchstgeschwindigkeit richtig Spaß. Immer schön auf der linken Seite bleibend und im Zentimeterabstand vorbei an Hecken, Büschen und Mauern. Schön links zu bleiben ist eine echte Maxime, könnte doch stets etwas entgegenkommen. Meist reicht der Platz geradeso aus, dass zwei Autos mit Mühe aneinander vorbeikommen. Selbst mit dem Motorrad wird's teilweise eng.

Am nächsten Morgen wollen wir unser Motorrad stehen lassen und uns zu Fuß und per Schiff auf die Nachbarinseln begeben, auf denen es keinen Straßenverkehr gibt. Ursprünglich war die Insel Sark angedacht, doch die wenigen Plätze auf dem kleinen Schiff sind bereits ausgebucht. So beschließen wir, uns auf die noch kleinere Nachbarinsel Herm einzuschiffen und diesen prachtvollen Sonnenschein Tag beim Wandern zu genießen. Diese kleinste bewohnte Insel der Kanalinseln ist gerade einmal 2,4 km lang und nur 800 m breit. Rund zweieinhalb Stunden benötigen wir für die Umrundung der gesamten Insel. Atemberaubend schön sind die Blicke hinüber auf Guernsey, auf Sark und Jersey. Abends zurück auf Guernsey gilt es die urige Pub-Szene von Sankt Peter Port zu erkunden. Im »De La Rue« bleiben wir schließlich hängen. Irgendwie kommt mir der Name De La Rue bekannt vor. Und tatsächlich, auf dem Cover der Speisekarte ist zu lesen warum. Hier in diesem Haus erfand der Unternehmer Thomas De La Rue, so wird erzählt, die Spielkarte. Heute zählt die Firma zu den größten Banknotenherstellern der

Welt. Doch leider gibt's keine Geldscheine zum Mitnehmen, dafür leckeren Fish and Chip und frisch gezapftes Bier.

Tag darauf ist der Plan, dass wir keinen Plan haben. Erst einmal kreuz und quer die Insel durchstreifen, verfahren ist nicht wirklich möglich, irgendwann landet man immer am Meer. Doch ein besonderes Ziel haben wir noch. Es ist die mitten im Herzen der Insel liegende Little Chapel. Allein die Fahrt dorthin erfreut das Motorradfahrerherz. Es geht kurvig bergauf und bergab, vorbei an sattgrünen Wiesen und durch schattige Alleen. Die kleine Kapelle, die wir vorfinden ist eine sehr bemerkenswerte Kirche, die gerade einmal fünf mal drei Meter groß ist. Außen und innen ist sie mit Porzellanscherben, bunten Steinen und Muscheln verziert. Faszinierend von außen, noch faszinierender von innen, doch mit meiner dicken Motorradjacke muss ich mich schon ziemlich hindurchzwängen, um in den unteren Teil zu gelangen.

Eine ganz lustige Eigenart gibt es noch auf dieser Insel im Straßenverkehr. Das ist der so genannte »Filter« der so ähnlich funktioniert wie ein umlaufender Reißverschluss. Aus verschiedenen Richtungen kommend fährt man stets im Uhrzeigersinn über die Kreuzung. Einer nach dem Anderen. Hier funktioniert das ganz reibungslos, jeder ist rücksichtsvoll oder winkt kurz mit der Hand. In heimischen Gefilden würden sich wohl alle gleichzeitig in der Mitte treffen.

Und noch etwas Besonderes bietet die Insel. In der Hauptstadt, steil am Hang des Tower Hills gelegen, befindet sich das stattliche Haus von Victor Hugo. Hier lebte und arbeitete er fünfzehn Jahre im Exil. Und hier entstanden Meisterwerke wie »Les Misérables«, »Die Arbeiter des Meeres« oder »Der lachende Mann«.

Obwohl man auf der Insel nicht besonders zügig befahren kann, macht das Motorradfahren auf richtigen Spaß. Die kaum zu glaubende Vielfältigkeit der Landschaft und die kleinen verwinkelten Straßen, mit immer wieder neuen Ausblicken aufs azurblaue Meer, machen fast süchtig. Nur die bereits am Horizont sichtbare Voyager erinnert uns daran, dass wir dieses kleine Eiland verlassen müssen, obwohl es noch so viel zu entdecken gäbe. Die Inseln der Krone haben bleibenden Eindruck hinterlassen.

Hinter Schottland geht's noch weiter. Die Shetland- und Orkneyinseln

Wer die lange Anreise bis zu den nördlichsten Inseln Großbritanniens auf sich nimmt, wird mit einer einzigartigen Tierwelt, urwüchsiger Landschaft, einsamen Straßen und gastfreundlichen Menschen belohnt. Hier lernten wir die Einsamkeit der Inseln zu schätzen und verliebten uns in die niedlichsten Bewohner der Inseln, in die farbenfrohen Papageitaucher.

Irgendwie ticken hier nicht nur die Uhren viel langsamer, auch die allgegenwärtigen Schafe strotzen vor Gelassenheit. Seit ich heute Morgen, von Aberdeen aus, mit der Nachtfähre auf den Shetlandinseln angekommen bin, regnet es in Strömen. Doch das hält mich nicht davon ab gleich die Insel zu erkunden. In

Lerwick, der Hauptstadt, gibt es hier und da noch einige Autos, je weiter ich nach Norden komme, desto einsamer wird es. Kurvenreich, bergauf, bergab kämpfe ich gegen den starken Wind an. Immer wieder schüttelt es mich und zur Korrektur brauche ich die halbe Fahrbahn. Im kleinen Ort Hillside zweigt mein Weg nach Westen ab. Tief unten am Meer ist es fast windstill. Doch nun kämpfe ich mit der Unberechenbarkeit der freilaufenden Schafe. Nicht wie in Schottland flüchten die Lämmer zu ihren Müttern und stürzen aufgeregt von dannen. Hier rennen die Lämmer zwar auch zu ihren Müttern, doch das Paar trottet oft erstmal vor mir her, um dann im allerletzten Moment direkt die Fahrbahn zu kreuzen. Und dann gibt es da noch die äußerst coolen Schafböcke. Liegen doch diese mitten auf der Straße und machen kaum Anstalten sich zu erheben. Irgendwie habe ich den Eindruck, dass sie mit einem breiten Grinsen beobachten wie ich zwischen ihnen und ihren Hinterlassenschaften hindurch zirkle.

Unwirklich ist die Landschaft, kein Baum wächst hier. Nicht einmal viele niedrige Büsche kann ich ausmachen. Nur saftiges, kurzgefressenes Gras findet sich auf der dünnen Humusschicht. Schmal und eng windet sich die Straße durch diese, im ersten Moment, wenig einladende Landschaft. Sind mal keine Schafe da, kann ich meine kleine 650er BMW auch mal etwas hurtiger antreiben und die vielen Kurven genießen. Als ich das Ende des Weges erreiche bläst mich der Wind fast um. Am Leuchtturm von Eshaness parke ich deshalb im Windschatten des Leuchtturmwärterhauses meine Maschine. Der Ausblick, der sich mir hier bietet, verschlägt mir den Atem. Nach Süden hin ragen die Basaltlava Klippen bizarr und bedrohlich wirkend aus dem tosenden Meer. Weil der Wind von See kommt und ich keine Angst haben muss von den Klippen geweht zu werden, beschließe ich noch ein Stück entlang eines Saumpfades zu wandern und die »Holes of Scraada«, große Felsenlöcher anzusehen. Mit meiner Motorradkleidung bin ich bestens für das heutige Wetter gerüstet, zumal ich zusätzlich einen wasserdichten Hut mitgenommen habe, ein Schirm wäre in Sekunden verbogen. Bis zu zehn Meter spritzen die Wellen in die Höhe und um meinen Mund legt sich allmählich eine feine Salzkruste. Doch nach einer Stunde zieht es mich in den Sattel zurück, nicht etwa, weil ich unbedingt noch etwas Motorrad fahren will, nein, weil ich schlicht und ergreifend Hunger habe. Da ich heute noch meine Unterkunft in Lerwick beziehen will, beschließe ich die 65 Kilometer bis dorthin durchzufahren. Durch enge Kurven, vorbei an grinsenden Schafen brauche ich trotz der perfekt ausgebauten Nord-Süd Hauptstraße fast eineinhalb Stunden. Gleich bei der Einfahrt in die Stadt entdecke ich einen kleinen Fish&Chip Laden, der auch ein paar wenige Tische zu bieten hat. »Fort Cafe & Take Away« lautet der Titel auf dem Schild über dem Laden, doch es duftet verführerisch nach frisch frittiertem Fisch. Kaum sitze ich, steht schon ein riesiger Haddock mit einem Berg Pommes Frites vor mir. Kaum zu glauben wie lecker das schmecken kann. Immer wieder dringen deutsche Wortfetzen an mein Ohr und im Orte ist so voll, wie ich es aus meiner ersten Reise auf die Shetlandinseln vor zehn Jahren, nicht kenne. Des Rätsels Lösung liegt im Hafen. Ein riesiges Kreuzfahrtschiff mit vorwiegend deutschen Kreuzfahrtpassagieren hat festgemacht. Außer in meinem, von außen unscheinbaren, Restaurant drängen sich überall die Menschenmassen. Ich rechne kurz mal nach und komme darauf, dass sich die Einwohnerzahl von Lerwick gerade um 50 Prozent erhöht hat. Um fünf Uhr abends ist der Spuk dann wieder vorbei und in den beschaulichen Ort kehrt Ruhe ein.

Einen weiteren Tag bin ich alleine auf der Insel unterwegs. Und so mache ich nochmal Kilometer. Und, ich schalte, zum ersten Mal, ganz bewusst das Navi aus. So lässt es sich viel entspannter Motorrad fahren. Irgendwann nach vielen Stunden, unzähligen Kurven und Schafen, und kleinsten Single-Track-Roads lande ich am westlichsten, anfahrbaren Punkt. Melby steht auf dem Ortsschild, doch ich sehe nur einige wenige Häuser. Längst ist das Regenwetter breitem Sonnenschein gewichen. Die tiefgrüne Landschaft, die farbigen Holzhäuser strahlen um die Wette. Am Horizont lässt sich die, nur mit dem Kleinflugzeug oder einem winzigen Kahn erreichbare, Insel Foula erkennen. Vielleicht schaue ich mir diese einmal an, geht es mir durch den Kopf. Ich, fast hätte ich es vergessen, aber in ein paar Stunden heißt es wir. Um noch rechtzeitig am Flughafen zu sein, muss ich mich nun schon ein wenig beeilen. Schluss ist es mit tingeln, denn das wieder eingeschaltete Navi gibt mir eine Fahrzeit von eineinhalb Stunden vor, schließlich liegt der Flughafen am südlichsten Zipfel der Hauptinsel der Shetlandinseln, in Sumburgh.

Am nächsten Tag geht es nun zu zweit und mit einer zusätzlichen Gepäckrolle Richtung Norden. Schon bei der ersten Bodenwelle merke ich, dass ich vergessen hatte das hintere Federbein etwas mehr vorzuspannen. Nach wenigen Umdrehungen ist dieser Fauxpas erledigt. Kaum haben wir Lerwick hinter uns gelassen, begegnen wir an diesem Morgen keinem einzigen Fahrzeug mehr. Zügig geht es, bei angenehmer Temperatur, ans nördliche Ende der Hauptinsel um auf die Insel Yell zu gelangen. Am Fähranleger in Toft endet unsere gemütliche Fahrt. Zwischen zwei Spuren gilt es sich zu entscheiden. Da wir nicht vorgebucht haben bleibt nur die linke, die ohne Reservierung, für uns. Allzu große Gedanken machen wir uns nicht, denn für ein Motorrad ist, bei den ungefähr im Stundenrhythmus verkehrenden Fähren, immer Platz. Heute ist die See so ruhig, dass wir nicht einmal unser Motorrad festzurren müssen. Zwanzig Minuten später rollen wir wieder von Bord. Gleich hinter der Anlegestelle tanken wir noch einmal voll, denn es soll ab hier nur noch eine Tankstelle Richtung Norden geben. Fast über die gesamte Länge dieser, nur 212 km^2 großen und von nur knapp 1.000

Menschen bewohnten, Insel erstreckt sich flaches Grasland. Normalerweise fegt hier der Wind in Sturmstärke über das Land, heute ist Windstille und die Sonnenstrahlen glitzern im Nordatlantik. Um auf die nördlichste Insel, die Insel Unst, zu kommen gilt es eine weitere Fähre zu benutzen. Für diese Passage brauchen wir nichts mehr zu bezahlen, im ersten Fährticket über 10,70 Pfund war, wie wir jetzt erst entdecken sogar die Rückfahrt schon mit abgedeckt. Und auch für die zweite Person mussten wir nicht zusätzlich bezahlen. Nur zehn Minuten dauert die Überfahrt. Ein ganz anderes Landschaftsbild bietet sich nun uns. Noch karger, noch rauer präsentiert es sich. Und, es gibt nicht unerhebliche Steigungs- und Gefällestrecken. Auch hier ist der Straßenbelag fast neu, so dass die Federung der BMW so gut wie nichts zu tun hat. Nur einmal geht sie fast auf Anschlag, als ich wegen einer der wenigen Attraktionen der Insel, eine Vollbremsung vollführe. Entsprechender Protest kommt sogleich vom Soziussitz. Und diese Attraktion ist so skurril und schräg wie vieles in diesem Land. Es ist das berühmteste und nördlichste Buswartehäuschen Großbritanniens. Liebevoll wird dieses, von den Einheimischen Bobby's Bus Shelter genannte Wartehäuschen, eingerichtet. Als wir es besuchen sind viele Bücher, Vorhänge, ein Tagebuch und allerlei Krimskrams vorhanden. Immer wieder wird es neu dekoriert, teils sogar mit einem Motto, wie dem Thronjubiläum der Queen oder zum Andenken an Nelson Mandela. Nur einen Steinwurf entfernt in

Baltasound finden wir unser, ebenfalls ziemlich skurriles, Hotel. Da es nur ganz wenige Unterkunftsmöglichkeiten gibt, ist es im Sommer meist komplett ausgebucht. Weil wir jedoch länger als drei Tage bleiben, bekommen wir eine der im Garten stehenden, großen, gemütlichen Holzhütten. Auf unseren Entdeckungsfahrten erspähen wir auf der anderen Seite des Hügels, in der Bucht von Haroldswick, ein offensichtlich neu eröffnetes Café. Victoria's Vintage Tea Rooms steht in liebevoll verschnörkelter Schrift über der Türe. Wir freuen uns schon auf einen heißen Kaffee und leckeres Gebäck, doch es ist kurz vor 5 Uhr abends und da in 10 Minuten geschlossen wird die Kuchentheke leider schon leergeräumt. Ja, die Uhren ticken wirklich anders auf Shetland. Auch der kleine Laden an der Tankstelle macht um diese Zeit zu.

Höhepunkt jeden Morgen ist für uns das schottische Frühstück. Eher ist es jedoch schon eine ausgewachsene Mahlzeit, besteht diese doch aus zwei Spiegeleiern, großen Mengen von gebratenem Speck, zwei kleinen Pfannkuchen, gebratenen Champignons, zwei großen groben Würsten, mehreren Tomatenscheiben, Toastbrot und als Krönung sozusagen, gibt es »Black Pudding« und »Haggis«. Black Pudding ist eine dicke, auf beiden Seiten angebratene Blutwurstscheibe. Bei der Frage nach den Inhaltsstoffen von Haggis heißt es stets nur: Don't ask, frag nicht.
Solchermaßen gestärkt fahren wir, auf einem engen Sträßchen, in das nur wenige Kilometer entfernte Besucherzentrum des Hermaness Nationalparks. Das

auf einem Hochplateau liegende Gelände bietet vielen Vogelarten ungestörte Brutmöglichkeiten. Und so weisen Hinweisschilder zu Recht darauf hin, die vorbereiteten Wege nicht zu verlassen. Unser Motorrad lassen wir am Besucherparkplatz stehen, denn nun gilt es eine über dreieinhalbstündige Wanderung bis zum nördlichsten Punkt des Vereinigten Königreichs zu machen. Nach einem schweißtreibenden Anstieg erreichen wir die Steilküste am Westrand. Es ist wirklich ein Fest für die Sinne, wie die Homepage von Visit-Scotland diese Szenerie beschreibt. Mehrere hundert Meter unter uns branden die Wellen gegen die bizarre Steilküste. Bis zu uns hinauf ist die Gischt des Salzwassers zu spüren und auf Bärbels Brillengläsern zu sehen. Überall in den Klippen brüten zu dieser Zeit die Seevögel, an den besonders steilen Wänden haben es sich die Basstölpel »bequem« gemacht, während die niedlichen Papageitaucher am oberen Rand der Felsen in bis zu einem Meter langen Bruthöhlen ihr Wohnzimmer eingerichtet haben. Zum Glück sind wir regentauglich ausgerüstet, denn trotz Sonnenschein, werfen die wenigen schwarzen Wolken ihre nasse Last immer wieder auf uns ab. Mit Motorradstiefeln sind wir natürlich etwas schwerfälliger unterwegs, so dass wir deutlich länger bis zur Nordspitze benötigen als vorgegeben. Doch plötzlich taucht hinter einer Wegbiegung, wie eine Fata Morgana, der blendend weiße Leuchtturm von Muckle Flugga auf. Dies ist dann wirklich der absolut nördlichste Punkt. Doch dorthin gelangen wir nicht, liegt er doch auf einer wellenumtosten, nackten Felseninsel, einige Hundert Meter entfernt, dort wo sich Atlantik und Nordsee treffen.

Auf dem Rückweg in Saxa Vord wollen wir noch die nördlichste Whiskydestillerie und die nördlichste Brauerei Großbritanniens besuchen. Doch sowohl die Shetland Reel Destillerie als auch die Valhalla Brauerei haben zurzeit für Besucher geschlossen. In der Brennerei werden nur Dienstag, Donnerstag und Samstag um 12 Uhr Führungen angeboten, heute ist jedoch Sonntag. Auch egal, denken wir uns, und befahren noch die kleinen Sträßchen wie zum Beispiel nach Skaw und landen dort, wie könnte es anders sein, am nördlichsten Haus in Britannien. Fünf Tage haben wir uns auf der Insel Unst herumgetrieben, nun geht es wieder auf die Hauptinsel hinunter in die Inselhauptstadt Lerwick.

Tag darauf ist wieder ein »tierisches« Highlight an der Reihe. Wir schnappen zunächst unser Motorrad und fahren zur kleinen Fähre im Hafen von Lerwick, die uns zur vorgelagerten Insel Bressay bringt. Kurvig und steil geht es kreuz und quer in Richtung Osten. Im Weiler Brough endet die Staße abrupt an einem kleinen Parkplatz. Vor uns liegt die berühmte Vogelinsel Noss. Erstmal geht es, zu Fuß, steil den Berg hinab zu einer winzigen Anlegestelle. Weit und breit ist kein Boot auszumachen. Als wir zu den Menschen am 180 Meter gegenüber liegenden Ufer hinüberwinken, kommt von dort ein Schlauchboot. Es ist der Parkranger der gleichzeitig auch Fährmann ist.

Wir, und noch zwei weitere Besucher passen maximal ins Boot. Wenige Minuten später erreichen wir das alte Bauernhaus in dem heute ein winziges Museum und die Unterkunft für die Mitarbeiter des Natural Nature Reserve untergebracht sind. Bei der Unterweisung über die Wege, die Gefahren und die Besonderheiten der Tierwelt der Insel müssen wir schmunzeln. Denn erst um 17 Uhr soll es wieder mit dem Boot hinüber auf die Nachbarinsel gehen. Wir dachten eigentlich, dass wir in zwei, höchstens drei Stunden alles gesehen haben und am frühen Nachmittag schon zurückfahren würden. Dass diese Rückfahrtzeit sehr wohl angemessen war, sollten wir allerdings noch feststellen. Von der Anlegestelle steigt die Insel kontinuierlich bis zur großen Steilwand, dem Noss Head, auf 181 Meter an. Nach einem durchaus anstrengenden Marsch, vom Meer aus immer beobachtet von den neugierigen Seehunden, erreichen wir die Ostküste. Dort ist das Brutrevier der Papageitaucher. Wir setzen uns einfach ins Gras oberhalb der Steilküste und warten ab, was passiert. Es dauert nicht lange und wir sind von den lustigen Gesellen umringt, die sich nicht daran stören, dass wir mitten zwischen den Eingängen zu ihren Bruthöhlen sitzen. Bis auf wenige Zentimeter kommen sie uns entgegen. Da muss einem einfach das Herz aufgehen. Steil, sehr steil, führt der Weg an den Klippen entlang weiter. Der Blick auf die Steilwände ist einzigartig, kommen wir doch auch hier sehr nahe an die brütenden Vögel heran. Dass wir in der Nähe der Basstölpel Kolonien sind, ist nicht nur gut zu hören, sondern auch gut zu riechen. Tausende von Vögel vollführen im stürmischen Aufwind ihre Flugkünste und stürzen sich aus großer Höhe, mit mehr als 100 km/h, ins Meer um Fische zu jagen. Viel Zeit ist seit unserer Ankunft auf der Insel vergangen, so dass wir uns doch tatsächlich sputen müssen um gegen fünf Uhr abends wieder an der Anlegestelle zurück zu sein. Sturm ist aufgekommen und die Überfahrt mit dem Schlauchboot ist ein echtes Abenteuer.

Bevor wir auf die zweite Inselgruppe, die Orkneyinseln, aufbrechen liegt noch eine weitere Besonderheit vor uns. Es ist die einsamste Insel der Nordsee, Fair Isle. Zwei Möglichkeiten gibt es dort hin zu gelangen. Mit einem kleinen Schiff oder mit einem fünfsitzigen Propellerflugzeug. Wir nehmen die Flugvariante und sind in rund 40 Minuten auf der Naturpiste der Insel. So schön wie heute ist das Wetter jedoch selten, oft fallen die Flüge wegen Sturm und Nebel aus. Wegen unseres engen Zeitplans hätten wir bei einem Ausfall des Fluges das ganze Unternehmen abblasen müssen. So sind wir nun inmitten der rauen Nordsee. Wer die Ruhe und atemberaubende Landschaftszenerien mag ist hier genau richtig. Nur eine Handvoll Unterkunftsmöglichkeiten gibt es, überall finden sich schroffe Klippen und Steilküsten. Vogelkundler aus aller Welt kommen hierher um das Brutverhalten bei sich ändernden Umweltbedingungen zu studieren. Wer übrigens sein Motorrad mit auf die Insel nehmen möchte, kann dies durchaus, denn das

Fährboot, die Good Shepherd, nimmt auch Fracht oder bis zu zwei PKW mit. Ein Vabanquespiel ist unser Rückflug, wollen wir doch am gleichen Tag noch die Fähre von den Shetland- zu den Orkneyinseln nehmen, denn geflogen wird nur bei guten Wetterbedingungen. Doch wieder haben wir Glück und der Flug klappt dank strahlendem Sonnenschein.

Nur alle zwei Tage fährt ein Schiff der North Link Ferries von Lerwick nach Kirkwall. Und dies zu etwas ungeschickten Zeiten, denn erst nach 23 Uhr erreichen wir die Hauptstadt der Orkneyinseln. Wir haben wir unsere Unterkunft bereits reserviert, sind doch um diese Tages- und Jahreszeit die Unterkünfte meist lange ausgebucht. In unserem Hotel wartet man bereits auf uns und schließt direkt anschließend die Rezeption.

Beim Frühstück studiere ich den Aushang des Touristenbüros und entdecke, dass gerade heute zwei große Kreuzfahrtschiffe ankommen. Beim Blick auf die Uhr entscheiden wir uns spontan, nicht zu den berühmten neolithischen Sehenswürdigkeiten zu fahren, sondern gleich Richtung Süden aufzubrechen, bevor die vielen Tourbusse dort auftauchen. Steil geht es aus Kirkwall hinaus, vorbei an den schiefergrauen Gebäuden und Lagerhallen der bekannten Highland Park Whiskydestillerie, immer entlang des Ostufers der Scapa Flow Bucht. Im 1. und 2. Weltkrieg war dies der größte Flottenstützpunkt der Royal Navy. Relikte aus diesen dunklen Zeiten sehen wir, als wir über den ersten Damm zum Inselchen Lamb Holm fahren. Vom Zahn der Zeit angenagte und verrostete Schiffswracks die den Zugang zu Scapa Flow schützen sollten, liegen im seichten Wasser. Ein Wegweiser führt uns zu einem Relikt aus der Zeit als italienische Kriegsgefangene des 2. Weltkriegs fernab der Heimat etwas ganz Besonderes geschaffen haben. Es ist die Italienische Kapelle, die mit ihren farbenfrohen Wandgemälden und den Holztafeln des Kreuzweges, zum Innehalten einlädt. Wir passieren auf Südkurs noch drei weitere Dämme, die sogenannten Churchill Barriers. Die Ausblicke in die Bucht, aber immer wieder auch hinaus auf die Nordsee sind beeindruckend schön, spielt doch heute das Wetter ganz besonders gut mit und lässt die Sonne auf dem Meer in Regenbogenfarben glitzern. In St. Margaret's Hope, auf der südlichsten Orkneyinsel South Ronaldsay, scheint die Zeit stehen geblieben zu sein. Rings um den kleinen Hafen finden sich viele Häuser aus grauem Gestein und mit Schiefer gedeckten Dächern. Alles scheint seit Jahrhunderten nur wenig verändert. Beim Rundgang finden wir ein uriges Café in dem wir uns köstlichen Kuchen und einen leckeren Kaffee schmecken lassen. Nach weiteren zwölf Kilometer endet die Straße am südlichsten Punkt der Orkneyinseln im Dreihäuserdorf Liddel. Beim heutigen klaren Wetter ist die nur vierzehn Kilometer entfernte schottische Nordküste zum Greifen nah.

Ganz früh am Morgen und bei Nieselregen starten wir am nächsten Tag um schon bei Öffnung der Ausgrabungsstätte von Scara Brae vor Ort zu sein. Kaum ein Fahrzeug begegnet uns auf der sich sanft durch die Landschaft windenden Straße. Auf einem schmalen Landstreifen zwischen dem Loch of Harray und dem Loch of Stenness sehen wir schon von weitem den großen Steinkreis, den Ring of Brodgar. Dieser soll 2.700 Jahre v. Chr. entstanden sein und ist mit einem Durchmesser von 104 Metern größer als Stonehenge. Besonders freuen wir uns, dass das Gelände völlig frei zugänglich ist und wir sogar, ganz zart, die stehenden Steine berühren können. Nur zehn Minuten später stehen wir pünktlich um 9:30 Uhr vor dem Eingang zu Scara Brae. Ein Zeitsprung von 5.000 Jahren erwartet uns. Die umfangreiche frühsteinzeitliche Siedlung zählt seit 1999 zum UNESCO-Weltkulturerbe. Wie auch am Steinkreis würde ich zu gerne die steinernen Zeugen der Geschichte anzapfen und mir erzählen lassen was sie alles in den tausenden von Jahren erlebt haben. Doch auch so sind diese stummen Zeugen der Vergangenheit beeindruckend und lassen der Fantasie in unseren Köpfen freien Lauf. Zurück in der Gegenwart schalten wir mal wieder das Navi ab um uns über den nördlichen Teil der Hauptinsel treiben zu lassen. Belohnt werden wir mit winzigen Sträßchen und herrlichen Ausblicken hinaus auf das weite Meer.

Eigentlich kann man die Orkneyinseln von einem festen Standquartier aus erkunden. Wir möchten aber einige Tage noch ruhiger wohnen und wechseln unser Quartier hinüber ins 25 Kilometer entfernte Stromness. Die »graue Stadt am Meer", wie sie auch oft bezeichnet wird, bekam diesen Beinahmen wegen der grauen Steinhäuser, die sich, eingeklemmt zwischen Meer und einem steilen Hügel, rund einen Kilometer lang am Nordrand von Skapa Flow entlangziehen. Von Ruhe kann allerdings momentan noch nicht gesprochen werden, die gesamte Stadt ist voller Touristen und auf der durch die Stadt führenden kleinen Straße ist mit dem Motorrad kaum ein Fortkommen. Wir ahnen es schon, es muss wieder ein großes Passagierschiff auf Orkney angekommen sein. Doch am frühen Abend, wenn längst wieder Ruhe eingekehrt ist, lassen sich die kleinen Straßen und Gassen entspannt zu Fuß erkunden. Von unserer B&B Gastgeberin bekamen wir den Tipp in jedem Fall einen Tisch zum Abendessen zu reservieren was wir auch gleichgetan haben. Denn in den einzigen beiden Restaurants am Ort wird es sonst schwer etwas zum Essen zu bekommen. So genießen wir im Ferry Inn geschmacklich und optisch verführerisch zubereiten Lachs bei einem frisch gezapften, dunklen Bier der auf der Insel beheimateten Orkney-Brauerei.

Der nächste und leider auch schon letzte ganze Tag soll ganz im Zeichen der Insel Hoy stehen. Da wir ja mit dem Motorrad unterwegs sind machen wir uns mal wieder wegen eines Platzes auf der Fähre hinüber zu dieser Insel keine Gedanken. Hätten wir aber doch besser machen sollen. Als einziges nicht vorgebuchtes Fahrzeug holen wir uns am Fährhafen von Houton ein Ticket. Die überaus freundliche Mitarbeiterin muss aber erst einmal nachfragen ob überhaupt noch Platz ist. Glück gehabt, geht es uns durch den Kopf, als wir als letzte auf die Fähre gewunken werden. Zwischen meinem Alukoffer und einem Auto auf der einen Seite und dem Koffer und der Schiffwand auf der anderen Seite sind jeweils nur wenige Zentimeter. 45 Minuten dauert die Überfahrt nach Hoy, zur Anlegestelle In Lyness. Hier befindet sich das Besucherzentrum und Museum rund um das Thema Scapa Flow zu Kriegszeiten. Wir lassen dies jedoch links liegen und genießen die kleine Straße die sich durch die Insel schlängelt. Nach dreizehn Kilometer zweigt diese zwischen den höchsten Erhebungen nach Westen ab. Urwüchsig sieht es hier aus mit den vielen Farnen und den mit grünen Matten belegten, doch recht hohen Hügeln. Am Sandstrand von Rackwick endet der fahrerische Genuss. Doch wir sind nicht wegen des, malerisch zwischen hohen Klippen gelegenen, Strandes gekommen. Wir wollen zum wohl berühmtesten Felsen der Insel, der 137 Meter hohen Felsennadel mit dem Namen »Old Man of Hoy«. Über eineinhalb Stunden wandern wir auf dem schmalen, teils steil ansteigenden Pfad oberhalb der Klippen entlang. Belohnt wird dies alles mit einem faszinierenden Blick auf den »alten Mann«. Tief unter uns branden die Wellen gegen den Felsen und irgendwann wird wohl das Meer den Felsen in sich zusammenstürzen lassen. Noch einmal eineinhalb Stunden heißt es wandern, um wieder zu unserem Motorrad zu gelangen. Würde es im Besucherzentrum von Lyness nicht auch ein Café geben hätten wir wohl das Museum nicht besucht. Doch es ist durchaus einen Besuch wert, insbesondere die vielen Original Ausstellungsstücke und Fotografien geben einen guten Überblick über die Geschehnisse des ehemaligen Flottenstützpunktes.

Während Bärbel zur Mittagszeit von Kirkwall aus wieder nach Deutschland zurückgeflogen ist, bleibt mir, von der Fähre die mich nach Schottland bringt, noch einmal ein Blick auf den Alten Mann von Hoy. Obwohl ich nun schon zum wiederholten Mal auf den Shetland- und Orkneyinseln war, nehme ich mir fest vor wieder zu kommen. Und wie zur Bekräftigung fliegen ein paar Papageitaucher vorbei, auf dem Weg zurück zu den Inseln.

Bali auf 200cm³ & Yoga

Eine gewagte Kombination?

Die Idee einer Reise nach Bali kam im Yogakurs. Strand, Relaxen, ein bisschen Yoga, das war schon o.k. Doch die innere Stimme fragte: Kann man auf Bali auch richtig Motorradfahren. Wie gut und kurvig dies geht, erlebten wir auf 200 Kubikzentimeter.

Zwölfeinhalb Stunden im Bauch der Boeing 777 von Zürich nach Singapur und nochmal zweieinhalb Stunden nach Denpasar gehen wie im »Flug« vorbei, dank Bord-Entertainmentprogramm und »Film on advance«. Der Film »Nachts im Museum 2« und »Illuminati« mit Tom Hanks und Motorradfahrer Ewan McGregor und ein wenig das gute alte Tetrisspiel machten den Flug kurzweiliger. Nur der Hintern meldete ab und zu Protest an, fast wie beim Motorradfahren. Angekommen erreichen wir nach kurzer Taxifahrt den quirligen Touristenort Ubud. Mitten zwischen den saftig grünen Reisfeldern gelegen, sind die romantischen Bungalows unseres Hotels eine Freude für die Augen. Einfach traumhaft. Jetzt können wir richtig genießen und erst einmal Schlaf nachholen.

Danach ein kleiner, erster Rundgang schärft die Sinne diesmal ganz besonders, denn die Augen müssen sehr konzentriert den Gehweg abtasten. Viele Löcher, fehlende Betonplatten, rutschige Flächen sind zu umgehen. Im Kontrast dagegen in vielen leuchtenden bunten Farben die kleinen Restaurants, Hotels, Money Changer und Massageanbieter. Unglaublich viel Kunsthandwerk von Schrill über Kitsch bis zu wahrer Kunst. Nach zwei Tagen zu Fuß, endlich heute der große Tag. Wir holen unser bereits in Deutschland übers Internet bestelltes Motorrad ab. Doch so leicht geht das nicht. Beharrlich weigert sich der elektronische Zimmertresor uns den internationalen Führerschein und den Reisepass rauszurücken. Doch dank des Hotelmanagers, des Mastercodes und eines Schraubenziehers kommen wir doch noch daran. Pünktlich fahren wir mit dem Hoteltaxi in Richtung Sayan, einem Vorort von Ubud, los. Doch so leicht geht es wieder nicht, denn die angegebene Adresse in Sayan ist einfach nicht zu finden. Im Zeitalter von Handys hilft uns dann ein Anruf weiter. Was aber im Internet nach einer größeren Firma ausgesehen hat, entpuppt sich als kleiner Laden, der neben der Moped und Motorradvermietung auch noch Touren und Immobilien anbietet. Aber für Bali ist dies ein großer Laden, wir müssen einfach mal die europäischen Maßstäbe über Bord werfen. Das Motorrad selbst steht in einer Seitenstraße in einer kleinen Garage. Doch der erste Eindruck beruhigt alle europäischen Nerven wieder komplett. Eine nagelneue Maschine, mit gerade einmal 51 km auf dem Tacho, steht vor uns. Eine Honda Tiger mit 200 cm^3 aus indonesischer Produktion. Ein breites Grinsen und Zufriedenheit überzieht unsere Gesichter. Schnell sind die Formalitäten erledigt. Jetzt noch schnell unsere aus Deutschland mitgebrachten Helme und Handschuhe anziehen und es kann losgehen. Das Linksfahren ist, nach vielen Wochen Übung in Schottland, kein Problem. Die Straßen sind erstaunlich gut. Der Verkehr nur halb so chaotisch, wie uns dies alle Reiseführer weismachen wollen. Und nur halb so chaotisch wie in vielen italienischen Urlaubsgebieten im August. Zunächst werden wir an einem leichten Berg gleich mehrfach »abgehängt«. Aber an 1.000 cm^3 weniger als zuhause muss man sich erst mal gewöhnen. Straßenschilder rund um Ubud sind recht selten und meist an lustigen Positionen befestigt oder sind längst von Pflanzen überwuchert. Ortsschilder hingegen finden sich an jedem Ortseingang an dem man auch noch herzlich willkommen geheißen wird. Bei der Orientierung hilft nur die gute alte Landkarte und natürlich das Fragen. Alle sind hier besonders hilfsbereit und man bekommt auch hier stets die freundlichen Fragen gestellt. Where are you from? Where are you going to? Und so kommt ganz automatisch ein schöner Kontakt mit der einheimischen Bevölkerung zustande. Zunächst führt eine vielbefahrene, kerzengerade Straße in die Hochburg der Holzschnitzerei in den Ort Mas.

Hier reiht sich Holzschnitzer an Holzschnitzer. Vieles kommt uns bekannt vor, was wir im heimischen Supermarkt schon gesehen haben. Dennoch lohnt es sich mal tiefer in den einen oder anderen Laden einzutauchen und den Holzschnitzern bei ihrer filigranen Arbeit zuzusehen. Mit einer Leichtigkeit wird der besondere Hammer geschwungen und bereits nach kurzer Zeit wird aus einem ehemals groben Holzklotz eine kleine Figur. Übrigens arbeiten die Schnitzer hier in Mas nur fünf Stunden täglich, die andere Zeit des Tages soll der Entspannung und vor allem der Inspiration dienen. Durchaus überlegenswert für den Büroalltag zuhause, aber ich denke, dies kommt irgendwie beim Vorgesetzten nicht wirklich gut an. Wenige Kilometer weiter gibt's noch mal Kultur pur. Tief im Flusstal erstreckt sich das Areal des Goa Gajah Tempels mit der sogenannten Elefantenhöhle. Elefanten würden da zwar niemals hineinpassen, selbst wir großen Europäer müssen unseren Kopf am Eingang etwas einziehen. Innen erwarten uns im Halbdunkel zwei uralte Altäre. Ein anderer Teil auf dem Gelände wurde erst in den 50er Jahren entdeckt und ausgegraben. Schon erstaunlich, wie schön die Brunnengöttinnen vor Jahrhunderten gestalten wurden. Doch nun erst mal wieder zurück in den Verkehr. Überall fährt man »auf Lücke«. Und Lücke bedeutet hier, dass dort wo eine Lücke im Verkehrsfluss ist in die ein Moped oder Motorrad hineinpasst, man auch hineinfährt, egal ob ein Lastwagen entgegenkommt. Schnell haben wir uns dieser Sitte angepasst und genießen den quirligen neuen Fahrstil. Wieder kommen wir nur ein paar Kilometer weit. Der Tempel mit dem größten Bronzegong soll ja auch noch besucht werden. Leider sieht man davon nicht viel, denn in einem extra Schrein, einige Meter über dem Boden ist der Gong aufgestellt und teilweise von Tüchern umhüllt. Abends entspannen wir beim traditionellen Legontanz mit Gamelanmusik im Tempel Pura Dalem in Ubud. Da wir in der ersten Reihe sitzen, ist das deutlich lauter als eine offene Auspufftüte. Morgen wollen wir die für Bali doch so typischen Reisterrassen suchen. Doch welcher Schock am Morgen, das Loch für das Zündschloss am Motorrad ist schlicht und ergreifend verschwunden. Wir entdecken nur eine massive Platte, dort wo einst der Zündschlüssel hineinkam. Unsere hilflosen Blicke hat dann aber zum Glück ein Mitarbeiter des Hotels gesehen. Des Rätsels Lösung: Am Kunststoffteil des Zündschlossschlüssels gibt's einen kleinen Vierkant mit dessen Hilfe man das Schloss wieder freilegen kann. Eine Diebstahlsicherung der besonderen Art und obendrein auch noch ein Schutz gegen Regenwasser. Noch etwas unwillig, trotz Choke, nimmt unsere kleine Honda das Gas an. Schon komisch, dass selbst bei 28° Celsius das Warmlaufenlassen zum morgendlichen Ritual gehört. Auf der Suche nach den Reisterrassen führt uns der Weg immer tiefer in dieses grüne Land hinein. Dies ist das wahre, das ungeschminkte Bali. Kleine und kleinste Straßen, Kurven, Steigungen, Gefälle mit weit mehr als 20% erfreuen das Motorradfahrerherz. Teilen dürfen wir uns die Straße mit Hunden, Hühner, Enten, Gänsen, Kindern. Langsam fahren wir vorbei an reisstrohgedeckten Häusern und vielen kleinen Miniläden in denen es auf drei Quadratmetern aber fast alles gibt. Überall werden wir angelächelt und unser Lächeln wird stets erwidert, ein schönes Gefühl. Immer noch kämpfen wir mit den enormen Steigungen wo nur der erste Gang hilft. Wir müssen uns einfach noch daran gewöhnen mit höherer Drehzahl zu fahren. Endlich haben wir das gefunden nach dem wir gesucht haben, die Reisterrassen. Sattes Grün wechselt mit kristallklarem Wasser, der blaue Himmel spiegelt sich zwischen den Reispflanzen. Kunstvoll bis hinunter ins Tal schmiegen sich die grünen Terrassen an die Hügel. Nachdem die Digitalkamera heiß gelaufen ist, reizt es uns besonders wieder auf das Motorrad zu steigen. Die Temperatur beim Fahren ist ideal und beim Fahren schwitzt man nicht. Kreuz und quer auf kleinen, kurvigen Sträßchen sind wir viel zu schnell wieder auf der Hauptstraße. Jetzt heißt es wieder den balinesischen Lückenfahrstil zu praktizieren. Das macht Spaß und wir kommen damit auch gut voran.

Nachmittags in Ubud sieht es allerdings anders aus. Rushhour zwischen Ruß stinkenden Lastwagen und den vielen Touristenbussen, die ganze Wagenladungen beim Monkey Forest abladen. Immerhin haben wir heute doch schon mal 60 km auf dem Motorrad verbracht. Ein besonderes Highlight steht am Abend an. Die Einladung bei einer balinesischen Familie zum Abendessen. Doch dies ist nicht einfach ein Abendessen. Zunächst begrüßt uns das über 80-jährige Familienoberhaupt. Ein Hindu Oberpriester, der uns stolz seine Aufzeichnungen in der alten Sanskrit Sprache und die vielen Facetten der familieneigenen Tempel zeigt. Anschließend gibt es extra für uns eine Tanzvorführung, die die Töchter und Söhne der Familie aufführen. Auch der Defekt von zwei Kassettenrecordern und ein kurzer Stromausfall verringert keineswegs die Begeisterung mit der die Akteure uns die historischen Tänze vorführen. Was dann als Essen folgt, ist ein Feuerwerk der Düfte, ein Feuerwerk des Geschmacks. Über verschiedenste Salate, gerösteten Fisch, scharf eingelegte Hähnchenstücke bis zu traumhaft zarten und scharfen Tofu reicht die Palette. Befremdlich für uns Europäer ist, dass alle Familienmitglieder abseits beim Küchenhaus sitzen und auch nichts essen. Nach den balinesischen Sitten und Gebräuchen ist dies eine besondere Wertschätzung gegenüber den Gästen. Die Gäste sind hier der

Mittelpunkt des Abends. Endlich steht die Fahrt in den Norden der Insel an. Leider haben sich die Regenwolken ausgerechnet heute, nicht wie üblich ab acht Uhr verzogen. Es regnet monsunartig. Aber egal, schließlich hat es ja 28°. Die Balinesen hängen sich nur einen Regenponcho über, denn eine Regenjacke ist bei diesen Temperaturen und der hohen relativen Luftfeuchtigkeit völlig ungeeignet. Wir haben beides nicht, also muss die Windstopperjacke ausreichen. Zunächst in westlicher Richtung kreuz und quer in Richtung der Hauptstraße nach Norden tasten wir uns vor. Auch hier kaum Wegweiser die uns weiterhelfen. Allerdings verfehlen kann man die Hauptstraße nicht, denn dichter Verkehr brandet uns entgegen. Anfangs ist die Straße unspektakulär gerade und steigt auch nur leicht an.

Doch zunehmend werden die Lastwagen langsamer, das Qualmen aus riesigen Auspuffrohren unerträglicher. Aber wir haben ja die Tiger. Leicht und schnell können wir alles überholen und haben ein Paradies für Motorradfahrer vor uns. Schön nach Yoga Manier genießen und »im Hier und im Jetzt« die vielen zügig zu fahrenden Kurven in ordentlicher Schräglage auszufahren. Trotz der nassen Straße greifen die Reifen auf dem Asphalt perfekt. Im Kopf geistert schon herum, dass wir diese Straße unbedingt noch mal bei Sonnenschein fahren müssen. Je weiter wir der Passhöhe zustreben, desto dichter wird der Nebel und desto kälter wird es. Bald sehen wir nur noch 20 bis 30 Meter weit. Von den links und rechts aufragenden, über 2.000 Meter hohen Bergen ist natürlich auch nichts zu sehen. Ein kurzer Zwischenhalt im Botanischen Garten ist auch nicht wirklich erheiternd. Nebel, Regen, Kälte, als wären wir im Herbst in den Alpen. Auf der Passhöhe, beim Ort Ganda Kunning, heißt es erstmal aufwärmen. Zwischenzeitlich ist die Temperatur unter 18 Grad gefallen und es gibt keine einzige trockene Stelle mehr am Körper. Ein starker Bali Kaffee hilft ein wenig, aber zum Schlendern über den exotischen Markt fehlt die Begeisterung. Laut den Einheimischen soll die Sonne allerdings in etwa acht Kilometer Entfernung wieder scheinen. Und tatsächlich am Gitgit Wasserfall trocknen unsere Klamotten in der strahlenden Sonne. Die wunderschöne Passabfahrt mit diesen alpinen Kurven zwischen Bananen und Palmen macht süchtig. Links, rechts, links, rechts ohne ein gerades Stück dazwischen, einfach motorradgenial. Kurz vor der ehemaligen Hauptstadt Singaraja wird's richtig heiß und wir fahren geradewegs auf das türkisblaue Meer zu. Entlang der Nordküste geht es gegen Osten. Je weiter wir uns von Singaraja entfernen, desto schmaler und kurviger wird die Straße. Trotz der starken Mittagshitze ist die Strecke ein Genuss. Denn links immer wieder atemberaubende Blicke aufs Meer, rechts die vielen kleinen Häuschen und überall lächeln uns die Menschen zu. Am wichtigsten Tempel Nordbalis machen wir, nachdem sich auch das Hinterteil mächtig zu Wort meldet, eine Pause. Doch in den Tempel Panjah Bata kommt man mit einem Sarong allein nicht hinein. Wir leihen uns neben einem Bauchtuch auch noch den traditionellen Kopfschmuck, den Udeng. Dann werden wir mit Reis auf Stirn und Hals und heiligem Wasser gesegnet. Doch wir sind nicht allein. Jung und Alt, mit Auto, Moped, Motorrad machen hier halt und lassen sich segnen und beten um den Beistand der Götter. Üppige Blumenpracht umrahmt die Figuren von Ganesh und Shiva, während im Hintergrund die Wellen des Meeres hereinbranden. Von hier sind es nur noch zehn Kilometer nach Bondalem in unser neues Domizil, ins Bali Mandala Resort. Dieses auch schon durch Sendungen des ZDF bekannte Resort hatte unsere Yoga-Lehrerin bereits in Deutschland gebucht. Dreaming in Paradise, mehr fällt uns dazu nicht mehr ein. Liebevoll eingerichtete kleine Bungalows zwischen tropischen Blumen, im Schatten der großen Kokospalmen. Nicht zu vergessen, der Blick von der Terrasse hinaus auf das unendliche Meer. Davor dümpeln die traditionellen Auslegerfischerboote in der leichten Dünung. Nebenan flicken Fischer ihre Netze. Ein schwarzer Lavakiesstrand und ein Korallenriff direkt davor machen diesen Platz zu einer wahren Urlaubsoase. Etwas aufschrecken aus diesem Paradies lässt uns allerdings der Gedanke, dass wir schon am nächsten Tag um Halbacht und vor dem Frühstück mit unserem Yoga beginnen. Ein schmackhaftes, facettenreiches Abendessen schließen sanft diesen langen Tag auf der Tropeninsel ab. Sieben Uhr aufstehen, 7.30 Yoga, 10 Uhr Frühstück, Faulenzen und Motorradfahren,

Mittagsessen, 16.30 Yoga-Meditation, 19 Uhr Abendessen, dass sollte nun in den nächsten 9 Tagen unser Tages Rhythmus sein. Dass der nächste Tag so hart werden würde, dachten wir morgens beim Aufstehen noch nicht. Insgesamt vier Stunden Yoga und sechs Stunden auf dem Motorrad liegen vor uns. Schon kurz nach Sieben stehen wir am Ufer und genießen den spektakulären Sonnenaufgang über dem Meer. Die Luft ist noch frisch und klar. Bei den Dehnübungen merke ich ganz gewaltig meinen Muskelkater. Wäre ich heute ein Auto würde ich die Abwrackprämie bekommen. Leidlich kämpfe ich mich durch die weiteren Übungen. Und doch strenge ich mich an, denn das weiß ich ja mittlerweile, dass dies alles für das Motorradfahren fit macht. Der zweite Teil des Yoga beginnt nach einem kurzen Frühstück auf dem Bike. Im Osten des Dorfes Bondalem zweigt die Straße zum Batur-Krater-See ab. Und gleich beginnen die ersten Kurven und der steile Anstieg. Eintausendfünfhundert Höhenmeter dürfen wir auf nur neun Kilometer strecken überwinden. Kurve an Kurve, nahezu kein gerades Stück führt uns Meter um Meter nach oben. Spitzkehren, die selbst das Stilfser Joch in Südtirol erblassen lassen. Diese Spitzkehren sind sehr besonders, denn inmitten der Kurve steigt diese um über 30 % Steigung an. Die Tiger muss immer öfters bis hinunter in den ersten Gang geschaltet werden. Zu zweit heißt es für das kleine Motörchen gewaltig zu arbeiten. Kurve um Kurve bleiben erst die Kokospalmen und dann die

Bananenstauden zurück und werden von Laub- und Nadelbäumen abgelöst. Fast sieht es wie Zuhause aus. Doch sind es die vielen Kurven oder der betörende Duft der einem die Sinne raubt? Das Rätsel löst sich nach der nächsten Biegung. Überall im ganzen Dorf werden links und rechts der Straße auf großen Planen und Tüchern Gewürznelken zum Trocknen ausgebreitet. Der Duft nach Weihnachtsmarkt begleitet uns noch einige Dörfer weiter. Es wird merklich kühler und wir beginnen tatsächlich bereits zu frieren. Oben auf dem alten Kraterrand bereitet uns das Dorf Penelokan einen atemberaubenden Blick tief hinunter auf den kobaldblauen Batur-See und hinauf zum immer noch als aktiv geltenden Vulkan Batur, dessen großer Ausbruch vor vierzig Jahren große Teile des Tals verwüstete. Für die Sicht auf den größten Berg Balis, den 3.142 Meter hohen Agung sind wir aber heute eindeutig zu spät. Eine Wolkeninsel hüllt den heiligen Berg der Balinesen bereits ein. Steil, sehr steil stürzt sich der Weg vom Kraterrand hinunter zum See. Auf nur zwei Kilometer geht es 400 m nach unten. Es ist ruhig zu dieser Jahreszeit am See, nur auf den Feldern am See herrscht emsiges Treiben. Und viele fleißige Hände ernten hier die leckeren, roten, kleinen Zwiebeln. Wäsche wird wie in alter Zeit von Hand am Ufer gewaschen. Alles wirkt ruhig und friedlich. Ein kurioses Bild bietet sich uns, als einige Frauen auf ihren Köpfen perfekt balancierend Zweizylinder V-Motoren an den See bringen.

Jetzt erst sehen wir die vielen grauen Kunststoffrohre die von den Feldern zum See führen. Die Motoren entpuppen sich als Wasserpumpen an die die Rohre vom See angeschlossen werden und dann das Gemüse mit Wasser versorgen. Der Gemüseanbau hat den Bewohnern des Kratertalkessels einen gewissen Wohlstand gebracht, was auch durch die vielen Neubauten unterstrichen wird. Von diesen vielen Eindrücken überwältigt haben wir das Knurren unserer Mägen fast überhört. Wir sind am See, also was liegt näher als im nächsten Restaurant im Ort Sangan einen Fisch zu bestellen. Frischer Fisch aus dem See steht auf dem Speiseplan. Da hier, wie fast überall auf Bali, noch richtig und erst nach der Bestellung gekocht wird, dauert es natürlich ein Weilchen bis wir unseren Hunger stillen können. Dann aber steht das köstliche Gericht vor uns. Über und über mit Zwiebeln belegt, ein urzeitlich aussehender Fisch. Urzeitlich groß sind selbst die dicken Gräten, die aber das Essen dadurch auch erleichtern. Köstlich zergeht jeder der gegrillten Happen auf der Zunge. Ein kulinarisches Highlight. Viel zu schnell ist der Teller leergegessen. Jetzt einen Mittagsschlaf machen sagt der Körper, aber der Kopf sagt: rauf aufs Motorrad und wieder hinauf auf den Kraterrand. Zunächst fahren wir einer Achterbahn gleich über den kaum verwitterten Lavastrom, auf dem auch kaum etwas wächst. Unheimlich sich vorzustellen, dass dieser Lavastrom hunderten von Menschen das Leben gekostet hat, Tempel und Häuser verschlang. Inzwischen haben sich die Wolken oben auf dem Rand weiter verdichtet und wir fahren durch leichten Nieselregen und kühlen Nebel. Das wäre sicherlich zu Kolonialzeiten den holländischen Bewohnern sehr bekannt vorgekommen. Aus der Kühle schwingen wir uns wieder hinunter an Meer. Mehr und mehr werden wir mutiger und mehr als einmal kratzen die Fußrasten ein Muster in die Kurven. Gerade noch rechtzeitig erreichen wir die Nachmittagsmeditation. Wurde es mir vom Kurvenfahren noch nicht schwindlig, dann jetzt. Dreißig Minuten drehen im Kreis, wobei ein Fuß immer auf dem Boden bleibt und man nur seine ausgestreckte Hand anschaut. Wie in Trance, völlig am Ende lasse ich mich auf die Matte fallen, unfähig einen Gedanken zu fassen, aber auch unglaublich entspannt. Doch ans Ausruhen ist nicht zu denken. Es ist Vollmond und im nahe gelegenen Hindutempel findet eine große Zeremonie statt. Komang, unser Begleiter aus dem Resort, will uns das große Ereignis zeigen. Zuvor aber heißt es sich erst mal wieder angemessen zu kleiden. Kopftuch, Sarong, Bauchtuch und ordentliches Hemd. Wir tauchen ein in die große Menschenmenge, in die Klänge der Gamelankapelle und in die vielen exotischen Gerüche der Garküchen. Unablässig hören wir die Gebetsformeln der Priester, die den Ort noch mystischer erscheinen lassen. Konang hat uns vor dem Betreten des Tempels genau gebrieft, dass wir alle Rituale ihm genau nachmachen sollen. Gäste und Touristen sind gern gesehen, aber es wird auf der anderen Seite neben der korrekten

Kleidung auch erwartet, dass man die Rituale richtig mitmacht. Für Konang ist dies sehr wichtig, denn würden wir uns danebenbenehmen, würden nicht nur wir, sondern auch er das Gesicht verlieren. Mehrfach werden wir von Priestern mit heiligem Wasser und Reis gesegnet. Fast schon gespenstisch ruhig wird es als das Abschlussgebet gebetet wird. Danach branden die Gespräche und auch die Musik wieder lautstark auf. Die gesegneten Früchte und Geschenke, auch ein Handy ist darunter, werden wieder vom Segnungstisch geholt und eine große Zahl von Gläubigen macht auf den vom Vollmond beschienenen Heimweg. Viele bleiben jedoch bis zum Morgengrauen. Lange noch hören wir die Musik und die Gebete bis wir ermattet in tiefen Schlaf fallen. Endlich mal wieder richtig ausschlafen, mal das Yoga schwänzen. Das tut ja auch der Seele gut. Nach einem stundenlangen Frühstück mit Blick auf die balinesische See zieht es uns wieder aufs Motorrad. Wir haben von einem Wasserfall gehört, der in der Nähe kühles Nass aus den Bergen bringen soll. Deshalb kurz entschlossen Badehose anziehen und mit dem Gedanken an prickelnde Abkühlung starten. Acht Kilometer östlich des Dorfes Bondalem kündigt uns schon ein Hinweisschild den Wasserfall an. Leicht, mit Lavasand bedeckt, steigt die Straße bergan. Unvermittelt kommen enge Kurven und eine Steigung, die ich zuletzt nur beim Endurotraining erlebt habe. Vom kleinen Autoparkplatz führt noch ein Trampelpfad fünfzig Meter ganz offiziell zum Motorradparkplatz am Eingang zur Schlucht. Dort können wir unsere Helme abgeben und uns ohne Ballast auf die fünfhundert Meter machen, die uns von unserer Erfrischung trennen. Zunehmend spürt man den kühlen Wind, winzige Wassertropfen glitzern im Sonnenlicht wie kleine Sterne und wir stehen vor einer Wasserwand die aus über 30 m Höhe hinunterfällt. Jetzt, in der Nichtregenzeit, fällt das Wasser ziemlich gemütlich in den kleinen Pool am Fuße der Felswand. Wie schön ist ein Bad in diesem kleinen Becken. Ein Genuss der ganz besonderen Art, denn der Wasserfall gehört uns heute ganz alleine. Rings um uns herum spielen Regenbogen in leuchtenden Farben. Es gibt doch noch etwas was genauso schön ist wie Motorradfahren. Prall gefüllt wie ein riesiger Kühlschrank, kann uns die Hitze und das schweißtreibende Meditations-Yoga heute gar nicht aus der Ruhe bringen. Heute steht die ehemalige Hauptstadt Balis, Singaraja, auf dem Programm. Entlang der zunächst kurvenreichen Küstenstraße erreichen wir nach 30 km den belebten Ort. Zunehmend wird es heißer, Asphalt, Teer, Häuser strahlen gnadenlos die Mittagshitze zurück. Kein kühlender Wind belebt die Luft. Schon bei der ersten Fahrt rings um den Altstadtkern sehen wir, dass vom Scharm der Zeiten vor 100 Jahren nicht mehr viel übriggeblieben ist. Am alten Hafen, von dem kaum mehr etwas zu sehen ist wird gerade mit großem Aufwand die Promenade für geplante zukünftige Touristenströme neugestaltet.

Hoffentlich machen diese Baumaßnahmen aber halt vor dem kleinen Küstenweg, der sich anschließt. Unter Schatten spendenden Bäumen flanieren wir durch das alte Wohnviertel der Fischer. Aus allen Ecken schallt uns ein fröhliches »Hallo« entgegen, Hähne werden von ihren stolzen Besitzern zum Hahnenkampf abgerichtet. Kleine Reiskugeln werden zu kunstvollen, mit Bananenblättern umwickelten, essbaren Köstlichkeiten geschnürt. Hunde und Katzen, friedlich vereint mit Hühnern und Küken liegen ermattet im Schatten der Häuser. Versteckt in den kleinen Gassen entdecken wir noch die eine oder andere schöne Fassade im holländischen Kolonialstil. Aber ein wirklich lohnenswertes Ziel ist es wirklich nicht. In der Bruthitze des Nachmittags zieht es uns wieder zurück ans Meer und natürlich zur allabendlichen Meditationsrunde. Was für die Dolomiten die Sella-Ronda ist, ist es hier auf Bali die Agung-Runde, die rund 160 km lang ist und rund um den 3.142 Meter hohen Vulkan führt. Wie in den Dolomiten stehen wir auch hier früh auf, wenn der Tag noch kühl ist und die Sicht weit in die Ferne reicht. Also sitzen wir schon um halb sieben auf unserer Tiger und fahren wieder die atemberaubende Passstraße hinauf zum Batur-See. Obwohl mit dicker Jacke ausgestattet, frieren wir jämmerlich oben auf dem Kraterrand. So kalt hatten wir uns das nicht vorgestellt. Aber das was wir zu sehen bekommen, raubt uns den Atem und wir vergessen fast Fotos zu machen. Majestätisch erhebt sich der heilige Berg aus den Wolken hervor und tief unter uns schimmert der türkisfarbene See im alten Kraterkessel, während Wolkenfetzen am gegenüberliegenden Kraterrand ins Tal stürzen. Ein wahrhaft mystischer Moment. Wir reißen uns von diesem Anblick los und zweigen kurz hinter Penelokan auf die steile Kraterrandstraße ab. Links der Straße fällt das Gelände fast senkrecht hinunter zum See. Rechts geht es, kaum weniger steil, zur Ebene von Zentralbali hinab. Wir müssen uns zwingen mit allen Sinnen beim Fahren zu sein. Einmal beim Bremsen verschätzt und es ginge deutlich nach unten. Kurz darauf fällt die Strecke in vielen Windungen hinab in Tal. Nach zwanzig weiteren genussvollen Motorradkilometern zweigt die Straße zum wichtigsten, zum heiligsten Tempel Balis ab, zum Muttertempel Pura Besakih. Alle Reiseführer haben uns vor dem Trubel und den vielen, teils aufdringlichen Händlern gewarnt. Heute aber sind die vielen fußballfeldgroßen Parkplätze leer, die meisten Läden sind geschlossen und fliegende Händler sind weit und breit nicht zu sehen. Nachdem wir pro Person die offiziellen 10.000 Rupien gezahlt haben, kostet der Abstellplatz für unser Motorrad auch noch 2.000 Rupien. Na, ja, wegen umgerechnet 14 Cent wollen wir heute einfach nicht handeln. Schnellt »gesellt“ sich auch ein Führer zu uns, den wir anfangs gar nicht wirklich wollen. Doch schon bald erkennen wir, dass wir uns in viele Tempel alleine gar nicht hineingewagt hätten. Sehenswert ist die gewaltige Tempelanlage, mit dem gewaltigen Vulkan im Rücken, in jedem Fall.

Leicht erschlagen nach so viel Kultur merkt offensichtlich auch der Führer, dass wir reif sind zum Zahlen. Anfangs möchte der fast umgerechnet fünfzig Euro. Schließlich meint er, das würden immer alle Gruppen aus dem Ausland zahlen. Nach langem, unangenehmem Verhandeln können wir uns auf umgerechnet 7 Euro einigen. Immer noch viel zu viel, aber wir sind ja selbst schuld daran, schließlich hätten wir den Preis ja bereits am Anfang aushandeln können. Versöhnen tut unser Gemüt die traumhaft schöne Weiterfahrt durch üppige Palmenwälder, vorbei an Kaffee und Bananenplantagen und die Kurvenkombinationen am Abhang des Vulkans. Nach fünfzig Kilometer erreichen wir die reizlose Stadt Amlapura. Reizlos deshalb, da nach dem verheerenden Erdbeben des Jahres 1976 die Stadt schnell und gesichtslos aufgebaut wurde. Wenige Kilometer nordwärts kommen wir nach Tirtagangga, einem kleinen Dorf, das hauptsächlich durch die wieder aufgebauten königlichen Bäder bekannt ist. Doch jetzt geht erst mal Esskultur vor königlicher Kultur und wir stärken uns bei einem guten balinesischen Mittagsmahl. Anschließend steht uns auch nicht mehr der Wunsch nach Kultur und wir fahren weiter gegen Nordost. Aber was wir bisher von malerischen Reisterrassen gesehen haben, verblasst vor diesen Bildern, die sich uns direkt vor dem Motorrad bieten. Smaragdgrün, tief dunkelgrün oder gleich daneben hellgrün leuchten die Reisfelder in der Sonne. In den kunstvoll angelegten Terrassenfeldern tummeln sich hunderte Enten, die laut schnatternd nach allerlei Essbarem gründeln. Bauern pflanzen mit sicherer Hand neue Setzlinge in präziser, gerade Linie inmitten des Wasserlabyrinths. So langsam schmerzen die Ohren vom vielen Helm ab, Foto machen, Helm auf, Helm ab, Foto machen, ... Auf der Weiterfahrt auf fast geraden Straßen durch die Dörfer wird es zunehmend heißer und der Fahrtwind fühlt sich eher nach einem riesigen Fön an. Die Landschaft passt dazu, denn große, schwarzbraune Lavafelder, kaum bewachsen mit vertrocknetem Gras finden sich nun links und rechts entlang der Straße. Selbst die Kokospalmen tragen nur einen traurigen Rest der sonst so ausladenden Palmwedel. Der heilige Berg, der Vulkan Agung hat hier 1975 mit der Verwüstung weiter Teile Ostbalis ganze Arbeit geleistet. Erst nach über zehn Kilometer wird es wieder kühler, wieder lieblicher. Vorbei an den angesagten Tauchgründen an der Nordküste sind wir zurück auf der von den Einheimischen scherzhaft Highway No. 1 getauften Küstenstraße. Kerzengerade geht es mit berauschenden 80 km/h zu unserem Ausgangspunkt in Bondalem. Bei den allgegenwärtigen Bodenwellen kommen die hinteren Stoßdämpfer mehrfach an ihre Grenzen und schlagen voll durch und wir belassen es dabei das Tempo zu halten. 160 km Agung-Runde, wir könnten mental gleich wieder fahren, wenn da nicht das schmerzende Hinterteil sein Veto einlegen würde. Der Batur-See, er hat es uns angetan. Uns zieht er magisch an, wie das Licht die Motten, den der bei uns schon liebgewonnenen Pass ist Motorradfahren pur. Schneller und zügiger diesmal. Fest die Augen und die Sinne bei den Füßen, ähm, natürlich bei den Reifen und der Straße. Heute können wir sogar mit den schnellsten einheimischen Fahrerinnen und Fahrern mithalten. Ein Rausch der Sinne für jeden Motorradfahrer, diese Kurven, diese Steigungen und die beruhigende Kühle der Berge. Kaum zu glauben, dass wir über eine Stunde hinauf auf den Kraterrand gebraucht haben. Gefühlte zwanzig Minuten waren dies doch höchstens; Zeit ist relativ. Gleich stürzt sie wieder, die Straße, hinunter zum Batur See. Soweit es möglich ist, fahren wir auf der Ostseite des Sees entlang. Nach knapp einem Kilometer ist von einer Straße nicht mehr viel übrig. Nur noch vereinzelte Teerfetzen erinnern an bessere Zeiten. Tiefe, ausgefahrene Löcher, teils mit Schwemmsand, teils mit zähem Schlamm gefüllt, fordern unsere Zielsicherheit heraus. Mehr schlecht als recht, zirkle ich die hierfür nicht wirklich geeignete Tiger hindurch. Steigungen und Gefälle, die weit jenseits der 30 % Marke liegen, zwingen zwar immer wieder in den ersten Gang, machen aber trotzdem oder gerade deshalb ganz besonderen Spaß. Links fällt die Straße ohne Absicherung zum See ab, rechts geht es steil nach oben. Der Weg führt zu einer kleinen, fruchtbaren Ebene, zum Dorf Abang. Hier geben wir auf und genießen lieber den Blick über das türkisfarbene Wasser hinauf zum Vulkan Batur. Ein Restaurant gibt es hier nicht, zum

Glück für Authentizität, zum Pech für unseren Hunger. Deshalb zurück ans Westufer, schlangenartig windend durchs Lavefeld ins Örtchen Senang direkt am See. Doch was ist hier los? Aufgeregt stehen einige Menschen bis zu den Knien, bis zu den Oberschenkeln im Wasser und stochern im Wasser und Schlamm herum. Andere wiederum graben den Uferbereich im Flachwasser um. Gleich können wir uns dies nicht erklären. Die Menschen haben offensichtlich unsere erstaunten Gesichter gesehen, denn ein Bauer zeigt uns stolz den im Wasser treibenden Köcher mit den gefangenen Fischen. Fische, die sich im Schlamm eingraben können und damit eine erstaunliche Taktik der Tarnung anwenden. Aber, leider hilft die Taktik offenbar nur bedingt. Alles hat jedoch beim Fische fangen eine riesige Freude und ist stolz uns den Fang zu zeigen.

Unweit entfernt lassen wir uns zu einem Mittagessen nieder und bestellen, wer hätte es gedacht, frischen Fisch mit vielen Zwiebeln. Und, wer hätte es ebenfalls gedacht, der Fisch sieht genauso aus, wie die Fische aus dem Netz. Direkt gegenüber des Restaurants ist ein »hier gibt es Alles« Laden und die einzige Tankstelle im Kraterkessel. Schön sauber aufgereihte zwei Liter Wasserflaschen gefüllt mit, laut Werbeschild, Premium Benzin. Und der Umsatz ist nicht schlecht. Moped an Moped kommt vorbei und wird befüllt mit Sprit. Besonders witzig ist auch, dass der eine oder andere Liter ganz einfach in eine Plastiktüte fließt und dann als Ersatzkanister am Lenker baumelnd nach Hause gefahren wird. Doch nun freut es die Gashand auf eineinhalb Stunden Kurven, Kurven und nochmals Kurven. Nun heißt es Abschied nehmen vom Bali Mandala Resort in dem wir zehn Tage unsere Seele haben baumeln lassen dürfen. Wo wir in einer Oase der Stille auch die Genüsse der aromatischen Küche und die zauberhaften Gerichte genießen durften und das ideal als Basisstation zum Pässe fahren war. Auch das von den Mitarbeitern, auf balinesisch, gesungene Lied »Good Bye – auf Wiedersehn« macht uns den Abschied nicht leichter. So manche verdrückte und auch offene Träne fließt. Und selbst die Fahrt auf der kerzengeraden Straße zu unserer nächsten Übernachtungsstation Amed lenkt nur wenig ab und dämpft kaum die Wehmut im Herzen.

Das uns in blumigen Worten beschriebene und schmackhaft gemachte Korallenriff reizt uns natürlich schon sehr. Schnell ist am Strand für 35.000 Rupien eine Ausrüstung, bestehend aus Flossen, Brille und Schnorchel, gemietet. Aber so als Schnorchelamateure hat die Sache doch eine ganze Menge Tücken. Und es gelingt uns nur bedingt über die Korallenbänke ins etwas tiefere Wasser zu gelangen. Dafür donnert es mich aber gegen einen riesigen, weißen Korallenblock. Das Resultat kann sich sehen lassen. Beide Beine sind an vielen Stellen durch die messerscharfen Zacken aufgeschürft, an den Händen sind ein paar Löcher neu zu finden und alles brennt im Salzwasser mörderisch. Und richtig toll sieht das viele Blut an den Beinen auch nicht gerade aus. Ganz schnell, wirklich ganz schnell, beschließen wir für heute, das Abenteuer Schnorcheln zu beenden. Da fühle ich mich einfach auf dem Motorrad deutlich sicherer und beschließe eine Fahrt um den kleinen Vulkan ganz im Osten der Insel. Von Amed führt die kleine Straße rund um den alten 1.175 m hohen Vulkan Seraga. Schmal und immer eng anschmiegend an den Abhang, mit atemberaubenden Blicken in die vielen kleinen Buchten in denen die so für diese Gegend typischen Auslegerfischerboote liegen, geht es bis in den Ort Kasanda. Hier, am östlichsten Punkt Balis, hat man die Aussicht auf die Nachbarinsel Lombok. Heute jedoch nicht, dafür viel Wind und bis zu sechs Meter Wellen die sich tosend an den Felsen brechen, dass der Boden unter den Füßen leicht zittert. Ab hier schwingt sich die immer kurvenreichere Straße weiter vom Meer weg und den Vulkan hinauf. Wieder wird es kühler, wieder durchziehen Nebelschwaden die Wälder entlang der Straße. Zwei Kilometer weiter hört das asphaltierte Band abrupt auf und wird durch eine erstaunlich gute, feste schwarzgraue Vulkansandpiste ersetzt. Durch winzige Dörfer führt der weitere Weg und man hat mehr als einmal den Eindruck, man fährt mitten durch die Wohnzimmer der Bewohner. Großes Hallo der Kindern begrüßt mich stets zwischen den Häusern. Offensichtlich kommen in diese Gegend, fernab vom Tourismus, nicht viele Fremde und so ist die Freude über den fremden Motorradfahrer besonders groß. Man kann ihm, in einem erstaunlich guten Englisch, Fragen stellen. Und so sind die acht Kilometer Piste viel zu schnell vorbei und ab Seraya geht's wieder hinunter Richtung Meer auf einer überraschend breiten und guten Straße. Den berühmten Wassertempel schaue ich mir nur von außen an, denn ein wenig drängt die Zeit, schließlich möchte ich noch vor Einbruch der Dunkelheit zurück in Amed sein. Also zügig durch das geschäftige und quirlige Amlapura bis ich nach wenigen Kilometern wieder in Tirttaganga, umgeben von den schönen Reisterrassen, bin. Jetzt kommen sie wieder, die runden, zügig zu fahrenden Kurven, die zum Schwingen und Wedeln einladen. Schnell, zu schnell ist die lange Gerade wieder erreicht, die ans Meer nach Amed führt. Die Sonne versinkt, in diesen Breiten üblich, sehr schnell hinter dem großen Vulkan Agung und ich gönne mir ein großes Bintang Bier und hänge in Gedanken nochmal gemütlich den vielen Eindrücken nach. Der letzte Quatierwechsel nach Ubud steht heute auf dem Programm. Nochmals vorbei am Rausch des Grüns der Reisterrassen zu einem kaum bekannten Aussichtspunkt im Dorf Putung. Die Aussicht über die Insel bis hinunter zum Lombok-Fährschiff-Hafen ist sehenswert, das kleine Restaurant dagegen weniger. Heruntergekommene Gebäude eines alten Hotels und kaputte Tische mit schmuddeligen Tischdecken lassen uns nur eine Cola aus der Flasche bestellen.

Bei der Weiterfahrt merken wir zu spät, dass wir

auf der Hauptstraße nach Semarapura, in alten Karten noch als Klungklung bezeichnet, sind. Große, alte Baulastwagen verdunkeln den Himmel mit riesigen schwarzen Dieselrußwolken. Die Taktik, die Luft anzuhalten bis wir überholt haben, klappt diesmal nicht, denn der nächste Rußwolkenmacher fährt keine zwanzig Meter weiter voraus. Ab Semarapura bis nach Ubud werden die Lastwagen zum Glück wieder weniger, der allgemeine Verkehr bleibt jedoch gewaltig. Die Fahrt auf und durch die berühmte Lücke im Verkehr macht aber trotzdem riesigen Spaß. In Ubud angekommen ist erst mal duschen angesagt. Das was da von den Armen runterkommt kann sich sehen lassen. In Worten: einfach nur schwarze Brühe. Wir dürfen gar nicht daran denken, wie es wohl in unseren Lungen aussieht. Bei der ersten Fahrt in den Norden hatten wir ja vor Regen und Nebel kaum bis gar nichts links und rechts der Straße gesehen. Auch nichts vom wohl bekanntesten Fotomotiv auf Bali, dem im Wasser des Bratan Sees stehenden Tempels. Die Suche nach der richtigen Straße nach Norden ist auch beim zweiten Mal nicht einfacher. Und wir wollen diesmal abseits der Hauptstraße fahren. Schließlich finden wir den Weg über Sangeh bis Petang. Fahrerisch nicht anspruchsvoll, versüßen uns aber die Farben der Dörfer und die vielen exotischen Düfte und der wenige Verkehr den Weg.

In Petang soll uns laut Karte eine Verbindungsstraße wieder auf die Hauptstraße bringen. Zum

Glück hält gerade ein Forstbeamter, den wir fragen können. Drei Kilometer seien es bis dorthin. Und er rät uns eindringlich langsam und ganz vorsichtig zu fahren. Warum sollte uns nach nicht einmal fünfhundert Metern blitzartig klar werden. Die Straße, in der Karte als gut eingezeichnet, ist kaum noch zu erkennen. Tiefer Schotter, nicht weniger tiefe Löcher in denen ein ganzes Motorrad problemlos verschwinden kann, direkt vor uns. Nur noch im ersten Gang rede ich der Honda Tiger und natürlich mir ein, wir fahren auf einer Hardenduro und uns kann nichts aufhalten. Trotzdem geht es nur noch leidlich voran, die Federung schlägt durch, der Hauptständer setzt unsanft auf und das ganze gepaart mit der, fast schon Bali typischen, Steigung von über 30%. Nach gefühlter unendlicher Zeit erreichen wir doch noch unbeschadet die Hauptstraße. Kaum zu glauben, dass dies nur drei Kilometer gewesen sein sollen. Die vielen Kurven hoch zum Pass machen daher heute ganz besondere Freude. Das Ziel, der Wassertempel ist erreicht. Doch alles kommt uns ein wenig merkwürdig vor. Nach Zahlung von 2.000 Rupien mit Quittung für Motorrad und 10.000 Rupien Eintritt pro Person käme doch normalerweise der vorgeschriebene Punkt sich mit der entsprechenden Kleidung, dem Sarong, für den Tempel fein zu machen. Des Rätsels Lösung kommt gleich, denn der Tempel ist von Heerscharen von Touristen umlagert und offensichtlich als Tribut an den Massentourismus hat man die Kleidervorschrift abgeschafft. Der Tempel und die gesamte Anlage ist vom Heiligtum zum reinen Fotomotiv degradiert. Wenn auch zugegeben zu einem sehr schönen Motiv. Die Wolken ziehen sich mehr und mehr zusammen, es beginnt bereits leicht zu regnen. Höchste Zeit wieder ins Tiefland nach Ubud zu fahren. Leider können wir nicht wie die einheimischen Zweiradfahrer einen Regenponcho überziehen und so müssen wir durch den nun wolkenbruchartigen Schauer hindurch. Visier zu und auf die warme Dusche im Hotel freuen ist nun die Devise. Unsanft klingelt bereits um acht Uhr morgens das Telefon im Zimmer. Am anderen Ende unser Motorradvermieter und, er ist schon im Foyer des Hotels. Wollte er nicht erst um zehn Uhr kommen? Viel zu schnell müssen wir loslassen, unsere liebgewonnene Tiger, die uns fast 1.000 Kilometer ohne Mucken und Zicken begleitet hat. Der Motorradtraum Bali ist zu Ende, aber die unendlichen Eindrücke, die Vulkanlandschaften, die Reisterrassen und nicht zuletzt die freundlichen und warmherzigen Menschen bleiben im Herzen. Etwas verloren spazieren wir durch die Straßen und Gassen von Ubud und hängen in Gedanken bei den vielen Kurven, die uns und unser Inneres zum Schwingen gebracht haben.

Irish Cocktail

Wind, Regen und ganz viel Sonne im irischen Spätherbst

Ihr werdet nur Regen haben, es ist kalt und der Wind wird euch von der Straße fegen. Mit solchermaßen guten Ratschlägen ausgestattet, starten im späten Spätherbst nach Irland. Doch die Wirklichkeit sah deutlich besser aus und das Erlebte war intensiver, gemütlicher und sonniger als vorhergesagt.

Mit gemischten Gefühlen hinsichtlich des prognostizierten Wetters, erreiche ich mit der Fähre, aus Cherbourg kommend, die Hafenstadt Rosslare im Südosten der irischen Insel. Doch wo sind Regen und Wind? Strahlender Sonnenschein begleitet mich auf den ersten Kilometern auf der irischen Insel. »The right side is the wrong side – Die »rechte Seite ist die falsche Seite« präge ich mir noch ein um den Linksverkehr auf den winzigen Straßen genießen zu können. Das Thermometer zeigt gnädige zwölf Grad, jedoch wird es in dieser Jahreszeit früh dunkel und so ist meine erste Etappe nur kurz. In Kilmore Quay, in Sichtweite des Meeres finde ich eine urige, gemütliche Unterkunft. Meine Gastgeber sind ganz verblüfft, denn um diese Jahreszeit hätten sie noch nie Gäste gehabt, die mit dem Motorrad unterwegs gewesen wären. Und überhaupt, so sagen sie, ist es Mitte Oktober längst mit dem Tourismus vorbei. Während ich im mollig warmen Federbett schlummere, tost draußen der Sturm und es regnet wie aus Kübeln.

Als ich morgens die Alukoffer ans Motorrad schnalle sind vom nächtlichen Unwetter nur noch vereinzelte Pfützen auf den Straßen zu sehen. Wieder scheint die Sonne. Ursprünglich war heute geplant die etwa 170 Kilometer in die Hauptstadt Irlands, Dublin, auf der direkten Küstenstraße zu fahren. Doch ein Blick auf die, am Frühstück neben mir ausgebreitete, Landkarte lässt meinen Blick auf den Wicklow Mountain Nationalpark fallen. Ist wirklich schön, höre ich meinen Gastgeber sagen als er mir ein deftiges irisches Frühstück bringt. Auf Landstraßen dritter Ordnung tingle ich gen Norden. Der Einzylinder unter mir stampft gemütlich in den erwachenden Tag. Nach 100 Kilometer erreiche ich, immer noch im Sonnenlicht fahrend, den Ort Aughrim, den südlichen Einstieg in den Nationalpark. Mit Fingerspitzengefühl geht es nun nach Norden, denn die Sträßchen sind nass und voller Laub. Die Landschaft wird mehr und mehr von Wald geprägt und immer wieder kann man die bis zu 900 Meter hohen, baumlosen Berghügel erspähen. Ab dem geschäftigen Ort Laragh, mit den pittoresken und farbigen Häuserfronten, steigt die Straße zügig an. Niemand scheint unter der Woche und zu dieser Jahreszeit in diesem Gebiet unterwegs zu sein. An einem Aussichtspunkt stelle ich die Maschine ab. Nur das sanfte Rauschen des Windes und der leise knisternde Motor leisten mir Gesellschaft. Balsam für die Seele.

Wieder im Tal muss ich mich an einer Wegkreuzung für geradeaus nach Norden, rechts nach Osten oder links nach Westen entscheiden. Der Blick auf die Landkarte verspricht am meisten Motorradspaß bei der Variante geradeaus. Fast zwanzig Kilometer Wald, Wiesen, Grasland, kleine Seen und holprige Straßen sind die Belohnung. Mein Getriebe hat wenig zu tun, meist fahre ich im vierten oder fünften Gang und streichle nur sanft den Gasgriff. Kurz nach dem Weiler Cunard ist es dann vorbei mit der Gemütlichkeit, die Hektik der Zivilisation hat mich wieder, denn ich bin im Dunstkreis der Metropolregion Dublin mit über 1,2 Millionen Einwohner. Stopp and Go bestimmt von nun an mein Tempo. Mein Navi lotst mich mitten durch das historische Zentrum der Stadt. Vorbei an der bekannten Conolly-Street, über den Fluß Liffey, nach Norden. Hier im Norden der Stadt liegt das kleine B&B wo ich mich mit meiner Freundin Bärbel, die direkt mit dem Flugzeug aus

Deutschland angereist ist, treffe. Von nun an erkunden wir den südlichen Teil der irischen Insel zu zweit auf der kleinen GS.

Zur Stadt Dublin bekommen wir nicht wirklich einen Zugang, es springt einfach nicht der Funke über. Trotzdem lassen wir es uns natürlich nicht nehmen, das riesige Besucherzentrum des bekannten irischen Bierbrauers zu besuchen. Wo sonst lange Schlangen von Besuchern an den Eingangskassen Geduld erfordern, herrscht heute gähnende Leere. Durchaus interessant sind die sehr aufwändig gemachten einzelnen Präsentationsbereiche und Ausstellungen. Doch von der Produktion oder der Abfüllung sehen wir leider nichts. Der weit über die Stadt schweifende Blick aus der Roof-Top-Bar entschädigt jedoch. Am nächsten Tag, immer noch bei Sonnenschein, verlassen wir zügig die Stadt und fahren in den Wicklow Nationalpark hinein. Doch was ist heute los? Überall Autos, Wanderer und schier unendlich viele Radfahrer. Des Rätsels Lösung ist, es ist Samstag und für die Stadtbewohner des nahen Dublin ist dies ein bevorzugtes Wochenendziel. Keine Spur mehr ist übrig vom Genussfahren der ersten Begegnung mit dem Nationalpark. So beißen wir uns bis Laragh durch und nehmen dann den kürzesten Weg nach Südwesten. Kaum sind wir aus dem Nationalpark heraus ist wieder Ruhe um uns herum. Auf kleinen, leicht kurvigen Straßen, cruisen wir, von der Spätherbstsonne beschienen, Richtung Kilkenny.

Kilkenny gilt mit seinem mittelalterlichen Stadtkern, dem Fluß Nore und der Burg von Kilkenny als eine der schönsten Städte Irlands. Eine Fahrt entlang der Rose Inn Street, der Kieran Street und der High Street macht Freude. Kleine, in unterschiedlichsten Farben gestrichene Häuser reihen sich Haus an Haus eng aneinander. Nahezu in jedem vierten Haus ist ein uriges Pub zu finden. Und, wie es sich gehört, gibt es hier das, laut Werbung, bekannteste Ale-Bier Irlands, das Smithwick's. Dieses stammt aus Kilkenny und wurde auch hier gebraut. Aber die 1710 von John Smithwick in einer ehemaligen Franziskanerabtei gegründete Brauerei wurde 2013 geschlossen und nach Dublin verlagert. Doch es gibt Hoffnung. Bereits 2014 wurde in Kilkenny eine neue Brauerei gegründet, die für den lokalen Markt produziert. Abends genießen wir dieses einheimischen Bier in den Pubs der Stadt. Hier schlägt das wahre Herz Irlands. Hier trifft sich Jung und Alt, hier wird geplaudert, diskutiert und gesungen. Dazu gibt es als wunderschöne und herzerfrischende Zugabe irische Volksmusik. Doch Achtung, spätestens um halb elf Uhr abends heißt es die letzte Bestellung »last call" aufzugeben. Dann hat man aber immer noch dreißig Minuten Zeit zum Austrinken, bis um 23 Uhr abgeschlossen wird.

Über flaches Land, durch saftig grüne Wiesen, gemütlich vor sich hin kauenden, unendlich vielen Kühen, wollen wir uns in diesem Teil Irlands, im County Wexford, ein Stück irischer Geschichte aus schlechten Zeiten anschauen. Im Süden von New Ross, am

Fluß Barrow, liegt ein sogenanntes Auswandererschiff. Auf dem Höhepunkt der Hungersnot in Irland 1847 segelten solche Schiffe, vollgestopft mit Menschen in die neue Welt. Die Dunbrody, so heißt das Schiff, segelte gewöhnlich nach Quebec und transportierte über 300 Passagiere auf diesem gerade einmal 37 Meter langen Schiff. Eine Koje von zwei mal zwei Meter musste für eine ganze Familie ausreichen. Trotz der unvorstellbaren, katastrophalen Zustände an Bord hatte man »nur« acht Todesfälle in »Grosse Ile“ zu beklagen. Vier Passagiere starben während der Reise, vier weitere während der Quarantäne in Grosse Ile. Andere Schiffe wurden gar als Sarg-Schiffe bezeichnet, denn es war nichts ungewöhnliches, dass Segelschiffe der damaligen Zeit oft eine Todesrate von 40 bis 50 Prozent ihrer Passagiere hatten. Auch wenn das in New Ross am Kai liegende Schiff ein originalgetreuer Nachbau der Dunbrody ist, so verlassen wir sie doch mit traurigen und gemischten Gefühlen. Wer will kann das nur wenige Kilometer entfernte Stammhaus der Kennedy Familie ansehen. Uns zieht es jedoch wieder aufs Motorrad und auf die Küstenstraßen im Süden der Insel. Kurz hinter Tramore sehen wir zum ersten Mal wieder das offene Meer. Leuchtend blau, mit glitzernden Wellenkämmen liegt es vor uns. Wir stoppen und genießen die Herbstsonne, das klare Wetter und die erfrischende, würzige Luft. Erfrischend ist auch, dass wir auf unserem weiteren Weg nach Südwesten keinen nennenswerten Autoverkehr haben. Links das

Meer, rechts die grünen Wiesen, so geht es Kilometer um Kilometer bis wir hinter der Stadt Youghal wieder ins Hinterland eintauchen. Doch unser heutiges Etappenziel liegt wieder am Meer oder besser gesagt in der Bucht von Cork Harbour, in der Stadt Cobh. Man hat das Gefühl ein Teil der Häuser würden sich an einen hoch aufragenden Hügel klammern. Ein anderer Teil der bunten, in Pastelltönen gestrichenen Häuser zieht sich entlang der Seepromenade. Im Sommer tummeln sich hier viele, zu viele Menschen. Jetzt, zu Zeiten in denen auch kein Kreuzfahrtschiff anlegt, ist es mehr als ruhig. Neben einem Polder am Hafen stellen wir unser Motorrad ab und genießen den Anblick der Stadt. Hoch ragt die St. Colman's Cathedral in den Himmel und dominiert das Ortsbild. Während der Zeit der großen Atlantikliner legten die Schiffe in Cobh nochmals an, bevor sie hinaus in die Weite des Atlantiks fuhren. Am 11. April 1912 verließ die Titanic das damalige Queenstown, heute Cobh, mit 1308 Passagieren und 898 Mannschaftsmitglieder an Bord, zu ihrer letzten Fahrt. Im Cobh Heritage Center und im Titanic Experience sind viele interessante Informationen zur Titanic zusammengetragen, ein Besuch lohnt sich.

Unsere Maschine ist wieder gepackt, wir sind voller historischer Eindrücke. So verlassen wir die Hafenstadt Cobh auf dem Weg in die nächste Hafenstadt, Kinsale im County Cork. Hier beginnt der legendäre »Wild Atlantic Way«, der sich auf einer Länge von

2600 Kilometern entlang der Süd,- West- und Nordküste Irlands bis an die Grenze von Nordirland auf der Inishowen Halbinsel erstreckt. Von Kinsale sind es nur dreizehn Kilometer zum wetterumtosten Kap »Old Head of Kinsale«. Heute lässt uns die Sonne im Stich. Es ist bewölkt, grau in grau, als wir den Parkplatz oberhalb des Kaps erreichen. Das Signal Tower Café hat leider schon geschlossen, so dass wir uns keinen wärmenden Kaffee holen können. Ganz zum Ende des Kaps kann man leider nicht fahren, denn der gesamte Bereich wird von einem Golfclub genutzt. So schweift unser Blick über die Reste einer alten Burg hinaus auf Meer. Genau hier, vor der Küste, ereignete sich eine weitere Schiffskatastrophe. Am 7. Mai 1915 querte das luxuriöse Schiff der Cunard Reederei, die Lusitania, die irische See vor dem Kap als ein vom deutschen U-Boot U 20 ausgestoßener Torpedo um die Mittagszeit das Schiff traf. Nur 18 Minuten dauerte der Todeskampf der Lusitania. Und nur 761 der insgesamt 1962 Passagiere an Bord überlebten den Untergang. Die hohe Zahl an gestorbenen amerikanischen Staatsbürgern führte in der Folge zur Kriegserklärung der USA an das Deutsche Reich. Wieder verlassen wir dieses an sich schöne Fleckchen Erde mit traurigen Gefühlen. Den Ausschilderungen des Wild-Atlantic-Way kann man wirklich blind folgen. Stets ist auf den Wegweisern ein N für nordgehend und S für südgehend zu finden. Da jedoch nahezu jegliche Möglichkeit ausgeschöpft wird, entlang der Küste zu fahren, benötigen wir für die

Strecke zu unserem nächsten Ziel Skull nicht eineinhalb Stunden, wie unser Navi ausgibt, sondern über drei Stunden. Doch jeder Kilometer lohnt sich. Herrlich enge Straßen mit atemberaubenden Blicken auf die bizarre Küstenlandschaft lassen Freude aufkommen. Weniger Freude kommt allerdings auf, da sich der Wettergott entschlossen hat, die Zutaten zum Irish-Cocktail, Wind und Regen, sehr viel Regen, uns entgegen zu schleudern. Auch der nächste Tag bringt keine Besserung. Aber sind wir nicht in Irland um bewusst auch diese Wetterkapriolen zu erleben? Und so entschließen wir uns beim Frühstück nicht alle fünf Landschaftsfinger der Südwestküste zu erkunden, sondern einfach nur an das vorgelagerte Kap »Mizen Head" zu fahren. Der Regen peitscht uns gegen das Visier, der Wind schüttelt uns und unsere Maschine auf den 24 Kilometern bis zum Kap kräftig durch. Nicht immer ist es leicht das Motorrad ordentlich auf der Straße zu halten, schon gar nicht wenn unvermittelt Böen, mit Windstärke acht und mehr, uns treffen. Und doch ist es ein schönes Gefühl den Elementen zu trotzen und fast jeden Kilometer zu genießen. An der Mizen Head Signal Station angekommen stellen wir unser Motorrad in den Windschatten des Gebäudes, anderenfalls würde es von der nächsten Böe sofort umgeworfen werden. Da wir nicht mit aufgezogenen Helmen die letzten Meter bis zum Kap gehen wollen, ziehen wir unsere wasserdichten Hüte, auch Südwester genannt, auf und machen sie mit der Sturmleine fest. Schroffe Klippen stemmen sich am Mizen Head aus den Fluten des Atlantiks empor und das Echo der Brandung liegt über der Landzunge. An der Westspitze steht ein eher unspektakulärer Leuchtturm, der nur über eine Brücke zu erreichen ist. Dieses 52 Meter lange Bauwerk überspannt einen tiefen Felseinschnitt und führt in schwindelerregender Höhe hinüber zur anderen Seite. Von Mizen Head aus kann auch man am südlichen Horizont den Leuchtturm auf dem Fastnet Rock gut erkennen. Heute reicht die Sicht auf die aufgepeitschte See nur wenige hundert Meter. Erst nach vollständigem Aufwärmen, einem guten Kaffee und einem süßen Stückchen, die wir in der Leuchtturmstation einnehmen, fahren wir wieder zurück nach Skull.

Welch ein Erwachen, als wir die Augen aufmachen scheint schon die Sonne am wolkenlosen Himmel. Und, als hätte es nie ein Gestern gegeben, strahlt das Meer in leuchtendem Blau. Genau richtig um die beiden »Rings«, den Ring of Beara und den Ring of Kerry zu befahren. Wir verabschieden uns vom südlichsten Landzipfel, vom südlichsten Finger, und umfahren den vierten Finger zwischen der Dunmarus Bay und der Bantry Bay. Auf der Panoramastraße bis zum Einstieg in den Ring of Beara, in Glengarriff, begegnet uns auf 75 Kilometern Länge nicht ein einziges Fahrzeug. Irgendwie ist diese Jahreszeit ein besonderes Geschenk an uns. Warum der Ring of Beara nicht so touristisch erschlossen ist wie der weiter nördlich gelegene Ring of Kerry erschließt sich uns bald, denn die Straße führt zwar entlang der Küste, jedoch größtenteils mit einem gehörigen Abstand zu dieser. Doch die Beara Halbinsel bietet einen ganz besonderen Leckerbissen. Es ist der Healey Pass der die Nord- und Südseite der Halbinsel zwischen Lauragh und Adrigole verbindet. Von Süden aus führt die enge Straße mit vielen Serpentinen und Kurven hinauf auf den 300 Meter über Meereshöhe liegenden Pass. Weit reicht der Blick von den nur mit grünen Matten bewachsenen Bergen hinunter in die tiefgrün bewaldete Küstenlandschaft des Kenmare Rivers. 160 unvergessene und eindrückliche Kilometer später erreichen wir den Einstieg in das nächste Highlight an dieser Küste.

Dort wo sich in den Sommermonaten unzählige Busse, Autos und Fahrradfahrer tummeln ist zu dieser Herbstzeit wieder Ruhe und Frieden eingekehrt. Der berühmte und bekannte Ring of Kerry, der die gesamte Küstenlinie der Inveragh Halbinsel umschlingt, lässt unsere Motorradfahrerherzen höherschlagen. Sanfte, leicht geschwungene Kurven versüßen die Fahrt entlang der Südküste der Halbinsel. Immer wieder laden die tief ins Herz gehenden, eindrücklichen Blicke hinaus auf Meer zum Anhalten ein. Kurz vor Derrynane verlassen wir den Wild Atlantic Way und fahren auf der Lambs Head Road, einer engen, grasbewachsenen Straße bis zu deren westlichem Ende. Vor uns liegen die im Gegenlicht mystisch vor der Küste liegenden Inseln Scariff Island und Deenish Island. Viel zu schnell, nach nur 18

Kilometer ist für heute Schluss. Wir bleiben im beschaulichen Ort Waterville, oder besser gesagt, am Ortsrand, direkt am Meer. Und, wir gönnen uns heute ein etwas teureres Hotel. Das altehrwürde Hotel »Smugglers Inn« liegt direkt neben dem weltbekannten Golfplatz Waterville, hat aber seine gemütliche Schrulligkeit bis heute nicht verloren. Herrlich knarrende Holzböden, ein alter offener Kamin, eine kleine Bar, die auch von Einheimischen besucht wird und nicht zuletzt der Blick hinaus aufs Meer lassen diesen Tag stilvoll ausklingen. Nicht zu vergessen allerdings die hervorragenden Speisen, die in der kleinen Küche liebevoll gekocht werden. Wenn dann noch, wie an diesem Tag, ein tieforanger Sonnenuntergang die Nacht einläutet sind des Genusses keine Grenzen gesetzt. Wir sind dankbar für das was wir erleben dürfen und was die Natur und die Menschen uns schenken.

Der regengraue nächste Tag führt uns zunächst zur kleinen Charlie Chaplin Statue in Waterville. Waterville war in den 60er und 70er Jahren für über mehr als zehn Jahre der Urlaubsort, die zweite Heimat, seiner großen Familie. Die Statue und das alljährlich im August stattfindende, viertägige Charlie Chaplin Comedy Film Festival erinnern an den »Litte Tramp«. Heute hält das Wetter noch eine weitere Zutat für unseren Irish Wheather Cocktail parat. Es ist der leichte Nieselregen, dessen winzige Tröpfchen ständig vom Visier entfernt werden müssen. Und doch lassen wir uns nicht abhalten die, meist von den Touristen am

Ring of Kerry unbeachtete, Insel Valentia Island zu erkunden. Von Portmagee auf dem Festland führt eine Brücke hinüber auf die gerade einmal elf Kilometer lange und drei Kilometer breite Insel. Direkt nach der Brücke, auf der linken Seite, befindet sich das »The Skellig Experience« Besucherzentrum, welches umfassend über die vor der Küste liegenden Skellig Insel informiert. Skellig bedeutet Fels, genauer »steiler Fels". Seit 1996 ist die winzige Insel »Skellig Michael« UNESCO Weltkulturerbe. Auf dieser Felsnadel im Atlantik befinden sich frühmittelalterliche Klosteranlagen in spektakulärer Lage. Die elf Kilometer vom Festland entfernte Insel kann nur in den Sommermonaten mit dem Boot erreicht werden. Zu unserer Jahreszeit müssen unser Fernglas und das dicke Teleobjektiv genügen. Wer jedoch wissen will, wie es dort aussieht, sollte sich den Film »Die letzten Jedi« aus der Starwars-Saga ansehen. Auf der fiktiven Insel Rey, in Wirklichkeit Skellig Michael, wird Luke Skywalker gefunden, der die Rebellen im Kampf gegen die First Order unterstützen soll. Auch einige weitere Drehorte befinden sich entlang der irischen Küste und stellen den Planeten Ahch-to dar. Da uns ein Boot nicht in die Filmwelt entführen kann, beschließen wir entlang von Valentia Island nach Knightstown weiter zu fahren um von dort auf das Festland überzusetzen. In Knightstown angekommen lesen wir am roten Uhrenturm, dass die Fähre jedoch schon, saisonbedingt, ihren Dienst eingestellt hat. Nun gut, denken wir uns, und genießen die wirklich winzigen Straßen der Insel. Eine noch kleinere, engere Straße, mit betonierten Spitzkehren gesegnet, bringt uns direkt zum einsam an der Küste liegenden Valentia Leuchtturm am Cromwell Point. Voller Freude lesen wir, dass es dort ein Café geben soll. Hier können wir uns wieder aufwärmen und einen heißen Kaffee genießen. Gut gedacht, aber vor dem Cafébesuch steht der bepreiste Eintritt in den Leuchtturm. Doch nach Leuchtturm Besichtigung, insbesondere bei diesem trüben Wetter, ist uns momentan überhaupt nicht zu Mute. Also geht es mit klammen Fingern die anspruchsvolle Strecke zurück auf die Höhen der Insel. Kaum dort angelangt, trifft uns unsere lieb gewonnene Cocktailzutat mit voller Stärke. Die Sonne meint es wieder gut mit uns, wärmt uns und schenkt uns beeindruckende Lichtspiele auf den meterhoch mit Beerensträuchern gesäumten Wegen der Insel. Wie wir so verträumt dahinfahren entdecken wir an einer kleinen Bucht im Südwesten der Insel eine Erinnerungstafel. Von hier wurde in den Jahren 1858 und 1866 das Transatlantische Telefonkabel in die Neue Welt, genauer gesagt nach Neufundland, verlegt und läutete damit eine neue Ära der Kommunikation zwischen den Kontinenten ein.

Was folgt am nächsten Tag, ist der schöne Rest des Ring of Kerry. Entlang des Nordufers der Iveragh Halbinsel, entlang der Dingle Bay sind sie wieder da, alle Zutaten unseres Wettercocktails. In schneller

Folge wechseln Regen, Wind und Sonnenschein. Und diesmal wird unsere Fahrt besonders versüßt. Gerade als wir nach Westen auf die Dingle Halbinsel abbiegen leuchtet uns ein strahlend bunter Regenbogen entgegen, der uns auf der gesamten Fahrt bis zum Ort Dingle begleitet. Dingle ist ein, trotz allem sommerlichen Tourismus, beschaulicher Ort mit kleinem Hafen, einer eigenen Whiskey Destillerie und einem ganz besonderen »Einwohner«. Dieser besondere Einwohner ist der Delfin Fungie, der viele Jahre in der Hafenbucht lebte und die Einwohner wie Touristen begeisterte. Zahlreiche Bootsvermieter boten Touren an um Fungie aus nächster Nähe zu erleben. Fungie hat es sogar schon zu einem Denkmal gebracht, welches am Hafenbecken zu seinen Ehren steht. Mehr als 37 Jahre lebte der Meeeressäuger vor der Küste der Kleinstadt. Doch seit Oktober 2020 gilt er als verschwunden. Ganz Irland trauerte um seinen berühmten Einwohner.

Etwas sollte man sich, wenn man in Dingle ist und dort übernachtet, nicht entgehen lassen. Übernachten deshalb, weil es um Hochprozentiges geht und man danach nicht mehr fahren darf. Es ist die ortsansässige, kleine Whiskey Destillerie. Im kalten Winter 2012 wurde sie, so berichtet die Firmenchronik, in einem kleinen Blechschuppen gegründet. Die ersten Whiskey Fässer wurden im Dezember 2012 gefüllt und drei Jahre später wurde das erste Fass, das Fass Nummer zwei freigegeben. Der Dingle Whiskey war geboren. Nicht verpassen sollte man eine der täglichen Führung. Wir haben Glück und können noch am gleichen Tag die Destillerie besichtigen. Natürlich gibt es eine ausgiebige Probierrunde des Whiskeys sowie des ebenfalls hier hergestellten Gin und Wodkas. Doch die eigentliche Faszination der Besichtigung liegt darin mit welchem Enthusiasmus, welcher freudigen Energie und mit welcher Warmherzigkeit uns alles gezeigt und erklärt wird. Hier würden wir gerne, nicht nur wegen des Whiskeys, ein paar Monate mitarbeiten. Diese Begeisterung ist einfach wohlig ansteckend.

Da wir ein paar Tage in Dingle verweilen machen wir immer wieder kleine Motorradausflüge entlang der Küste der Dingle Halbinsel. Dabei entdecken wir entlang der verlassen wirkenden Straßen nicht nur atemberaubende Ausblicke auf das Meer, wir entdecken auch noch zwei weitere Filmschauplätze des Films »Die letzten Jedi« am Slea Head und am Clogher Head. Dabei vergessen wir uns bei unseren langen Pausen fast und werden erst durch den kühlen Abendwind daran erinnert, dass es Zeit wird zurück, zurück nach Dingle, zu kehren.

Leicht fällt uns der Abschied nicht als wir am nächsten Tag unsere GS beladen und über eine kleine Passstraße hinüber nach Castlegregory fahren. Eine besonders schöne Motorradstrecke über den Conor Pass. Danach wird die Landschaft flacher und flacher. Artig folgen wir nun den Wegweisern des Wild-Atlantic-Way, zur Linken immer das Meer, zur Rechten die schier unendlich scheinenden grünen Wiesen gewürzt mit der klaren Luft die vom Atlantik zu uns herüberweht. Nach 150 Kilometern und fast drei Stunden Fahrzeit erreichen wir bei Tarbert den Fährhafen am Fluß Shannon. Eine Fähre bringt uns in 20 Minuten vom County Kerry hinüber nach Killimer im County Clare. Es ist später Nachmittag geworden und die letzten 22 Kilometer zu unserem Tagesziel, der Stadt Kilkee, verlangen nach einer kräftigen Hand am Lenker. Böig streicht der Wind über die fast baumlosen Flächen.

Kilkee, konnte sich noch eine Reihe viktorianischer Häuser aus dem 19. Jahrhundert bewahren und wirkt, besonders im Herbst, pittoresk und verschlafen. Die vor dem Ort liegende Bucht gleicht einem makellosen Halbmond. Ein Sandstrand, der im Sommer zum Baden einlädt. Dreieinhalb Kilometer südlich liegen die Kilkee Cliffs direkt an der engen Küstenstraße. Zwar sind diese Klippen nicht so bekannt wie die weiter nördlich liegenden Cliffs of Moher, doch alles ist hier ursprünglicher, denn es gibt weder Absperrungen, Besucherzentrum oder Parkplätze. Wir gehen zu Fuß, direkt am Abgrund, auf einem bequemen Wanderweg die gesamte Klippenszenerie entlang. Welch ein Genuss. Am Abend locken uns die Klänge irischer Volksmusik in ein uriges Pub. Mollig warm ist es im gut gefüllten Pub und während das Feuer im offenen Kamin vor sich hin knistert unterhalten die älteren Herren engagiert die Gäste mit einem Akkordeon, einer Fiddle, der irischen Geige und einer Gitarre. Die Musik strahlt unendliche Lebensfreude und gleichzeitig auch Wehmut aus und gehört zu Irland wie das launische Wetter. Auch unser Wirt greift immer mal wieder in die Saiten seiner Gitarre und vergisst Zeit und Raum. Und auch wir vergessen, bei frisch gezapftem irischem Bier, an diesem vorletzten Abend in Irland den Gedanken an die Rückreise.

Unsere Rückreise ist schnell erzählt. Mitten hindurch, durch die grüne Insel führt unser Weg zurück nach Dublin. Nicht jedoch vergessen haben wir dabei einen Abstecher zum Kloster von Clonmacnoise, dessen Ruinen eines der Highlights einer Irlandreise darstellen. Gegründet wurde es 548 vom heiligen Ciarán, strategisch günstig am Ufer des Shannon gelegen. Mystisch durchfluten die Lichtstrahlen der tiefstehenden Sonne die Mauern und Kreuze der Anlage, als wollten die Ruinen uns sagen, dass Irland im Spätherbst nicht nur eine Reise wert ist, sondern die ganze Mystik der Insel erst jetzt zu ihrer vollen Entfaltung kommt.

Italienische Impressionen

Concorso d'Eleganza, Emilia Romagna, Ferrari, Ducati und ....

Es sollte eine Frühsommertour in die Emilia Romagna, bei moderaten Temperaturen, werden. Es wurde eine wahre Hochsommertour mit Temperaturen von über 33°C. Doch eines nach dem anderen.

War die Anfahrt über den Splügenpass noch angenehm kühl, zeigten sich die Vorboten der Hitze bereits in Lecco am westlichen Südende des Comer Sees mit 28°C. Das wunderschön am Fluss gelegene Hotel Don Abondio verwöhnt mit einer großen Terrasse und schattigen Plätzen unter großen Bäumen. Durch Zufall finden wir eine, von Einheimischen stark frequentierte Pizzeria, und dies, nur wenige

Gehminuten vom Hotel entfernt. Warum hier in diesem, äußerlich gar nicht so wirklich ansprechenden Lokal, so ein Betrieb war, stellte sich schnell heraus. Die servierte Pizza war rundum ein Gedicht. Kein Wunder, dass wir uns am gleich Morgens nochmals dorthin begaben. Der nächste Tag führte uns in italienisch legerer Motorradbekleidung, in Jeans und Halbschuhen, zum weltweit exklusivsten Oldtimer Event in die Villa Erba in der Nähe von Como. Der Concorso d'Eleganza zeigt einmal mehr eine Auswahl wunderschöner, klassischer Automobile und neuer Concept Cars, die begeistern. Zum ersten Mal kommen in diesem Jahr zu den Automobilen auch Motorräder hinzu, die in einem eigenen Wettbewerb um Klassen- und Gesamtsieg antreten. Der Motorradconcours präsentierte Motorräder aus allen Epochen unter dem Glasdach eines riesigen, extra aufgebauten, Pavillions. Ebenfalls neu ist die Auktionsfläche von RM Auctions, die mit 32 außergewöhnlichen Autos die Besucher verblüfft. Der Eintrittspreis von 14 Euro ist mehr als angemessen, allein die atemberaubende Lage des Parkgeländes und die bis dato noch nie der Öffentlichkeit gezeigten Prototypen rechtfertigten den Preis. Eine Studie des BMW-Mini zeigt bereits Formen, Farben und Stilelemente der künftigen Mini Generation. Aus Anlass des 75-jährigen Geburtstags des legendären BMW 328 legte BMW extra für diesen Event ein ganz besonderes Einzelstück auf. Der BMW 328-Hommage. Auch die elektrische Zukunft des Luxusautomobils wurde in

Form des Rolls Royce Phantom E gezeigt. Geballte, flüsterleise Technik versteckt sich hier unter der riesigen Motorhaube. Dort, wo normalerweise ein über 500 PS starker 12-Zylinder Motor seinen Dienst tut, findet sich ein ebenso starkes Elektroaggregat. Ziemlich ermattet ob der vielen Eindrücken, fahren wir in unser kuscheliges Hotel zurück. Über die viel befahrene Strecke geht es am nächsten Morgen Richtung Bergamo. Nach einem kurzen Stück Autobahn tauchen wir ein in die kleinen Sträßchen der beginnenden Po Ebene. Langsam, aber stetig, nähert sich die Temperaturanzeige der 33° Celsius Marke. Die Luft flimmert wie wild auf der heißen Asphaltdecke. Ein Gefühl, als würde man durch einen riesigen Fön hindurch fahren. Das Hinweisschild auf den Fluss Po macht uns jedoch wieder höchst munter. Links und rechts der Brücke schlängelt sich dieser außergewöhnliche Fluss ruhig nach Westen. Ein ganz besonderer Fluss deshalb, da nur wenige Flusskilometer schiffbar gemacht sind. Ansonsten darf sich der Po fast frei bewegen und bildet riesige Sandbänke, verschlungene Windungen und unendlich viele Seitenarme. Allerdings nur fast frei, denn nach den verheerenden Überschwemmungen der 50er und 60er wurde links und rechts ein großer Damm aufgeschüttet. Und gerade beim Anblick dieses Deiches fallen uns sofort die Bilder aus dem Kultfilm »Don Camillo und Pepone« ein. Hier haben sie sich mit ihren Fahrrädern auf der Deichkrone ein Rennen geliefert, begleitet von dem unnachahmlichen breiten

Grinsen des Don Camillo. Von hier sind es nur noch wenige Kilometer in das beschauliche Städtchen Brescello, das Städtchen, in dem alle Außenaufnahmen zu den Don Camillo Filmen gedreht wurden. Viel verändert hat sich in den letzten 60 Jahren nicht. Noch immer stehen die Häuser, das Rathaus des Pepone und die Kirche des Don Camillo, um den unverbauten, zentralen Marktplatz. Obwohl 60 Jahre her, lebt der Ort immer noch vom Mythos der Filme. Statuen, Plakate, Namenschilder und die Restaurants und Bars werben mit den Konterfeis der Protagonisten. Uns ist es heute ehrlich gesagt zu heiß, das in der Nähe befindliche Film-Museum zu besuchen. Wir sitzen lieber unter den schattigen Arkaden und genießen bei einem kühlen Mineralwasser und einer zünftigen Pasta das Treiben auf dem Marktplatz und lassen die Bilder aus den Filmen vor unserem geistigen Auge vorbeiziehen. Nur unter viel guten Selbstzuredens zwängen wir uns wieder in die Motorradkleidung, steht uns doch noch eine kleine Tour bis zum heutigen Etappenziel bevor. Aber auch dies ist nach einer Stunde geschafft. Hatten wir doch schon bereits durch die Internetseite einen guten Eindruck über das Hotel Arnaldo Aquila d'Oro in Rubiera gewonnen, so überrascht uns dieses mehr als positiv. Untergebracht in einem historischen Gebäude mitten in der Stadt, gleich neben der Fußgängerzone, beherbergt das Hotel auch eines der besten Restaurants der Gegend. Nicht umsonst zeugen Bilder vieler Formel 1 Rennfahrer und des legendären Enzo Ferrari von den illustreren Gästen. Rubiera liegt verkehrsgünstig im Herzen der Emilia Romagna, nur wenige Fahrminuten von Modena entfernt. Auch die Städte Reggio und Bologna sind nur 20 bzw. 30 Minuten entfernt. Und nicht zuletzt sind es von hier nur wenige Kilometer nach Maranello, der Kultstätte des Mythos Ferrari. Trotz hoher Temperatur raffen wir uns am Folgetag auf, um das Lamborghini Museum in Sant'Agata Bolognese zu besuchen. Dass die Marke Lamborghini vor einigen Jahren von Audi aufgekauft wurde, fällt sofort in Auge. Nahezu der ganze Firmenparkplatz steht voller neuer Audi Fahrzeuge mit Ingolstädter Autonummer. Nüchtern, aber modern präsentiert sich der Fabrikkomplex. Nüchtern und modern auch das Museum. Stolze zwölf Euro kostet der Eintritt für wenige Automobile. Aber da wir ja schon mal da sind, und uns die Ausstellungsstücke interessieren, entscheiden wir uns trotzdem für den Besuch. Steht man dann aber vor den Boliden der Gründerzeit, als Ferruccio Lamborghini noch in Handarbeit die ersten Automobile herstellte, und vor den aktuellen Modellen mit mehr als 800 PS Motoren, ist der Eintrittspreis schnell vergessen. Übrigens, die Marke Lamborghini soll der Legende nach entstanden sein, weil der Traktorenfabrikant Lamborghini mit seinem Ferrari überhaupt nicht zufrieden war und darüber mit Enzo Ferrari in Streit geriet. Kurzerhand entschied er sich das bessere Auto zu bauen. Den Merchandising Shop finden wir durch

Zufall, als wir durch ein Fenster ins Innere des Verwaltungsgebäude schauen. Aber Shopping bei diesen Temperaturen macht keinen Spaß. Schnell können wir noch einen Blick der Rennabteilung erhaschen und ein paar Fotos schießen, bevor die Tore vor uns wieder verschlossen werden. Über kleinste und kurvenreiche Sträßchen fahren wir zu Ferrari nach Maranello. Auf der firmeneigenen Teststrecke zeigt sich heute allerdings nur ein normales Straßenserienfahrzeug. Die Formel 1 Rennwagen sind zu diesem Zeitpunkt in Übersee. Eine Stadt in Rot. Überall hängen die roten Flaggen der Scuderia Ferrari, überall zeigt sich das »Cavallalino rampante«, das springende Pferdchen. Überall stehen die roten Renner. Besucher aus aller Welt drängen sich rund um die Galeria Ferrari, das Ferrari Museum. Wir haben nicht wirklich Lust einen Museumsbesuch zu machen, die Hitze raubt uns den Tatendrang. Wir beschließen zurück nach Rubiera zu fahren und die Kühle unseres Hotelzimmers zu genießen. Heute bleibt das Motorrad stehen, denn in das nahegelegene Reggio nell'Emilia ist der Zug die bequemere und kleidungstechnisch gesehen, luftigere Variante. Italien feiert dieses Jahr das 150-jährige Bestehen der Republik. Die Trikolore, die rot weiß grün gestreifte Nationalflagge entstand genau hier, in Reggio. Aus diesem historischen Anlass ist die ganze Stadt über und über mit Flaggen aus allen Epochen der italienischen Geschichte geschmückt. Extra zu diesem Anlass wurde eine Sonderausstellung zum Thema eröffnet. In den oberen Stockwerken des Stadtparlamentsgebäudes sind liebevoll Exponate der bewegten Geschichte chronologisch aufwändig präsentiert. Die Temperatur in Räumen wird von Stockwerk zu Stockwerk höher. Tapfer kämpfen wir uns durch die italienische Geschichte und gefühlte 40°C. Am Nachmittag führt uns der Weg zum Einkauf eines wahren Genusses der Emilia. Zum Kultkäse Parmigiano-Reggiano, der nur hier produziert werden darf. Aus früheren Reisen kennen wir schon den Bio-Pionierhof »Hombre« der Familie Panini. Senior Panini war der erste Parmigiano Hersteller der bereits vor vielen Jahren auf reine Bio Produktion umgestellt hat. Heute zählen die noblen Restaurants der Welt zu seinen Kunden. Bei allem Erfolg ist der Betrieb jedoch bodenständig geblieben. In einem kleinen Hofladen können wir das herrliche Produkt zu einem unglaublich günstigen Preis einkaufen. So wandern einige Kilo Käse in unsere Alukoffer. Aber Senior Panini ist nicht nur bekannt für seinen exzellenten Käse, nein, er ist auch bekannt für die größte Sammlung historischer Maserati Automobile. Neben den unbezahlbaren Oldtimern stehen verschiedene Prototypen der Marke mit dem Dreizack und über 100 historische Motorräder auf den beiden Emporen. Jüngste Leidenschaft ist, neben dem Sammeln alter Traktoren, auch das Sammeln von Fahrzeugen aus dem 2. Weltkrieg, eine Zeit als Italien von der deutschen Wehrmacht besetzt war. Blumensträuße in den Rohren und ein Schild in vier

Sprachen mahnen: »A perenne memoria della stupidità umana« was so viel bedeutet wie »in ewiger Erinnerung der menschlichen Dummheit«. Vollgepackt mit leckerem Käse machen wir uns wieder auf den Weg zurück nach Rubiera und dem süßem Nichtstun, dem »Dolce fa niente« in den kühlen Arkaden der Fußgängerzone. Im Internet haben wir uns für den heutigen Tag einen Termin für eine Werks- und Museumsbesichtigung beim Motorradhersteller Ducati geben lassen. Pünktlich um 14.30 Uhr sollen wir uns am Eingang zur Fabrik melden. Pünktlich, 15 Minuten vor der Zeit, sind wir dann auch vor Ort. Zum Glück sind wir mit dem Motorrad gekommen, es gibt kaum eine Parkmöglichkeit. Erwartungsfroh wollen wir denn auch gleich zum gläsernen Eingangsbereich gehen, werden aber jäh von einer etwas genervten Pförtnerin gestoppt, die meint, wir sollen hier auf der Straße vor der Schranke auf einen Guide warten. Bei der brütend heißen Temperatur beschließen wir zunächst auf die andere Seite in den Schatten zu stehen, immer stets ein wachsames Auge auf das alte Pförtnerhäuschen, wenn der Führer auftaucht. Fast nicht zu glauben, taucht dann unser Guide auf, eine attraktive und engagierte Mitarbeiterin von Ducati. Vergleicht kurz die Namen der Reservierungsliste mit unserem Bestätigungsschreiben und los geht es. Zunächst heißt es im Ducati-Shop die Eintrittsgebühr von zehn Euro zu bezahlen. Ducati Fahrer zahlen übrigens nur sieben Euro, da werden wir wohl für das nächste Mal eine Ducati kaufen »müssen«. Leider gilt auch hier, wie in vielen anderen Automobil- und Motorradfabriken, striktes Fotografierverbot. Aber das Erlebnis, direkt neben den Montagebändern der Desmodromikmotoren und der Motorräder zu stehen, entschädigt mehr als genug. Erstaunlich, wie groß der ganze Komplex ist und wie viele Frauen in der Produktion tätig sind. Ducati spricht laut einem Presetext von über 40 %. Am liebsten würden wir uns gleich mal eine Monster 796 und eine Superbikemaschine vom Typ 1198 SP »einpacken« lassen. Und die Emotionen gehen weiter als wir die Pforte des Museums betreten. Beginnend bei der allerersten Ducati, der Cucciolo, dem »Hündchen«, bis zu den Rennmaschinen von Valentino Rossi und Nick Hayden, zeigt sich hier die wechselvolle Firmengeschichte. Ein absolutes Muss für jeden Ducati Fan. An diesem lauen Hochsommerabend mit vielen vielen Impressionen lassen wir unseren letzten Tag in der Emilia ausklingen. Gemütlich im freien sitzend, in der neu eröffneten Weinbar. Natürlich mit leckerem Lambrusco, schließlich kommt dieser Wein hier aus dem Herzen der Emilia.

Wie immer treten wir nur ungern den Rückweg an, aber ein weiterer Höhepunkt wartet am späten Nachmittag auf uns. Zunächst geht es wenig spektakulär über die Autobahn Richtung Nordwesten. Erst viele Kilometer hinter Mailand verlassen wir das breite Asphaltband und fahren auf kurvigen Sträßchen das Sesiatal hinauf, bis zum verträumten Städtchen Varallo. Steil, gespickt mit einigen Spitzkehren geht es aus dem Zentrum hinauf auf den »Sacro Monte«, den heiligen Berg, dessen einzigartiges Ensemble seit 2003 UNESCO Weltkulturerbe ist. Gleich am Eingang befindet sich unser heutiges Hotel. Eines von zwei Herbergen für den Pilger, eingebettet in den großen Eichenwald am Nordosthang des Berges. Innen ein Mix aus Kloster, einfacher Pilgerherberge und rustikalem und doch noblem Hotel. Einzigartig auch die Geräuschkulisse. Nur der Gesang der Vögel ist zu hören. Der Sacro Monte von Varallo ist der älteste der neun bestehenden Sacri Monti, die nach diesem Beispiel in der Lombardei und im Piemont entstanden sind. Seine Entstehung verdankt er der Idee des Mailänder Paters, Bernardino Caimi, der, nachdem er viele Jahre in Palästina gelebt hat, auf diesem Berg die gleichen heiligen Orte der Bibel nachbauen wollte. Eine Reise ins Heilige Land war selbst für wohlhabende Pilger Ende des 14. Jahrhunderts, durch den Krieg mit den Türken, unmöglich geworden. So entstand ein »Neues Jerusalem“ mit 45 Kapellen und über 800 lebensgroßen Statuen, die die biblische Geschichte Station für Station dem Betrachter näherbringt. Wir sind überwältigt von der Größe der Anlage, von der Vielzahl der Szenen, von den vielen kleinen und großen Details. Jedes Gesicht dieser menschlichen Figuren erzählt eine eigene Geschichte. Die Kühle und die Ruhe der abendlichen Stimmung gibt uns die Gelegenheit, die Eindrücke in Ruhe nachwirken zu lassen. Über verwinkelte Straßen führt uns am nächsten Morgen der Weg zunächst zum malerisch zwischen dem alpinen Vorgebirge gelegenen Orta See, vorbei an Domodossola, dem Endpunkt der Berninabahnstrecke, hinauf auf den Berninapass. Schnell und zügig gleiten wir bis auf 2.328 m Höhe. Eine frische, kühle Prise lässt uns tief durchatmen. Ebenso zügig und schnell fahren wir hinunter ins schweizerische Engadin, ins Tal der Rhone. Auf der gegenüberliegenden Talseite geht es in unzähligen Kehren hinauf zum Ort Goppenstein. Dem Verladebahnhof der Lötschbergbahn. Denn, um auf die andere Seite des Bergmassivs zu kommen, müssen wir unser Motorrad auf die Bahn verladen. Einfacher gedacht als getan. Nur eine gefühlt 1,20 m breite Tür auf der Längsseite des Wagons steht zur Verladung für Motorradfahrer zur Verfügung. Ob das mal gut geht bei 1,10 m Fahrzeugbreite. Erst überlege ich mir, die Alukoffer abzumontieren, taste mich aber dann Zentimeter für Zentimeter durch die Türe. Geschafft. Ein paar dünne Seile sichern die Maschine. Wir dürfen im hinteren Teil des Wagons Platz nehmen. Nach 14,6 km Tunnel erblicken wir wieder das Licht des Tages. Kandersteg empfängt uns mit strahlendem Sonnenschein und angenehmen Temperaturen. Schnell ist das Hotel Post gefunden. Ein Hotel, welches wir im Tourenfahrer-Partner-Haus-Katalog entdeckt hatten. Unglaublich freundlich werden wir empfangen. Jetzt machen uns es erst einmal in unserem Zimmer bequem. Das Hotel ist ein echtes Berner Oberland Haus. Niedrige, urige Räume und vollständig aus Holz gebaut. So richtig zum Wohlfühlen. Auch in Kandersteg begegnen wir wieder einem UNESCO Welterbe, diesmal stehen wir direkt am Eingang zum Weltnaturerbe, dem 824 km^2 großen Gebiet rund um den Aletsch Gletscher. Bei einem zünftigen original Schweizer Abendessen lassen wir den Tag noch einmal Revue passieren. Eine Woche voller neuer Impressionen geht zu Ende. Noch immer aber sind die Bilder des Erlebten vor unseren Augen und lassen uns die Heimfahrt leichter ertragen.

Eisberge, Wale und ganz viel Wald

Ganz im Westen Kanadas liegt eine vom Tourismus nur wenig beachtete Insel und dies obwohl Neufundland bereits um das Jahr 1000 von dem Wikinger Leif Eriksson als erstem Europäer entdeckt worden sein soll. Doch die Aussicht auf Eisberge und Wale, die atemberaubende Natur, aber vor allem die unglaubliche Gastfreundschaft im dünn besiedelten Neufundland, laden zum Motorradfahren ein.

Genauso wie wir es uns vorgestellt haben, empfängt uns Neufundland als wir uns mit der Fähre langsam dem Ort Port aux Basques nähern. Es ist kalt, obwohl es Sommer ist, es nieselt und in der Ferne können wir Schnee auf den Bergen erspähen.

Nur zwei Kilometer sind es vom Fähranleger zu unserer Unterkunft und selbst auf diese kurze Distanz frösteln wir kräftig. Im Ort ist zur späten Stunde nichts mehr los, die kleinen Informations- und Souvenirbuden haben längst zugemacht und auch das Angebot an Verpflegungsmöglichkeiten ist auf zwei Lokale reduziert. Ziemlich reduziert ist auch die Auswahl an Speisen, nur zwischen verschiedenen Burgern und Fish-and-Chip können wir auswählen. Wir entscheiden uns für die so herrlich schön fettige Fischversion, die wieder Wärme in unsere Glieder bringt.

Auch der nächste Tag hat nichts von seiner Garstigkeit verloren, weiterhin regnet und windet es. Rund 340 Kilometer soll die heutige Tagesetappe sein, die uns mitten in den Gros Morne Nationalparks bringt. Kaum sind wir aus dem kleinen Ort auf die einzige nach Norden führende Straße abgebogen wird es ruhig, nicht ein Auto ist noch unterwegs. Noch einmal sehen wir kurz das Meer während uns dann die schiere Unendlichkeit der Wälder zu verschlingen droht. Jedoch hat das cruisen, mehr als 80km/h dürfen wir ohnehin nicht fahren, etwas unglaublich Beruhigendes. So beruhigend, dass ich gar nicht merke, dass sich hinter mir gerade ein Berg von 600 PS aufbaut. So schnell wie der Truck aufgetaucht ist, so schnell zieht er spielend, mit weit mehr als der erlaubten Geschwindigkeit, den Berg hinauf und an uns vorbei. Inzwischen hat der Regen mehr und mehr zugenommen und einzelne Tropfen schaffen es schon zwischen Handschuhe und Jacke zu gelangen. Da kommt uns eine winzige Tankstelle gerade recht. Ein heißer Kaffee und ein Sandwich ist unser heutiges Mittagessen. So klein der Raum der Tankstelle auch sein mag, er bietet nahezu alles was man zum täglichen Gebrauch benötigt, dazu gibt es einen Geldautomaten und viel Kontakt mit der örtlichen Bevölkerung. Am späten Nachmittag erreichen wir das nur aus wenigen Häusern bestehende Dorf Norris Point. Als wären wir alte Freunde und würden uns schon immer kennen, werden wir von der Gastgeberin unseres B&B empfangen. Und obwohl wir triefnass sind, den halben Hausflur unter Wasser setzen, sollen wir erst einmal gemütlich einen Kaffee trinken. Rustikal geht es zu, die Waschmaschine steht mitten in der Küche, in einem Spülbecken türmt sich das Geschirr, im anderen Becken schwimmen fangfrische Fische. Auf unserer ersten Erkundung des Ortes entdecken wir direkt am Fjord ein kleines Restaurant mit Seeterrasse. Wir freuen uns schon, dass wir fürs heutige Abendessen schon eine Location gefunden haben. Wind und Regen setzt nun wieder stark ein, so dass ein Wandern mit Schirm unmöglich wird. Schneller als wir denken sind wir, diesmal aber ohne Motorradkleidung, triefnass. Schnell sind wir deshalb auch wieder zurück in der Gemütlichkeit und Wärme unserer Unterkunft. Der Hunger meldet sich zu Wort und wir beschließen in das kleine Restaurant am Hafen zu gehen. Ziemlich enttäuscht stehen wir vor der Türe und schauen ungläubig auf das

»Closed« Schild. Hier wird tatsächlich schon um 17 Uhr geschlossen. Im leichten Nieselregen heißt es zwei Kilometer an das andere Ende des Ortes zu gehen, da soll es das einzige offene Restaurant geben. Es entpuppt sich eher als Pub und, wie könnte es anders sein, es gibt nur Burger und Fish-and-Chip. Besonders lecker ist jedoch das Bier aus der nahegelegenen Mikrobrauerei.

Der nächste Tag zeigt sich nun von seiner besten Seite, Sonne und Windstille sind fast wie ein Geschenk. So beschließen wir gleich am Morgen uns wieder aufs Motorrad zu schwingen und zum Parkeingang des Gros Morne National Parks zu fahren. Über 485 Millionen Jahre hat es gedauert bis die Natur diesen Naturschauspiel geschaffen hat. Mit über 1805 km² und vielen spektakulären Fjorden zählt er auch zum UNESCO Welterbe. Gleich am Parkeingang heißt es das Motorrad stehen zu lassen und einige Kilometer zu einem weiter entfernten See zu gelangen. Von hier starten die Personenfähren die bis ans Ende des Western Brook Pond fahren. Vom Ende des Sees könnte man in einer anspruchsvollen Treckingtour das Hochplateau des Parks erreichen. Noch liegt Schnee in den höheren Regionen und der Weg ist unpassierbar, so dass man »nur« die Schönheit des Fjords von unten genießen kann. Erinnerungen an die bekannten Fjorde in Norwegen werden dabei in uns wach. Heute feiert das ganze Land den »Canada Day«, den Nationalfeiertag, Grillfeuer brennen in den

Vorgärten oder auch am Strand. Blutrot versinkt passend dazu die Sonne am Horizont. Sogar ein kleines Feuerwerk wird gezündet. Feiertag ist auch in unserem Pub-Restaurant und so bleibt uns nichts anderes übrig als im Laden der Tankstelle ein paar Bananen, Müsliriegel und eine Tüte Chips als Abendessenersatz einzukaufen.

Am Morgen danach geht es für uns weiter. Auf herrlich kurvenreicher Straße, führt uns unser Weg hinaus aus dem Nationalpark nach Osten. Vorbei an der ziemlich gesichtslosen 5000 Einwohner Stadt Deer Lake auf den Trans Canada Highway, der das riesige Land Kanada von Osten bis Westen auf über 7000 Kilometer verbindet. Hier in Neufundland befindet sich der östlichste Teil davon. Meist vierspurig ausgebaut geht es zügig voran. Eine Alternative zu dieser Straße gibt es nicht. Die Reserveleuchte an meiner 650er GS leuchtet unmissverständlich auf und mahnt zum Tanken. Doch auf dem Highway ist weit und breit keine Tankstelle zu finden. Erst in einem Dorf, abseits der Hauptstraße, werden wir fündig. Und staunen nicht schlecht, denn das beste Benzin welches es hier gibt hat gerade einmal 91 Octan. Normalweise tankt man, so erklärt mir der Tankwart, das Regular mit 87 Octan. Meiner kleinen GS sind die Octanzahlen ziemlich egal, musste sie doch in Südamerika schon mit deutlich weniger Qualität auskommen. Erfreulich ist dabei aber, dass der Liter vom besten Saft gerade einmal 93 Eurocent kostet. Endlich erreichen wir kurz vor Sheppardville den Abzweig auf die

Landstraße zur Halbinsel Baie Verte. Wald soweit das Auge reicht begleitet uns auf den nächsten 150 Kilometern quer über die Halbinsel. Die Straße wird zunehmend schlechter und die Federung ist voll gefordert. Gerade amüsiere ich mich noch über das lustig klingende Warnschild »Attention – Pot Holes« als wir schon krachend in ein tiefes Schlagloch einschlagen. Vorne und hinten geht die Federung auf Bock und auch sonst klingt es schaurig aus dem Fahrwerk. Zum Glück haben Felgen und Fahrwerk den Einschlag ohne Schaden überstanden. Ich nehme mir jetzt fest vor, die Warnschilder ernster zu nehmen. Am Ende der Straße 414 liegt unser Etappenziel, das kleine Fischerdorf La Scie. Malerisch in eine Bucht eingebettet liegen die wenigen Häuser und der Hafen. Da es noch viel zu früh zum Einchecken in unserem B&B ist, fahren wir auf einer staubigen Schotterpiste den Berg hinauf zu einem Aussichtspunkt, der spektakulär auf einer Klippe thront und den Blick freigibt auf die Weite des Meeres. Von hier nach Osten kommt nur noch Wasser bis nach Irland. Hier treffen wir auch auf Steven, einen Arzt, der 12 Jahre in La Scie praktiziert hat, in Südafrika lebt, und gerade mit dem Motorrad die gesamte USA bereist. Hier in Neufundland ist er mit einem geliehenen Pickup. Er gibt uns viele Tipps zu Land und Leuten, berichtet aber auch, dass die Winter immer kürzer und milder werden und es auch immer weniger Eisberge an der Küste zu bestaunen gibt. Auch im Moment ist weit und breit kein einziger Eisberg in Sicht.

Nachdem wir unser kleines B&B bezogen haben und uns mit dem »Chef des Hauses«, dem niedlichen Pensionshund Zoe, angefreundet haben, überlegen wir nicht lange ob wir für die zwei Kilometer auf die andere Seite der Bucht das Motorrad nehmen sollen oder besser zu Fuß gehen. Wir entscheiden uns für die zweite Variante sind wir doch heute schon über 300 Kilometer unterwegs gewesen. Auf dem Weg fällt uns ein besonders liebevoll hergerichtetes Holzhaus auf. Beim Näherkommen sehen wir, dass es sich um ein Museum, dem Outport Museum, handelt. Aus der Geschichte des Dorfes sind vielerlei Dinge und alte Fotos zusammengetragen. Eine Besonderheit ist, dass das Museum auch ein winziges Restaurant beinhaltet welche von Valerie, Museumskuratorin und Köchin in Personalunion betreut wird. Beim Blick auf die Speisekarte, endlich mal keine Burger und Fish-and-Chips, reservieren wir für den Abend gleich einen der wenigen Tische. Das Abendessen mit einem Gemüsepotpourri an einer Safransoße garniert mit marinierten Lachsstreifen und goldgelbem Kartoffelbrei lassen die Geschmacksnerven jubeln. Dies sollte noch lange nicht der Höhepunkt des Abends sein. Larry, der Ehemann von Valerie, erzählt uns von seiner Familie, die aus Irland eingewandert ist, vom Eisfischen und Schneemobilfahren im Frühjahr und von der Musik seiner Vorfahren und der Musik Neufundlands. Und dann leuchten seine Augen als er kurzerhand ein Akkordeon nimmt und für uns ein irisches Volkslied anstimmt. Doch zuhören ist nicht unsere einzige Aufgabe, wir bekommen einige Notenblätter mit Liedtexten in die Hand und sollen nun tatkräftig mitsingen, was wir auch gerne tun. Bärbel bekommt von Valerie den »Ugly Stick« – den »hässlichen Stock«, ein umgedrehter Wischmopp mit am Stiel befestigten Kronkorken, der wie ein Instrument gehandhabt wird, in die Hand gedrückt. Damit muss sie nun den Takt vorgeben. Natürlich darf zum Abschluss ein Glas Screech-Rum nicht fehlen, ein Rum der seit rund fünfzig Jahren von Jamaika importiert wird und heute fast ein Neufundländer Nationalgetränk ist. Zur Tradition gehört es das Glas zu erheben und auf die Frage: »Are ye e screecher« – Bist Du ein Schreier? – zu antworten: »Deed I is, me ol' cock! And long may yer big jib draw!« was in etwa heißt: Ja ich bin einer, mein alter Freund! Und mögen unsere Segel stets Wind bekommen. Die ebenfalls zur Tradition gehörende Sitte einen Kabeljau zu küssen bleibt uns, mangels eines frischen Fisches, zum Glück erspart. Eine kaum zu beschreibende, fast mystische Atmosphäre umgibt uns, die die ganze Gastfreundlichkeit der Neufundländer erleben lässt.

Erst spät am Morgen stehen wir auf, genießen unser umfangreiches und frisch zubereitetes Frühstück und erfahren von zwei anderen Gästen der Unterkunft, dass ein großer Eisberg im Ort Fleur de Lys, mitten in der Hafeneinfahrt, gestrandet ist. So schnell waren wir noch nie auf unserem Motorrad um zum 85 Kilometer entfernten Ort zu gelangen. Wegen der vielen Schlaglöcher und Unebenheiten, dazu schöne

Kurvenkombinationen, brauchen wir über eineinhalb Stunden. Wir werden mehr als belohnt. Unübersehbar steckt ein großer Eisberg inmitten der Hafeneinfahrt. Bizarr und unwirklich leuchtet dieser Koloss aquamarinblau im strahlenden Sonnenschein. Um noch näher an dieses Naturschauspiel heran zukommen, müssen wir unsere BMW stehen lassen und zwanzig Minuten, einem schmalen Pfad folgend, zu Fuß einen Hügel erklimmen. Wie ein Wesen aus einer anderen Welt liegt er, fast zum Greifen nah, vor uns. Unwirklich ist auch, dass wir im Angesicht dieses mächtigen Eisklotzes heute eine Temperatur von über 30° Grad haben. Interessant zu beobachten, wie wir uns selbst verhalten. Im Angesicht dieser mystischen Schönheit schauen wir wie verzaubert und ohne ein Wort zu verlieren, lange Zeit still verharrend, auf den Berg aus Eis. Irgendwann meldet sich jedoch der Hunger leise zu Wort und wir machen uns auf den Heimweg, nach La Scie, zurück zu Valerie und Larry, zurück zu leckerem Essen und zurück zu einem fröhlichen musikalischem Abend.

Nur 68 Kilometer ist es per Luftlinie zu unserem nächsten Etappenziel Twillingate, auf der Straße hingegen 375 Kilometer. Durch schier unendlichen Wald erreichen wir wieder die einzige Möglichkeit um weiter nach Osten zu gelangen, den Trans Canada Highway. Auf den 165 Kilometern auf dem Highway gibt es nichts Aufregendes, es sei denn man staunt über die mit über 120 Kilometer pro Stunde an einem vorbeirauschenden riesigen Trucks. Endlich, ab

Notre Dame Junction können wir wieder das Motorradfahren auf kleinen Straßen genießen. Entlang des Meeres führt die Straße über ein Dutzend, mit Brücken verbundenen Inseln, ganz nach Norden auf North-Twillingate-Island. Wir sind hierher gefahren, da Twillingate als Welthauptstadt der Eisberge gilt. Der Ort liegt an der Iceberg-Alley, einem Korridor auf dem von Grönland ausgehend, die Eisberge nach Süden treiben. Wie wir vor Ort erfahren ist im Moment kein Eisberg in Sicht, auch die uns empfohlen Eisbergsuche-App zeigt keinen Eisberg in der Nähe. Irgendwie enttäuscht machen wir uns trotzdem auf um am äußersten Ende der Insel, am Long-Point Leuchtturm die Unendlichkeit des Meeres zu genießen. Doch was ist das? Direkt unter uns an der Steilküste tauchen plötzlich Wasserfontänen auf. Majestätisch zieht ein großer Buckelwal gemächlich vorbei. Neben diesem Riesen der Meere, kaum zu sehen mit bloßem Auge, noch eine kleine Fontäne. Erst durch das Fernglas erkennen wir, dass dies eine Walmama mit ihrem Kleinen ist. Mit offenem Mund vor Erstaunen schauen wir den Beiden noch lange nach bis sich die Fontänen im Dunst des Meeres verlieren. Auch wenn Twillingate in vielen Reiseprospekten zu finden ist, geht es gemächlich zu. Wir haben Glück, bekommen wir doch ein neurenoviertes Zimmer in einem neurenovierten Haus mit großer Gemeinschaftsküche von der wir auf der einen Seite in den Hafen der Stadt, auf der anderen Seite auf das offene Meer hinaus sehen können. Kurz vor Sonnenuntergang starten wir nochmal unser Motorrad um zum Leuchtturm zu fahren. Diesmal überrascht uns die Natur mit einem Farbspiel welches von anfänglichem Purpurrot über Magenta bis zu dunklem Violett reicht. Kaum ist die Sonne im Meer versunken wird es spürbar kälter und die anfängliche leichte Brise frischt merklich auf. In unserer Sommermotorradkleidung wird es höchste Zeit zurück zufahren in unsere mollig warme Unterkunft.

Immer noch ist es ungewöhnlich warm als wir Twillingate verlassen und uns, immer am Meer entlang nach Osten aufmachen. 260 Kilometer genießen wir Einsamkeit der kleinen Straßen, linksseitig fast immer das Meer im Blick, rechter Hand Wald, kleine Seen, Tümpel und Moorgebiete. In diesem Teil Neufundlands scheint die Zeit stehen geblieben zu sein. Auch die Tankstellen sehen aus wie aus längst vergangenen Zeiten. Und, es gibt nur »Regular« mit 87 Octan. Richtig kräftig ist dagegen der Kaffee den es hier gibt. Wie immer sind wir gleich im Mittelpunkt der Gespräche mit allen Menschen, die gerade auch im Tankstellenladen sind. Und wie immer wollen Sie natürlich wissen wie wir unser Motorrad über den großen Teich nach Kanada bekommen haben. Kurz hinter Gambo ist es dann wieder soweit, wir sind wieder unausweichlich auf dem Trans-Canada-Highway. Diesmal ist diese Strecke kurzweilig, denn sie führt sie direkt durch den Terra Nova Nationalpark mit beeindruckenden Aussichten auf den

Newman und den Clode Sound, zwei fjordartige Einschnitte in der Landschaft. Aus der hohen Aussichtsposition auf den Clode Sound geht es steil bergab bis auf Meereshöhe. In Port Blandford verlassen wir den Highway und genießen noch einige Kilometer die Fahrt entlang des Fjords. Die folgende, holperige Straße führt über die Bonavista Halbinsel zur gleichnamigen Stadt Bonavista. Und wie der Name schon erahnen lässt, ist die Aussicht auf das Meer grenzenlos schön. Die heute 3500 Einwohner große Stadt wurde 1497 vom Italiener Giovanni Caboto gegründet, der bei der ersten Sichtung der Küste »O Buon Vista« ausgerufen haben soll. Direkt am Fischerhafen, die Stadt war einstmals die Kabeljau-Hauptstadt Neufundlands, befindet sich im örtlichen Museum auch eine Replika des Schiffes von John Cabot, wie er später genannt wurde. Die eigentliche Attraktion von Bonavista ist der leuchtend rot und weiß gestrichene Leuchtturm am Kap Bonavista, der seit 1842 den Schiffen den Weg zeigt. Und noch eine Attraktion wartet auf uns. Auf einer vorgelagerten Insel befindet sich einer der großen Brutkolonien der Papageitaucher. Diese niedlichen Wasservögel haben uns schon auf den Shetlandinseln verzaubert. Auch hier können sie mit ihrem roten Schnabel und ihren tollpatschigen Flug- und Laufkünsten ein Lächeln auf unsere Gesichter zaubern. Schade nur, dass man nicht näher an diese possierlichen Tiere herankommt, da zwischen der Vogelinsel und unserem

Standpunkt ein tiefer, vom Meer durchfluteter Graben liegt. Eine weitere Brutkolonie soll es im 13 Kilometer entfernten Elliston geben. Kaum gehört starten wir schon unsere GS und versuchen zunächst auf dem Klondike Trail direkt am Ufer voranzukommen. Dieser entpuppt sich nach kurzer Fahrtstrecke als extrem schmaler Trampelpfad, den wir offiziell gar nicht befahren dürfen. Zurück auf Asphalt ist der Vogelfelsen von Elliston schnell erreicht. Auch hier kommen wir nicht näher an die Papageitaucher heran. Auch hier trennt ein tiefer Graben uns von der Brutkolonie. Doch mit Fernglas und Teleobjektiv macht das Beobachten ja auch Spaß. Spaß macht diesmal auch das Essen im einfachen und rustikalen Restaurant Oceanview Restaurant am Cape Shore Strand. Diesmal gibt es Fish-and-Chip in einer gänzlich anderen Version. Die großen Lachsfilets sind nicht frittiert, sondern in der Pfanne knusprig braun und doch noch zart glasig angebraten. Anstatt der allgegenwärtigen Pommes Frites gibt es selbst gemachtes Kartoffelpüree. Zum Glück war es mit übervollem Magen nicht weit zu den zum Restaurant gehörenden Hütten, die direkt am Meeresstrand liegen. Auf der Terrasse, mit Meeresrauschen in den Ohren und einem kitschig schönen Sonnenuntergang klingt unser Tag aus.

Nun heißt es für uns zurück in die Betriebsamkeit einer Stadt, denn wir wollen in die Hauptstadt von Neufundland, St. John's. Zunächst gilt es, bei strahlendem Sonnenschein, dem mit Orkanstärke tobenden

Sturm zu trotzen. Die Halbinsel Avalon, auf der die Hauptstadt liegt, ist nur über eine relativ schmale Landbrücke zu erreichen. Völlig ungeschützt kann uns nun jede Böe mit voller Wucht breitseits treffen. Als ich heftig schlingernd über die gesamte Breite der Straße torkle, merke ich wie sich Bärbel immer fester an mich klammert. Mit zusammengebissenen Zähnen kämpfen wir uns die nächsten 50 Kilometer weiter. Als wir wieder Waldgebiet erreichen können wir aufatmen und dem über den Baumgipfeln tobenden Sturm sogar etwas Schönes abgewinnen. Vorbei an den gesichtslosen Vororten erreichen wir die älteste und östlichste Stadt Nordamerikas. Kreuz und quer fahren wir die steilen Straßen hinauf und hinunter und bewundern die unglaublich vielen bunten Holzreihenhäuser. Es ist das Markenzeichen der Stadt. Nach einer Legende sollen die Häuser deshalb so bunt bemalt worden sein, dass die Fischer, wenn sie von ihren Fischgründen zurückkehrten, sofort ihr Zuhause schon weit draußen auf der See erkennen konnten. Es sollte wie ein buntes Leuchtfeuer wirken. Die steilen Straßen sind für uns eine willkommene Möglichkeit, die vielen überflüssigen Pfunde, die wir uns aufgrund des kalorienreichen Essens der vergangenen Wochen angefuttert haben, wenigstens ein wenig wieder weg zu bekommen. Schon am nächsten Tag schwingen wir uns wieder in den Sattel unserer GS. Auf winzigen, kurvigen und extrem steilen Straßen führt uns der Weg nach Quidi Vidi. Was so lustig klingt ist ein kleiner Meeresfjord mit pittoresker Kulisse. Es verkörpert noch immer den Charme eines alten Fischerdorfes, wenn auch heute einfach zu viele Touristen vor Ort sind. Selbst mit dem Motorrad ist es schwierig einen Abstellplatz zu bekommen. Wir quetschen uns zwischen einen Felsen und dem Zaun der Quidi Vidi Brauerei rein. Und genau diese Mikrobrauerei ist die Hauptattraktion. Seit ihrer Gründung im Jahr 1996 braut sie Bier mit einem ganz besonderen Wasser. Es ist das Wasser, das von Eisbergen vor der Küste Neufundlands gewonnen wird. So trinkt man, wie stolz auf dem Etikett steht, 20000 Jahre altes Eisbergwasser. Wer will, kann auch eine Führung mit Bierverkostung machen. Kurioserweise gibt es sogar Weizenbier »Weizen Hammer« und Berliner Weiße »Metal Kettle Sour«. So früh am Vormittag lassen wir es und verschieben gedanklich die Bierverkostung auf einen Pub Besuch am Abend.

Wieder auf kleinen Sträßchen folgen wir dem Wegweiser zum Signal Hill. Immer wieder verfahre ich mich und lande im Ortsteil Battery wo sich kleine bunte Holzhäuser an die Klippen der Hafeneinfahrt klammern. Nach unzähligen Sackgassen finden wir den Weg hinauf auf den Hügel von dem man einen Rundumblick auf Meer und Stadt genießt. Genau hier soll es gewesen sein, wo dem italienischen Radiopionier Guglielmo Marconi 1901 die erste transatlantische Funkverbindung gelang. Nach so vielen Eindrücken ist es längst Abend geworden und wir können nun endlich das »alte« Wasser im erfrischenden Lager Bier genießen.

Ganz in der Nähe der Stadt gilt es noch eine weitere Attraktion zu entdecken, das Kap Spear. Bereits auf der Hinfahrt, über eine wie fürs Motorradfahren gemachten, kurvigen Straße, erleben wir die Launen der Natur. Waren es gerade noch warme 22 Grad als wir die Stadt verlassen wird es innerhalb von nicht einmal einem Kilometer richtig kühl. Nur noch 9 Grad zeigt das Thermometer an und auch der Wind hat wieder stark aufgefrischt. Schon als wir unser Motorrad sehen wir auf dem Meer Dutzende Wasserfontänen. Eine schier unglaubliche Anzahl von Walen ist auf Beutefang direkt vor der Steilküste. Selbst die Parkranger sind ganz aufgeregt, denn so viele Wale auf einmal gibt es nur ganz selten wird uns erzählt. Wir wissen gar nicht wo wir zuerst hinschauen sollen. Besonders beeindruckend ist es, wenn die riesige Schwanzflosse sich aus dem Wasser erhebt und fast ohne Gischt wieder im Meer eintaucht. Hier, am östlichsten Punkt des nordamerikanischen Kontinents steht auch einer der ältesten Leuchttürme des Landes. Dessen Leuchtfeuer konnte die Titanic im Jahr 1912 nicht mehr sehen als sie 300 Seemeilen entfernt mit einem Eisberg kollidierte und sank.

Unsere Reise quer durch Neufundland geht zu Ende, nicht bevor wir jedoch noch die kurvenreiche Straße von St. John's zum Cape St. Mary's ganz im Süden der Avalon Halbinsel gefahren sind. Wir sind nachhaltig geprägt von der rauen Landschaft, der faszinierenden Tierwelt, der Weite des Landes, aber ganz besonders von der unglaublichen und so herrlich natürlichen Gastfreundschaft der Neufundländer. Für Bärbel heißt es direkt in St. John's auf dem Flughafen Abschied nehmen, während ich noch einmal einige Kilometer Neufundland genieße bis ich im 135 Kilometer entfernten Argentia die Fähre auf das kanadische Festland nehme. Dummerweise hatte ich bei der Buchung vergessen eine Kabine zu reservieren. Jetzt sind die wenigen Kabinen längst weg. Vor mir liegt nun die über 10.000 Kilometer lange Durchquerung Kanadas über das Yukon-Territorium und das Nordwest-Territorium bis ans Polarmeer in Tuktoyaktuk.

Go North

Auf dem Dempster- und Tuktoyaktuk-Highway von Dawson City bis zum arktischen Ozean

Jeder reiselustige Motorradfahrern kennt das Gefühl, aufzuwachen voller Euphorie und Vorfreude, wenn es darum geht eine ganz besondere Strecke zu befahren. Besonders dann, wenn eine der aufregendsten Pisten Nordkanadas wartet. Eine Piste, die in der Nähe der Goldgräberstadt Dawson City beginnt und erst 900 Kilometer später am arktischen Ozean endet. Es ist der legendäre Dempster Highway und der erst Ende 2017 eröffnete Tuktoyaktuk Highway. Und genau diese Piste bereiste ich ganz alleine auf meiner 650er BMW.

Noch ist es ruhig in Dawson City, der einstigen Goldgräberstadt, die besonders durch die Romane von Jack London in aller Welt bekannt geworden ist. Die Sonne schickt schon die ersten wärmenden Strahlen, während auf den Dächern noch vereinzelt Raureif zu sehen ist. Mitten im Sommer ist die Temperatur unter den Gefrierpunkt gesunken. Klappernd nimmt mein Einzylinder seine Arbeit auf, während ich mich nervös und frierend auf den Sattel schwinge.

Niemand ist um diese frühe Stunde unterwegs als ich die Stadt verlasse und auf dem Klondike-Highway nach Osten fahre. 40 Kilometer später heißt es unbedingt zu stoppen, denn für die nächsten 380 Kilometer gibt es keine Möglichkeit mehr, an Benzin zu kommen. Zum Glück funktioniert der Automat der Tanksäule und das Gurgeln des in den Tank fließenden Benzins hat etwas sehr Beruhigendes. In den Tank meiner kleinen BMW gehen rund vierzehn Liter. In die beiden Ersatzkanister links und rechts an meinen Aluboxen je drei Liter, macht zusammen 20 Liter. Bei einem Verbrauch von normalerweise unter vier Litern müsste ich damit locker 500 Kilometer weit kommen. Doch irgendwie meldet sich mein Bauchgefühl und beunruhigt mich. So geistert es mir durch den Kopf, dass es bei Regen und Schlamm den Verbrauch dramatisch in die Höhe schnellen lässt und ich nicht die 380 Kilometer entfernte, nächste Tankmöglichkeit erreiche. So habe ich noch einen Faltkanister dabei in den ich fast vier weitere Liter einfüllen kann. Mit Spanngurten und einem Netz mache ich den befüllten Kanister auf dem Beifahrersitz fest. 23 Liter Sprit sollten nun wahrlich locker reichen. Auch mein Bauchgefühl stimmt meiner Meinung zu.

Nur wenige Meter hinter der Tankstelle gilt es einen weiteren Stopp zu machen, denn hier steht das Begrüßungsschild zum Start des Dempster Highways. Eigentlich könnte ich mir ein paar Informationen zu Gemüte führen, doch dazu bin ich im Moment einfach viel zu nervös. Ein, zwei Selfies gehen aber doch. Von nun an heißt es nur noch Kurs Nord. Hinauf und hinein in die Weiten des Yukon-Territory und der Nordwest-Territories.

Der Belag oder besser gesagt die Piste verändert sich von Kilometer zu Kilometer. Trockene Abschnitte wechseln sich mit nassen und leicht rutschigen Abschnitten ab. Niemand scheint auf dem Dempster unterwegs zu sein. Zwei Stunden ohne eine einzige Begegnung. Die Piste lässt sich recht gut befahren, nur wenige Stellen sind schmierig oder leicht schlammig. Offensichtlich scheint die Drainage auf diesen Kilometern der Strecke sehr gut zu sein. Überwältigt von der friedlichen Schönheit des Tomb Stone Mountain, einem Bergrücken der Ogilvie Bergkette, erreiche ich das, wie aus dem Nichts auftauchende, Informationscenter. Doch irgendwie ist es mir heute gar nicht nach irgendwelchen Informationen, ich möchte einfach nur fahren und die grandiose Landschaft genießen. 40 Panoramakilometer weiter erreiche ich am North Fork Pass, mit 1289 Metern Höhe, den höchsten Punkt des Dempster Highways.

Hier muss es wohl heute Nacht sehr kalt gewesen sein, denn die vielen Pfützen auf der Piste sind fest gefroren. Wenn ich mal wieder vor lauter Landschaft anschauen so eine Fläche überfahre, lasse ich mein Motorrad einfach geradeaus darüber hinweg gleiten. Einige Kilometer weiter ist das Eis in den Vertiefungen bereits getaut, dafür spritzt mir der feuchte Schlamm bis aufs Visier. Die nächsten hunderte Kilometer fahre ich mitten durch die Blackstone Uplands, eine riesige, ebene Tundrafläche. Es bietet sich mir ein Farbenspiel von dunklen Erdtönen über das saftige Grün der Wiesen bis hin zum leuchtenden Blau des wolkenlosen Himmels. Das Wetter meint es sehr gut mit mir, denn bei diesen Bedingungen ist der Dempster Highway fast entspannt zu befahren. Gemütlich tuckert mein Einzylinder durch die Einsamkeit und die Weite dieser faszinierenden Landschaft. In der Ferne sehe ich inmitten eines kleinen Teichs etwas Undefinierbares, welches sich langsam fortzubewegen scheint. Langsam, ganz langsam fahre ich näher heran. Und meine Überraschung ist groß. Im See, begleitet von einer Schar Enten, steht ein prächtiger Elchbulle, der sein mächtiges Geweih zu baden scheint. Was macht dieser Kerl hier? Wäscht der seinen Kopf? Wäscht er sein Geweih? Ich kann mir keinen Reim darauf machen was da vor sich geht. Als er mich erblickt, grinst er kurz herüber und macht ungestört weiter. Erst jetzt sehe ich, was er tatsächlich macht, er mampft genüsslich vor sich hin. Es ist Seegras, das er vom Boden des kleinen Sees herauf holt und welches ihm offensichtlich besonders gut zu schmecken scheint. Ich weiß nicht, wie lange ich dem Treiben auf dem See zugesehen habe. Aber sich von so einem Anblick zu lösen, fällt schwer, sehr schwer.

Man hatte mich in Dawson City vorgewarnt, ich solle auch unbedingt etwas gegen Mücken und Bären mitnehmen. So befindet sich in meinem Gepäck eine große Flasche Mückenabwehrmittel und ein kanadischer Bärenabwehrspray. Allerdings wäre es besser bei Bärensichtung meinen Motor aufheulen zu lassen, denn dann würden Bären die Flucht ergreifen. Zum ersten Mal bin ich für meinen in hohen Drehzahlen laut scheppernden Motor dankbar. Mehr und mehr wundere ich mich auf meiner Fahrt nach Norden jedoch, dass ich keiner einzigen Mücke begegne. Auch auf meiner Scheibe ist nichts zu sehen. Und auch die großen, felligen Gesellen muss ich wohl mit dem Lärm meines Motorrades vertrieben haben. Ich genieße dieses Fahren auf dieser Piste. Irgendwie fühle ich mich wie in einer anderen Welt. Auf dem Dempster Highway allein auf zwei Rädern verändert dich.

Eine ganze Weile fahre ich entlang des Isabel Rivers, der in den Peel River mündet, den ich viele hundert Kilometer später noch einmal sehen sollte. Eben noch verträumt vor mich hinfahrend gilt es plötzlich wieder die volle Aufmerksamkeit der Piste zu widmen. Mehr und mehr tauchen nun schwierig zu meisternde Passagen auf. In den Senken befindet sich Wasser und hat die Piste vom linken bis zum rechten

Fahrbahnrand aufgeweicht. Langsam, ganz langsam, fahre ich im Stehen hindurch. Oft kommt mein Motorrad leicht quer, wenn Vorderrad und oder Hinterrad wegschmieren. Aber ich habe ja Zeit und Dunkelheit ist in diesen nördlichen Breiten zu dieser Jahreszeit nicht zu befürchten. Warum soll ich also wie auf einer Rallye durch heizen. Und so lasse ich es wirklich ganz gemütlich angehen. Das Einzige was mich ziemlich irritiert, ist die Tatsache, dass ich auf diesem kerzengeraden Stück bis an den Horizont die schöne Regelmäßigkeit dieser Schlammlöcher sehen kann. Ich schätze mal, dass es auf den nächsten 10 bis 12 Kilometern nicht besser werden wird.

So vergehen Stunden um Stunden, die ich angestrengt aber auch fröhlich auf dieser Piste unterwegs bin. Außer zwei Lastwagen, die mich mit erhobenem Daumen grüßen, gibt es keine weiteren Begegnungen. Irgendwie scheint um diese Zeit überhaupt nichts los zu sein. Immer wieder stelle ich mein Motorrad ab und genieße etwas, was man schon fast vergessen hat zu genießen, die absolute Stille. Eine große Stille, die nur ab und zu vom Summen einer Biene oder einer dicken Hummel unterbrochen wird. Dies ist das ganz Besondere dieses Highways, dass man, so unglaublich es klingt, die Stille hört. Sogar seinen eigenen Herzschlag hört man wie man ihn noch nie gehört hat. Um ehrlich zu sein, es fällt schwer nach so viel Stille den lauten Motor wieder zu starten und auf die Maschine zu steigen. Doch irgendwann auf dem Weg nach Norden wollte ich doch noch heute mein Etappenziel erreichen. Langsam verlasse ich die Ebene der Schlammlöcher und es geht stetig leicht bergauf. Nach meiner Karte zu urteilen nähere ich mich dem Plateau von Eagle Plains. Aber was sehe ich da? Die gelbe Kontrollleuchte meiner Tankreserve beginnt zu leuchten, ungefähr 120 Kilometer vor meinem Ziel. Aber ich habe ja genügend Benzin dabei. Schnell ist der Kartonkanister von seinen Gurten befreit, vier Liter Benzin fließen langsam in den Tank meiner 650er. Beruhigt und mit genügend Benzin im Tank geht es weiter. Mittlerweile beginne ich an den Füßen zu frösteln, denn meine Socken sind an einigen Stellen feucht. An den trockenen Tagen der vergangenen Wochen hatte ich gar nicht bemerkt, dass meine Stiefel nicht mehr richtig wasserdicht sind. Wie froh bin ich, als ich schon in der Ferne die Relaisstation Eagle Plains sehe. Nüchtern betrachtet ist es ein ausgesprochen hässlicher Ort. Ich sehe ein paar Hallen, eine Werkstatt, zwei Zapfsäulen inmitten von matschigem Gelände, viel verrostetes Wagenmaterial und ein paar Camper Mobile. Aber für mich ist es heute einer der schönsten Orte der Welt. Nach fast 400 Kilometer Piste und gemütlichen zehn Stunden Fahrtzeit durch eine wunderschöne Landschaft bin ich froh an meinem heutigen Etappenziel angekommen zu sein. Und wie, als wäre es aus dem Herzen geschrieben, steht über der Unterkunft des Eagle Plain Hotels: Eine Oase in der Wildnis. Ein weiterer Motorradfahrer ist auch gerade angekommen. Er kommt von Norden und ist von Kopf bis Stiefel ziemlich eingesaut. Er erzählt mir gleich, dass die letzten 50 Kilometer eine einzige Schlammschlacht gewesen wären und er sei froh an diesem Mittelpunkt in der Mitte von Nirgendwo noch ein Zimmer bekommen zu haben. Ich hatte schon mal vorsorglich vor zwei Tagen telefonisch reserviert und freue mich umso mehr, als ich gleich mit Vornamen empfangen werde, als würden wir uns schon ewig kennen. Maggie, so heißt die Rezeptionistin, zeigt mir mein Zimmer und das Restaurant. Und dann muss sie wohl meine leuchtenden Augen bemerkt haben als ich die Bar sehe, worauf sie mit einem leichten Bedauern in der Stimme meinte, die Bar öffnet aber erst später am Abend. Nach dem heutigen Tag bin ich froh aus den nassen Stiefeln herauszukommen und frische Socken anziehen zu können, die trocken sind. Irgendwie knurrt auch mein Magen. Die fünf Bananen, die ich mitgenommen hatte aus Dawson City, hab ich längst auf der Piste aufgegessen. Also schnell noch unter die warme Dusche und ab ins Restaurant. Wie in Kanada üblich gibt es eine umfangreiche Speisekarte, die sich allerdings auf Burger und Fish n'Chips reduzieren lässt. Aber dieser Berg Pommes Frites, den ich für ein paar wenige Dollar erstanden habe, lässt mich erstrahlen.

Vieles ist hier anders. Es gibt keine Stromleitung, keine Mobilfunkverbindung, keine Wasserleitung. Strom wird mittels Dieselgeneratoren erzeugt, WLAN kommt per Direktempfang vom Satelliten und fürs Wasser gibt es eine Quelle. Eigentlich bin ich ziemlich müde, doch nachdem noch ein paar Trucker angekommen sind, genießen wir den Abend am Tresen und ich lausche den Geschichten, die sie erzählen. Als ich etwas schlaftrunken aufwache, höre ich es schon. Es regnet wie aus Kübeln. Das lässt nichts Gutes erwarten. Wie wird sich die Piste entwickeln? Wie lange wird es noch regnen? Kann man überhaupt weiterfahren? All diese Gedanken geistern durch meinen Kopf. Bereits um sieben Uhr morgens bin ich im Restaurant und wecke die Lebensgeister mit einem ersten, dünnen Kaffee und herrlich duftenden, selbstgebackenen Kuchen. Draußen regnet es nach wie vor in Strömen. Was mache ich nun? Weiterfahren? Hier bleiben? Doch die urplötzlich durch die Wolken brechende Sonne macht mir die Entscheidung leichter. Eine halbe Stunde später sind die Wolken verzogen. Die Sonne wärmt bereits wieder und so beschließe ich meine Alukoffer ans Motorrad zu hängen und weiter Richtung Norden zu fahren. Während ich Benzin bis zur Halskrause einfülle, sehe ich ein großes Schild auf dem in roten Leuchtbuchstaben gewarnt wird: Achtung. Schmierige Straße. Ganz, ganz langsam fahren. Auch der Tankwart meint, ich solle die nächsten fünf Kilometer sehr, sehr vorsichtig sein, denn von hier aus geht es nur noch den Berg hinunter. Zwar nur leicht, aber wenn man einmal ins Rutschen geraten würde, ist es vorbei. Mit dem Motorrad sei es jedoch besser. Ich könnte in der Mitte, dort wo es etwas griffiger ist, fahren. Und wie zur

Aufmunterung erzählt er mir noch, dass sie schon einige Trucks und Geländewagen bergen mussten. Kaum, dass ich gestartet bin merke ich gleich, dass die Warnung nicht umsonst war. In den Spurrillen ist es unmöglich zu fahren, ständig muss ich das Vorderrad wieder einfangen. Aber es gibt tatsächlich in der Mitte einen etwa 20 Zentimeter breiten Streifen, auf dem es erstaunlicherweise recht trocken ist und genau auf diesem Streifen lassen sich die nächsten fünf Kilometer recht kommod bewältigen.

Es ist wieder die Stille, diese unglaubliche Stille, die mich bei jedem Stopp auf der Piste fasziniert. Grell und klar leuchtet die Sonne als ich den Polarkreis auf 66 Grad 33 Minuten Nord erreiche. Der Pflichtstopp am Polarkreisschild muss natürlich sein. Auf den weiteren 150 Kilometern ist zwar nichts Aufregendes mehr zu sehen jedoch fasziniert die Landschaft mit grünen Wiesen, im Wind wiegendem Schilf in kristallklaren Tümpeln und diesem braunen Band, welches sich bis zum Horizont erstreckt. Auf einmal geht es nicht mehr weiter. Der Dempster Highway endet an einem Fluss. Es ist der Peel River, einer der Flüsse über die es keine Brücke gibt. Doch ich sehe am anderen Ufer die kleine Fähre, die die Verbindung zwischen den beiden Flussufern herstellt. Ich winke, so hatte man mir es gesagt einfach den Fährleuten am anderen Ufer zu. Und schon setzt sich die kleine Fähre in Bewegung. Unglaublich, nur wegen mir überquert die Fähre den Peel River. Diese Fähre ist kostenlos und fährt den ganzen Sommer. Im Frühjahr und im Herbst ist der Betrieb eingestellt und im Winter kann man den Fluss auf einer Eisstraße überqueren.

Nur zehn Minuten später geht es für mich am nördlichen Ufer weiter ins fünf Kilometer entfernte Fort McPherson. Dies ist eine Siedlung, die ausschließlich von Mitgliedern der First Nations, den Ureinwohnern Kanadas, bewohnt wird. Doch für den Reisenden gibt es eine Tankstelle, einen kleinen Lebensmittelladen und für den Notfall eine Übernachtungsmöglichkeit. Alles ist staubig und trocken, aber ausgerechnet rund um die Tankstelle ist tiefer Matsch. Mein Hinterrad dreht durch und ich erreiche mehr schlecht als recht die erste Zapfsäule. Doch beim Absteigen merke ich gleich, da versinkt Haupt- und Seitenständer. Also lehne ich einfach die Maschine mit den Alukoffern gegen die Tanksäule und fange an zu tanken. Viel geht nicht hinein. Offensichtlich hatte ich in Eagle Plains wirklich randvoll gefüllt. Ich will schon wieder zurück auf den Dempster Highway fahren, als ich im Reiseführer lese, dass es hier eine ganz besondere Stätte gibt. Es ist der Friedhof auf dem die Männer der North-West Mounted Police, der Lost Patrol, beerdigt sind, die im Winter 1910/1911 umgekommen sind. William John Duncan Dempster war damals auf der Suche nach der Lost Patrol, die auf dem Weg zwischen Fort McPherson und Dawson City verschwand. Und genau nach diesem W. J. D. Dempster ist der Highway benannt.

Hinter Fort McPherson wird die Piste trocken und es ist sogar leicht staubig. Ich nähere mich einem wirklichen Höhepunkt auf der Strecke. Es ist der größte Fluss Kanadas, der Mackenzie River. Und auch dieser kann nur mit einer Fähre überquert werden. Diesmal habe ich Glück, die Fähre steht auf meiner Seite des Ufers. Zusammen mit einem nach Kanada ausgewanderten, deutschen Autofahrer geht es über den breiten Mackenzie. So langsam werde ich richtig aufgeregt, als ich das Schild »Inuvik 125 Kilometer« sehe. Bislang war ich heute ziemlich gemütlich unterwegs, doch nun werde ich automatisch schneller und schneller. Die ersten Meter auf Asphalt genieße ich wie ein kleiner Junge. Hier, in Inuvik, endet der Dempster Highway.

Inovik ist die größte Stadt Kanadas nördlich des Polarkreises mit 3300 Einwohnern und wurde erst im Jahr 1954 gegründet. Einst die Stadt der Inuit First Nation wohnen dort heute viele Menschen aus allen Regionen Kanadas. In der Sprache der Inuit bedeutet der Name der Stadt so viel wie »Ort der Menschen«. Der erste Europäer, der diese Gegend erreicht haben soll, war der Forscher Alexander Mackenzie, der hier im Jahr 1789 seine Zelte aufschlug. Nach ihm ist auch der nahe gelegene große Strom benannt. An sich ist der Ort völlig gesichtslos, doch es gibt ein paar Besonderheiten. Dies ist zum einen die 1960 errichtete Iglukirche. »Our Lady of Victory«, die durch ihre Bauform tatsächlich an ein Iglu erinnert. Bemerkenswert ist weiter, dass der ganze Ort auf Pfählen errichtet ist und alle Versorgungsleitungen wie Frischwasser, Abwasser und Strom sind oberirdisch verlegt. Grund dafür ist der Permafrostboden auf dem der gesamte Ort errichtet ist. Würde man konventionell bauen, würden die Häuser, durch die Erwärmung des Bodens, im Erdreich versinken. Trotz dieser Maßnahmen beginnen die Häuser sich zu senken. Millimeter für Millimeter, Zentimeter für Zentimeter. Immer tiefer müssen die Pfähle eingeschlagen werden um den Permafrostboden zu erreichen. Mit Mitgliedern des Deutschen Zentrums für Luft und Raumfahrt, die zufällig im gleichen Hotel untergebracht sind, kann ich das Thema Erderwärmung diskutieren. Deren Messwerte und Aufzeichnungen der vergangenen Jahre zeigen, dass in diesem Gebiet die Durchschnittstemperatur in zehn Jahren um bis zu sechs Grad gestiegen ist.

Bis zum November 2017 endete im Sommer in Inuvik die Fahrt Richtung Norden. Nur im Winter konnte man auf einer Eisstraße 150 Kilometer weiter in den Ort Tuktoyaktuk gelangen. Heute ist es mehr oder weniger bequem möglich bis hinauf ans Polarmeer zu reisen. Früh am Morgen schwinge ich mich aufs Motorrad in Richtung dieses magischen Ortes mit dem lustigen Namen Tuktoyaktuk. Man merkt es der Straße an, dass sie noch recht neu ist, sinkt sie doch an vielen Stellen in den Permafrostboden. Oftmals ist die Schotterpiste nur ein paar Zentimeter höher als die sie umgebende Tundra. Gerade die ersten 50 Kilometer sind von den Spuren der Lastwagen und großer Pickups gezeichnet. Fast nur im Stehen quäle ich mich hindurch. Wenn die Piste so anspruchsvoll ist, hat man leider kaum einen Blick mehr für die Schönheit der umgebenden Landschaft. Beschäftigt mit mir, mit dem Motorrad, mit der Piste, vergesse ich irgendwie Zeit und Raum. Erst als ich vor merkwürdig aussehenden, runden Bergen und Hügeln stehe, wird mir bewusst, dass dies ein ganz besonderes Naturmonument ist. Es sind die sogenannten Pingos. Entstanden sind diese, bis zu 50 Meter hohen Pingos durch das Wechselspiel aus Wasser und Frost. Als ich das Ortsschild Tuktoyaktuk erblicke, ist es, als hätten sich alle Mücken des nördlichen Kanadas versammelt und nur darauf gewartet, über mich herzufallen. Teilweise sind die Mückenschwärme so dicht, dass ich nicht mal mehr richtig die Straße sehe.

Die Stadt Tuktoyaktuk, die in der Sprache der Einwohner Tuktooyaqtuumukkabsi heißt, was so viel bedeutet wie »großes Karibu«, wird aber meist nur ganz einfach Tuk genannt. Sie ist die zweitnördlichste Ortschaft auf dem kanadischen Festland und liegt auf 69°27‘ nördlicher Breite. Da die Siedlung nur rund vier Meter über dem Meeresspiegel, dem Polarmeer, liegt ist auch hier die Erderwärmung ein großes Thema. Eine Folge dieser Erwärmung ist auch, so erzählen mir die Einheimischen, die Zunahme der Myriaden von Mücken im Sommer. So viele Mücken wie dieses Jahr hätten sie noch nie gehabt, sagen sie mir. Und Fische, die sonst in diesen Breiten nicht zu finden sind, gehen ins Netz der Fischer. Seit die Straße nach Tuk ganzjährig befahrbar ist, gibt es auch ein paar wenige Übernachtungsmöglichkeiten und zwei Lebensmittelläden. Sogar ein Souvenirshop hat aufgemacht. Und am nördlichsten Punkt der kleinen Ortschaft, am Schild »Arctic Ocean«, hat man eine kleine Fläche eingerichtet auf der mit dem Camper oder Zelt übernachtet werden kann. An einem anderen Strandabschnitt steht ein Container, aus dem mich eine Inuit Frau freudig heran winkt. Als ich näher komme, sehe ich unter dem Schild »Grandma's Kitchen«, dass sie Burger in allen Variationen anbietet. Für die paar wenigen Touristen, die hier vorbeikommen, hat sie sogar hinter dem Haus, so erzählt sie mir, ein kleines Gewächshaus eingerichtet, in dem sie Gartenkräuter züchtet. Das dürften wohl die nördlichsten Gärtenkräuter der Welt sein. Und in der Tat, mit frischen Kräutern schmecken ihre Burger noch mal so gut. Nur das Essen im Freien macht Schwierigkeiten, denn die Mücken sind mindestens genauso hungrig wie ich. Beim Versuch mit dem Motorrad entlang des Strandes zu fahren, um zu einem Aussichtspunkt zu gelangen, versenke ich gleich zweimal mein Motorrad im Tiefsand. Sofort hilft mir ein Einheimischer, die Maschine wieder aufzurichten. Und dann meint er, ich solle doch am besten das Motorrad stehen lassen. Offensichtlich hat er meine rudimentären Tiefsandfahrkenntnisse gesehen. So schieben wir das Motorrad erstmal in seine Garage.

Dann zeigt er mir sein Quad und erklärt mir, ich könnte das gerne die nächsten Tage benutzen. Als ich dann frage wie ich zu meinem B&B komme, lacht er sich fast kaputt. Da müsste ich nicht mehr weit gehen, denn mein Motorrad würde ja schon in der Garage des B&B, seines B&B, stehen. Einen Geheimtipp gibt's als Begrüßung dazu. Ich könnte mit dem Quad ganz nah an die Pingos heranfahren. Und er würde mir auf einer Karte auch einzeichnen, wie ich dorthin gelangen könnte. Gesagt, getan, schwinge ich mich aufs Quad, die Karte am Lenker fest geklemmt, geht es hinaus in die tiefgrüne Tundra.

Fünf Kilometer südwestlich von Tuktoyaktuk stehe ich dann an einem der über 1000 sich hier befindlichen Pingos. Die meisten von ihnen sind geschützt und dürfen nicht betreten werden. Zu anderen kann ich fahren und darf diese sogar besteigen. Auf nassem und matschigem Boden erreiche ich, was ich mit dem Motorrad nie geschafft hätte, den Fuß eines Pingos. Steil ist der Aufstieg, manchmal auch auf allen Vieren kletternd, mühe ich mich nach oben. Und dann stehe auf einer der höchsten Erhebungen im nördlichen Kanada. Es ist wirklich unbeschreiblich, welche Gefühle so etwas in einem hervorruft. Ich sitze einfach nur da, genieße den Ausblick, genieße die Stille, die Stille, die ich seit dem Beginn des Dempster Highways genießen durfte.

Das größte Geschenk des hohen Nordens Kanadas ist diese Stille. Und doch freut es mich, wenn es wieder auf den Tuk- und Dempster Highway geht. Go south ist dann das Motto.

Malta & Gozo

Eine Reise durchs offene Geschichtsbuch

Das im südlichen Mittelmeer liegende Malta und die Schwesterinsel Gozo sind als Urlaubsziel für Badefreuden oder zum Erlernen der englischen Sprache beliebt. Als Insel zum Motorradfahren hingegen sind sie nahezu unbekannt. Doch die vielen winzigen und zum Teil beachtlich steilen Straßen in den Städten und die nicht weniger winzigen, kurvenreichen und herrlich rumpeligen Straßen in den ländlichen Teilen zaubern ein Dauergrinsen ins Gesicht. Mit meiner Aprilia Tuareg 660 erlebte ich aber auch die geschichtsträchtige Seite der Inseln.

Völlig fasziniert bin ich, als ich mit der Schnellfähre, von Sizilien kommend, in den Grand-Harbour von

Valletta einlaufe. Kaum zu glauben, wie beeindruckend die Stadt aus dieser Perspektive wirkt. Das übliche Chaos gibt es natürlich wieder beim Ausfahren, so dass ich mich zwischen Lastwagen und Autos hindurch mogeln muss um von der Fähre zu kommen. Schnell hat das Navi mein heutiges Ziel inmitten der Altstadt gefunden. Doch in den engen Gassen wirkt es etwas überfordert und die Angaben sind eher unverbindliche Vorschläge. Kreuz und quer geht es, bei Dunkelheit und Linksverkehr, durch die Gassen der Stadt. Nach einer extremen Steigung und der davon im rechten Winkel abgehender Straße, erreiche in meinen anvisierten Parkplatz. Doch wie groß ist mein Erstaunen, als auf dem Parkplatz ein großes Schild steht, dass dieser gefördert wurde aus EU Geldern. Von der EU sind somit auch die vielen Motorrad-Parkplätze gesponsert. Was bin ich froh, das Motorrad endlich stehen lassen zu können, nach über 650 km auf Sizilien, dem Warten am Fährhafen und zwei Stunden Überfahrt steckt die Müdigkeit in den Gliedern. Doch zum Besuch des Freedom Square reicht es dennoch. Stararchitekt Renzo Piano hat hier, besonders mit dem Parlamentsgebäude, ein Meisterwerk geschaffen.

Der Einfluss der verschiedenen Kulturen ist bereits beim Frühstück erkennbar. Couscous, arabischer Honig, dazu maltesische Delikatessen, und natürlich das legendäre Full English Breakfast stehen auf dem Tisch und machen fit für den Tag.

Vielleicht hätte ich ein bisschen später losfahren sollen. Nun stecke ich mitten im dichten Berufsverkehr von Valletta. Eine brisante Mischung aus Neapel und München. Es ist, als wollten alle noch irgendwie ganz schnell hunderte Kilometer zurücklegen. Dabei ist die Insel doch gar nicht so groß, nur 28 Kilometer lang und 13 Kilometer breit.

Zunächst zieht es mich auf die andere Hafenseite von Valletta zu den sogenannten drei Fingern. Von hier hat man eine besonders gute Sicht auf die Altstadt von Valletta, die zur Gänze UNESCO-Welterbe ist. Ich probiere es zunächst im östlichsten Teil in Il-Kalkara, doch ein großes Fort versperrt mir die Weiterfahrt und von Aussicht ist weit und breit nichts zu sehen. Zweiter Versuch, die Stadt Il-Birgu, schon deutlich besser, doch bis ganz an die Landspitze kommt man auch hier nicht. Im dritten Anlauf, in L-Isla, finde ich den wohl schönsten Punkt, direkt am Wasser und mit dem von dieser Seite atemberaubenden Blick über den Grand Harbour hinauf auf die Altstadt von Valletta.

Der Nase nach oder besser gesagt, mit dem Kompass im Navi fahre ich Richtung Südwesten. So gelingt es mir die schmalen und holprigen Straßen mitten durch ländliches Gebiet zu finden, die, direkt am Ufer entlang, nach Wie-il-Ghajn führt. Von der Bucht San Tumas, mit herrlichen Blicken auf das azurblaue Meer, lande ich unvermittelt am Delimara Leuchtturm. Dort geht der Blick hinüber zum pittoresken Fischerdorf Marsaxlokk. Ganz nach rechts darf man seinen Blick allerdings nicht wenden, denn das Kraftwerk ist an Scheußlichkeit kaum zu übertreffen. Doch der Blick auf die Weite des Meers stimmt versöhnlich.

Zurück auf der Hauptstraße komme ich direkt zur Promenade von Marsaxlokk. Es ist noch immer ein wunderschöner Ort, wenn auch am Ufer der Bucht sich ein Touristenlokal ans andere drängt. Doch frischen Frisch und allerlei Meeresgetier gibt es zu moderaten Preisen. Hier, im Hafen, liegen sie auch, die kleinen, bunt bemalten Fischerboote, die auf allen Fotos und Reiseführern über Malta zu finden sind. Die besondere Attraktion ist, dass die Boote einen anschauen, denn auf jeder Seite des Bugs befindet sich ein leuchtend buntes Auge aus geschnitztem Holz.

Die Federelemente der Tuareg haben viel zu tun auf dem Küstenweg, vorbei am vom Tourismus vergessenen Ort Iz-Zurrieq. Es ist schon fast mehr eine Piste. Doch danach gibt's plötzlich besten Asphalt. Des Rätsels Lösung findet sich zugleich am nächsten Hinweisschild, welches zur blauen Grotte hinweist. Offensichtlich müssen viele Buchungen zur Bootsfahrt vorliegen, denn eine Fahrt ist heute und auch morgen nicht möglich. Alles ist ausgebucht. In Anbetracht der etwas rauen See kann ich dies aber gut verschmerzen.

Es ist, als würde man durch ein offenes Geschichtsbuch fahren. Auf der Weiterfahrt entlang der Steilküste lande ich immer wieder in Sackgassen. Nach einem wunderschönen Ausblick heißt es stets zurück zu fahren. Doch die kleinen, verschlungenen und holprigen Wege machen auf dem Motorrad unglaublichen Spaß. Der Wegweiser zu den Dingli Cliffs macht mich neugierig. Direkt an der Uferstraße geht es viele Meter steil hinunter ans Meer. Ganz unten, kurz vor der Brandung, wird sogar noch, wie zu alten Zeiten, Landwirtschaft betrieben. Schade, denke ich, als ein Schild die Weiterfahrt auf der Küstenstraße verbietet. Doch dann lese ich, dass dies nur an Sonn- und Feiertagen gilt. Heute, am Mittwoch, darf man legal diese winzige Straße entlang der Steilküste befahren. Ich bin völlig allein unterwegs, so kann ich immer wieder das Motorrad stehen lassen und mich, mit ziemlich flauem Gefühl im Magen, an den Klippenrand herantasten.

Durch von leuchtend gelben Blumen bewachsenen Mauern beiderseits der Straßen verlasse ich die Küste. Alles ist so eng, dass ich immer hoffe, dass niemand entgegenkommt. Denn ein Ausweichen ist unmöglich. Nach drei Kilometern genieße ich die mittägliche Ruhe in den Städten Ir-Rabat, L-Imdina und L-Imtarfa, immer auf der Suche nach einem kleinen Café. In Ir-Rabat, mitten im Zentrum, bekomme ich im Coffee-Circus-Smile nicht nur einen guten Espresso, sondern als Zugabe eine schöne Aussicht von der Dachterrasse.

Gut erholt und frohgelaunt schwinge ich mich wieder auf den Sattel der Aprilia. Vorbei an den Überresten der Victoria Lines, einem Befestigungswall mit kleinen Forts, die von den Engländern im 19. Jahrhundert errichtet wurden. Historisch viel älter warten nur zwei Kilometer entfernt, bei L-Imgarr, weitere UNESCO Welterbestätten auf mich. Es sind die Tempelanlagen Hagar Qim und Imnajdra. Schon beachtlich, was Menschen vor über 3.500 Jahre geschaffen haben. Dazu noch die malerische Lage inmitten von Feldern und mit dem Blick hinaus auf das Meer. Doch die Sonne brennt erbarmungslos vom Himmel, kein Wind geht und Schatten ist weit und breit nicht zu sehen. So ist es mir im Moment mehr nach einem eisgekühlten Glas Wasser als nach Kultur. Das darf auch mal sein.

Im Navi gebe ich Bugibba ein, um auf die Schnellstraße, die die Insel von Süden nach Norden verbindet zu kommen. Was das Navi mir nun anbietet, ist wirklich atemberaubend. Ein Weg, der nur eine Armlänge breiter ist, als mein Motorrad mit Koffern. Inmitten von Felder, auf denen die Bauern, kaum mechanisiert, ihre mühsame Arbeit verrichten, lande ich immer wieder auf kleinen Höfen durch die der Weg führt. Etwas mulmig ist es, wenn die Hofhunde mitten auf dem Weg liegen. Doch bestenfalls ein Aufziehen der Augenbraue widmen sie mir. Dieses Tingeln über Land kann süchtig machen.

Wie ein Paukenschlag trifft es mich, als ich wieder auf der Hauptstraße Nr. 1 lande. Viel Verkehr auf meist vierspurigen Bahnen, als wäre man in einer Großstadt. So ist der Rest des heutigen Fahrtages schnell erzählt. Es geht auf der Schnellstraße Richtung Valletta, vorbei an den touristischen Hochburgen bis nach Tas-Sliema. Dann wird es ruhiger und vom Segelhafen sehe ich bereits hoch oben die Altstadt von Valletta. Noch ein paar verrückte Kurven, steile Straßen inmitten der Altstadt, und ich bin auf meinem Parkplatz inmitten der Altstadt. Der Rest des Tages gilt es nun, Valletta zu Fuß zu erkunden Auf der nur einen Kilometer langen Hauptstraße, der Triq-ir-Repubblika, wird flaniert und eingekauft. Hier findet sich auch der Großmeisterpalast aus dem 16. Jahrhundert, der nach wie vor für Staatsempfänge genutzt wird. Sehr nachdenklich stehe ich vor der Gedenkstätte für die ermordete Journalistin, Daphne Caruana Galizia. Sie recherchierte zu Korruption in ihrem Heimatland Malta. 2017 wurde sie in der Nähe ihres Hauses durch eine Autobombe getötet.

Es ist Sonntag auf der Insel und so geht es gemütlich zu in Valletta. Keine Lastwagen sind unterwegs und auch sonst scheint die Stadt am frühen Vormittag noch zu schlafen. Da ist es ein Einfaches schnell aus den grauen und gesichtslosen Vororten aufs Land hinaus zu kommen. Nächstes Ziel, welches ich gestern Abend noch recherchiert habe, ist die große Rotunda Kirche von Il-Mosta. Ein riesiger Kuppelbau im Zentrum, welchen man schon von weitem sieht. Doch ganz so einfach, wie ich es mir vorgestellt habe, ist es nicht, sie zu erreichen. Denn immer sind ausgerechnet die Straßen gesperrt, die ich nehmen wollte. Das Navi führt mich in die Fußgängerzone und ist auch keine große Hilfe. Nach einigen Irrfahrten erreiche ich dann doch den Parkplatz am rückwärtigen Teil der Rotunda und wie immer, sind in Malta genügend Motorradparkplätze vorhanden. Die Kirche wurde im Jahr 1860 fertiggestellt und hat den beachtlichen Durchmesser von 55 Metern. Am 9. April 1942 erfuhr die Kirche ihren schlimmsten Moment. Bei einem Luftangriff der Achsenmächte wurden vier Bomben aus einem deutschen Flugzeug rund um die Kirche abgeworfen. Keine explodierte. Eine Bombe durchschlug die Kuppel und landete am Boden. Zu der Zeit waren über 300 Menschen in der Kirche. Doch auch diese Bombe explodierte nicht. An jedem 9. April wird seither von den Einwohnern dieses Ereignis mit einem großen Stadtfest gefeiert.

Wieder fahre ich, meist ohne dem Navi Glauben zu schenken, gegen Westen auf kleinen und kleinsten Wegen. Ziel ist die Il-Prajjet Bucht im Nordwesten der Insel. Hier soll etwas Lustiges zu sehen sein. Entlang der wunderschönen Westküste, natürlich auf den winzigsten zu findenden Pfaden. Auf einem Weg, der auch von Mountainbikes genutzt wird, gelange ich zu der kleinen Bucht in der sich auf der gegenüberliegenden Seite die Popeye Village befindet. Popeye Village, ist die ehemalige Kulissenstadt, die der Regisseur Robert Altman 1979 für den Film

Popeye – Der Seemann mit dem harten Schlag aufbauen ließ. Heute wird der Ort als Freizeitpark genutzt. Viele Touristen, mit vielen Mietwagen, tummeln sich hier und es ist kaum ein Durchkommen.

Ganz im Nordosten finde ich noch das ursprüngliche Malta. Auf dem östlichen Teil der Landzunge L-Ahrax tal Mellieh gibt es eine schöne Bucht an der anderen, dazu das Örtchen Bastion in dem die Uhren deutlich langsamer zu gehen scheinen. Fischer säubern in aller Ruhe den Strand, flicken ihre Netze oder genießen den Tag im Schatten ihrer Boote. Auch die nächste Bucht, die Ramlet il-Qortin ist herrlich anders als die Buchten mit ihren vielen Hotelbauten, die entlang der Hauptküste zu finden sind. Und von all diesen Orten bietet sich ein direkter Blick hinüber auf die Schwesterinsel Kemmuna. Mittlerweile steht die Sonne im Zenit und es wird wärmer und wärmer, um nicht zu sagen, es ist richtig heiß geworden. Und was macht man in diesen Gefilden um diese Tageszeit? Auf gar keinen Fall Motorradfahren oder Wandern oder sonst eine Aktivität, denn jetzt ist Mittagsruhe und die scheint auch allen Malteser heilig zu sein.

Gerade überlege ich mir irgendwo anzuhalten und ein kühles Getränk zu mir zu nehmen, als ich in der Xemxija Bucht, eine ganze Menge Motorräder stehen sehe. Wie ich gleich erfahre, ist das ein bekannter Motorrad Treffpunkt der Insel. Gleich kommt ich ins Gespräch, spricht über dies und das und umringt die Aprilia Tuareg, die auf der Insel noch nicht bekannt ist. Doch als eine junge Dame mit ihrer nagelneuen Fantic Caballero 700 einbiegt, stürzen sich nun alle auf das schicke Motorrad. Die Rückfahrt ist wieder schnell erzählt. Erstmal zurück auf die Schnellstraße Nr. 1, dann noch einmal kreuz und quer durch das Gewirr der kleinen Gassen von Valletta und schon ist mein Parkplatz erreicht. Die Sorge, dass man keinen Motorradparkplatz findet, ist unbegründet. In Valletta sollen, so sagt mir ein Einheimischer, 25 % der Fläche für Motorräder ausgewiesen sein.

Irgendwie wird mir mein Navi unheimlich, hat es mich doch die letzten Tage stets auf die gut ausgebauten Straßen geleitet. Nun gibt es mir Wege und Straßen vor, bei denen ich selbst mit dem Mountainbike Schweißperlen auf die Stirn bekommen würde. Ist da etwa künstliche Intelligenz eingebaut. Manche Strecken sind mit dem vollgepackten Motorrad ziemlich kniffelig und nur im Stehen zu bewältigen. Entlang der Westküste versuche ich mich stets in die eine oder andere Bucht hinunter zu schwingen. Das Schild *Römische Bäder* scheint eine besondere Anziehungskraft auf mein Navi zu haben. Viel zu sehen ist allerdings nicht mehr von dem Ort, an dem einst die Römer im warmen Wasser plantschten. Ich fahre weiter und weiter und weiter und irgendwann sollte ich wieder auf eine größere Straße gelangen. Stattdessen lande auf einem Eselspfad, der mich durch herrlich duftende Lavendelfelder führt, aber nach wenigen hundert Metern endet. Auf einer, gefühlt,

Handtellergroßen Fläche, muss ich umdrehen. Angesichts der recht hohen Temperaturen habe ich jetzt tatsächlich Schweißperlen auf der Stirn.

Nun mache ich keine weiteren Experimente und fahre direkt zum Fährhafen im Norden der Insel. Von hier gelangt man in einer dreiviertel Stunde hinüber zur Nachbarinsel Ghawdex beziehungsweise Gozo, wie es auf dem zweisprachigen Wegweiser aufgeführt ist. Froh bin ich, dass ich im Hafen von L-Imgarr wieder festen Boden unter den Reifen habe, war doch die Seefahrt ziemlich wackelig. Steil und kurvig geht es hinauf in den Ort In-Nadur. Von dort will ich weiter nach Ix-Xaghra um eine besonders schöne Windmühle zu suchen. Auf der zweitgrößten Insel des Archipels geht es deutlich ruhiger zu. Kaum ist man von der Hauptstraße Nr. 1 ein paar Meter entfernt, scheint es, als läge alles in einem Dornröschenschlaf.

Auch vor der beeindruckenden Windmühle Ta-Kola aus dem 18. Jahrhundert ist weit und breit keine Menschenseele zu sehen. Irgendwie habe ich das Gefühl, dass schon die Bürgersteige frühzeitig hochgeklappt worden sind. Ich finde nicht mal ein Café oder eine offene Bar. Aber ich hatte nicht bedacht, dass Mittagszeit ist. So erklimme ich die Tuareg und fahre in das vier Kilometer entfernte Ir-Rabat und suche meine Unterkunft inmitten der doch erstaunlich quirligen Stadt. Die Besichtigung der mächtigen, die Stadt überragenden Zitadelle hebe ich mir für den späten Nachmittag auf, doch wolkenbruchartiger Regen lässt das Unterfangen scheitern. Stattdessen sitze ich gemütlich zwischen Einheimischen und genieße Kinnie. Diese aus Bitterorange und Wermutkraut hergestellte Limonade sieht zwar ziemlich künstlich aus und schmeckt auch etwas gewöhnungsbedürftig, aber erfrischt herrlich. Wieder führt mich das Navi auf kurvenreichen und steilen, man kann fast von Bergstraßen sprechen, hinüber an die Ostküste nach Marsalforn und weiter an die Küste. An den in der Nähe liegenden Salzpfannen, die bereits schon von den Römern zur Meersalzgewinnung genutzt wurden, riecht es nach frischem Tang und Meeresprise. Direkt entlang der Salzpfannen geht es auf einem betonierten Weg entlang der hunderten kleinen und großen, flachen und runden Löcher. Gute Federwege sind hier wieder angebracht, denn der Weg ist herrlich rumpelig. Ich tingle mit abgeschaltetem Navi weiter entlang der Küste und nehmen jeden noch so kleinen Pfad.

Zwei Abfahrten hinunter ans Meer verkneife ich mir jedoch, ist doch nach dem nächtlichen Regen die Fahrt auf polierten Steinplatten hinunter ans Meer zu glitschig. Auf der Weiterfahrt komme ich durch ein tiefgrünes Tal, indem vielerlei Dinge angebaut werden. So steht der Weizen bereits hoch und auf den, am gegenüberliegenden Hang künstlich angelegten Terrassen, wird allerlei Gemüse angebaut. Dazwischen immer wieder Kakteen und Sukkulenten, die zusammen ein paradiesisches Bild ergeben. Ein

Wegweiser zeigt in Richtung des Inlandsees, das hört sich gut an. Plötzlich befinde ich mich auf einer extrem gut ausgebauten Straße mit nagelneuem Asphalt, Mittelstreifen, Randstreifen und allem, was das Straßenbau so hergibt. Mein erster Gedanke, das könnte von der EU finanziert worden sein. Und tatsächlich verkündet kurz darauf ein Schild von der Bezahlung durch die Europäische Union. Doch urplötzlich muss wohl das Geld ausgegangen sein, ist doch das letzte Stück hinunter zum Inlandsee, dem Il-Qawra tad Dwejra im alten Betonstil geblieben. Direkt bis zum azurblauen Wasser kann ich fahren. Dieser See ist etwas ganz Besonderes, ist er doch mit einem 100 m langen Tunnel, unter einer 40 m hohe Felswand, mit dem Meer verbunden. Dieser See und der Meereskanal sind ein Hotspot für alle, die das Tauchen lieben.

Im nächsten Ort, in Ix-Xlendi ist gerade Mittagszeit, mein Magen meldet sich mit leisem Knurren zu Wort und für diese Stunde bin ich viel zu warm angezogen. Was liegt näher als mir an der Promenade ein uriges Restaurant zu suchen. Nur wenige Einheimische sind beim Mittagessen. Auch hier haben die hohen Preise, wie mir der Wirt erzählt, dazu geführt, dass viel weniger Menschen sich ein Mittagessen im Restaurant leisten.

Am nächsten Morgen geht es wieder zurück auf die Hauptinsel. Beim Einfahren auf die Fähre werde ich noch eindringlich darauf hingewiesen, dass ich die ganze Zeit bei der Überfahrt beim Motorrad bleiben soll. Als auch noch die Lastwagen und Lieferwagen mit schweren Ketten verzurrt werden, wird mir dann doch etwas komisch zumute. Kaum haben wir den Hafen verlassen, schaukelt und wackelt die Fähre dermaßen, dass ich schon nach kurzer Zeit Anzeichen der Seekrankheit habe. Da ich nirgendwo einen Gurt oder ein Seil gefunden habe, muss ich das Motorrad selbst festhalten. Da können 40 Minuten im Bauch der Fähre verdammt lang werden. Ziemlich erleichtert bin ich, als ich endlich aus diesem schwimmenden Schaukelstuhl hinausfahren kann und mein Magen wieder zur Ruhe kommt.

Das Navi habe ich abgeschaltet, denn ich will den heutigen, letzten Tag, dazu nutzen kreuz und quer, ohne Plan, ohne Sinn und Verstand, die Insel mit ihren herrlich zu fahrenden Sträßchen zu genießen. Am späten Nachmittag erst erreiche ich Marsaxlokk. Am südlichen Ende der Promenade geht es ruhig zu. Hier wird an den kleinen Fischerbooten gearbeitet, es wird geschliffen, es wird mit viel bunter Farbe lackiert und die Netze werden für den nächsten Fang an Bord gebracht. Und genau hier finde ich ein winziges Lokal, nur vier Tische auf der Terrasse und drei Tische im Innenraum gibt es. Bei einem typischen maltesischen Snack, Pastizzi, gebackene Blätterteigtaschen gefüllt mit Ricotta, Spinat, Erbsen und Kapern, lasse ich den Tag und meine Reise ausklingen.

Peru - Auf den Spuren der Inka

Kaum haben wir die Niederlassung von Touratech von Ivan verlassen, stecken wir schon mitten im chaotischen Verkehr der peruanischen Hauptstadt Lima. Ein Hupkonzert von allen Seiten, doppelt so viele Fahrspuren wie es eigentlich gibt, von Spur zu Spur tanzende Taxis und als Bonbon sozusagen, die unberechenbar fahrenden Dreiräder, ergeben eine brisante Mischung.

Und dabei muss ich mich zunächst an das ungewohnte Fahrverhalten meiner G 650 GS Sertão gewöhnen, denn zum ersten Mal seit fast fünf Monaten in Südamerika bin ich zu zweit unterwegs. Nicht, dass meine Freundin schwer wäre, doch das Mehrgewicht inklusive zusätzlichem Gepäck lässt sich einfach nicht verleugnen.

Zum Glück für mich geht es die ersten 150 Kilometer auf der Panamericana Richtung Süden zunächst kerzengerade- aus. Es ist kühl, der stetig vom Pazifischen Ozean wehende Wind bringt leichten Küstennebel mit. Trotz der Feuchte des Nebels zählt die peruanische Küstenwüste zu den trockensten Gebieten der Erde. Erst nachdem wir landeinwärts in Richtung der Anden fahren, wird es zunehmend grüner. Durch schmuddelige und staubige Dörfer führt uns der Weg, noch immer ohne nennenswerte Kurven, in etwas höher gelegene Landstriche. Weinreben konkurrieren mit Bananenstauden und Palmen um die wenigen fruchtbaren Flächen.

Etappenziel ist das kleine Dorf Lunahuaná, welches fast ausschließlich vom Fluss lebt. Doch es ist nicht der Fischfang, nein es sind River Rafting und Quadtouren, die den Ort boomen lassen. Wir probieren allerdings lieber den hier angebauten Weißwein und den ebenfalls hier gebrannten Pisco, ein leckeres Destillat aus Traubenmost.

Der gesamte nächste Fahrtag bringt Fahrspaß pur. Das Flusstal, durch welches sich unsere Straße zu den Höhen der Anden schlängelt, wird enger und enger. Einspurig, gesegnet mit vielen Schlaglöchern, durch dunkle Naturtunnel, zieht sich die Straße durch erodierte Canyons. Immer öfter fehlt jeglicher Straßenbelag. Am Steilhang klebend, eng und ungesichert, verläuft die Strecke für die nächsten Stunden durch unbesiedelte Landschaften. Und dann mache ich einen Fehler. Ich schaue mir den weiteren Verlauf der Straße an und erschrecke, als ich sehe, wie die Piste an der steilen Felswand klebt, und es direkt neben der Fahrbahn hunderte von Metern senkrecht in Tiefe geht. Ziemlich verkrampft kämpfe ich mich die nächsten Kilometer durch diesen anspruchsvollen Abschnitt.

Dann überschreiten wir die magische Höhenlinie von 4000 Metern. Ein unglaublicher Blick über die weite Andenlandschaft bietet sich uns. Wir erleben große Vicuña- und Alpakaherden und greifen in die Reste des Schnees, der in der vergangenen Nacht auf der 4600 Meter hohen Passhöhe gefallen ist. Gestern herrschten noch über 30 Grad, entsprechend schlottern wir jetzt bei gerade noch vier Grad Celsius. Durch herrliche Serpentinen und unendlich viele Kurven geht es hinunter nach Huancayo, das auf »nur« 3.300 Metern liegt.

Nach einem herrlichen Morgenrot folgen wir der Nord-Süd-Verbindungsstraße 3S, die auf ihrem Weg nach Ayacucho Nervenkitzel pur bietet. Seien es Schlammpassagen, glitschige Wasserläufe oder weiche, aufgeworfene Erdstrecken in Baustellen, Schotterpisten oder übel gepflasterte Ortsdurchfahrten - es gibt nur wenig Zeit zum Ausruhen. Doch selbst in kniffeligen Passagen zieht meine BMW mit ihrem 21-Zoll- Vorderrad souverän durch.

Es ist eine andere Welt, durch die wir nun fahren. Die Gipfel der über 6.000 Meter hohen Andenkette, die wettergegerbten Gesichter der Hochlandbewohner in ihren farbenfrohen Trachten und die vielen freilaufenden Tiere faszinieren uns. In Ayacucho empfängt uns zwar wieder der chaotische Verkehr, doch die Stadt ist ein wahres Kleinod der Architektur der spanischen Kolonialzeit. Drei beeindruckende Kirchen aus dem 16. und 17. Jahrhundert existieren noch.

Auch am Folgetag sind wir ständig auf weit über 4.000 Metern und bei Temperaturen von unter fünf Grad unterwegs. Um die frühe Vormittagsstunde werden die Tiere von den Dörfern auf die kargen Weideflächen getrieben. Es ist ein ganz besonderes Bild, wenn Mensch, Schaf, Kuh und Schwein gemeinsam und ohne Leine den Weg zur Weide an- treten. 2.000 Höhenmeter tiefer heißt es, auf Sommerkleidung umzurüsten, denn nun herrschen wieder deutlich über 30 Grad mi Schattten. Zwischen zahmen Alpakas, Hunden, Enten, Hühnern und drei farbenprächtigen Pfauen lassen wir den Tag auf einer Gästehazienda ausklingen.

In sanften Kurven und Serpentinen erklimmen wir am nächsten Tag wieder Höhenmeter. Zum ersten Mal habe ich Probleme mit der Benzinqualität. Entlang der gesamten Strecke ist das 90-Oktan-Benzin ausgegangen und es gibt nur noch 84 Oktan. Da ich auf dieser Höhe ohnehin schon mit einem Leistungsverlust von 35 bis 40 Prozent zu kämpfen habe, möchte ich meinem Motor diese niedrige Oktanzahl nicht unbedingt antun. Glücklicherweise finde ich in der nächsten Stadt wieder besseren Sprit. Die Landschaft entlang unserer Route zur ältesten, durchgehend bewohnten, Stadt Südamerikas, Ollantaytambo, erinnert uns in Farbe und Panorama an die Toskana, nur sind die schlanken Zypressen durch ebenso schlanke Eukalyptusbäume ersetzt. Unser Motorrad hat nun für einige Tage Pause, ist doch der Besuch der berühmtesten Inkastadt der Welt nur über einen mehrtägigen Trail oder eine Fahrt mit der Schmalspureisenbahn möglich.

Wir nehmen die bequeme, wenn auch ziemlich kostspielige zweite Variante und zuckeln in gemütlicher Fahrt entlang des wilden Urubambaflusses zum kleinen, touristisch ziemlich überlaufenen Ort Aguas Calientes.

Der erste Blick, der sich uns am folgenden Tag auf die auf einem Bergrücken liegende Inkastadt Machu Picchu bietet, ist kaum in Worte zu fassen. Tausendmal haben wir diesen Anblick in Magazinen und Filmen gesehen, doch nun direkt vor Ort zu stehen und die Magie dieses Ortes zu spüren, könnte kaum emotionaler sein. Stundenlang streifen wir über Terrassen, vorbei an Tempelmauern, durch ehemalige Wohnhäuser und Lagerstätten bis uns allmählich die Kräfte in den Beinen verlassen. Es ist schwer, sehr schwer, sich von dieser geheimnisvollen Stätte, von diesem mystischen Anblick zu lösen und wieder mit dem Kleinbus hinunter nach Aguas Calientes zu fahren. Das heilige Tal der Inkas ist in Richtung Süden unspektakulär. Spektakulär hingegen ist die Inka-

Festung Pisac. Schon von weitem sehen wir die riesigen Terrassenanlagen, die sich an die Berghänge schmiegen. Zu Zeiten der Inkas wurden darauf unter anderem Mais, Kartoffeln, Tomaten und Quinoa angebaut. Leider ist dort heute nur noch grüne Wiese zu finden. Authentischer wäre ein Anbau mit den alten Gemüse- und Getreidesorten.

Über einen niedrigen, nur 3.600 Meter hohen Andenpass erreichen wir das Hochtal von Cusco. Bei der Fahrt ins Zentrum der Stadt haben wir Glück, bleibt das übliche Verkehrschaos diesmal aus. Cusco, die einstige Hauptstadt des Inkareiches, erkunden wir trotzdem lieber zu Fuß. Fassungslos stehen wir vor den gewaltigen Mauern einstiger Tempel. Niemand kann sich bis heute genau erklären, wie es möglich war die tonnenschweren Steinblocke so präzise aneinander zu fügen, dass nicht einmal ein Messer in die Fugen passt. Auch die statische Qualität ist einzigartig. So widerstanden diese Mauern nahezu unversehrt mehreren verheerende Erdbeben, während die von den spanischen Konquistadoren erbauten Kirchen einstürzten.

Durch ein saftig grünes Tai, stets begleitet von der Bahnlinie, geht es geradlinig nach Süden. Wieder und wieder sehen wir die Mühsal der Bauern. Wie vor hunderten von Jahren werden die Felder noch mit einem Einscharpflug und zwei kräftigen Ochsen bearbeitet. Auf unserer Zwischenstation in Sicuani tauchen wir in das ganz normale Leben der Landbevölkerung ein, denn dieser Ort hat kaum touristische

Infrastruktur. Doch genau dies macht den besonderen Reiz aus. Mittlerweile gießt es wie aus Kübeln und die Straßen der Stadt füllen sich mit Wasser und Schlamm. Doch am Morgen lacht wieder die Sonne, und wir erspähen um die Mittagszeit das tiefblaue Wasser des auf 3.808 Meter liegenden Titicacasees. Puno, die Stadt am See, ist nun Ausgangspunkt für ein besonderes Erlebnis. Unsere BMW hat Pause, da wir sie auf unserem Ausflug nicht mitnehmen können.

Mit einem winzigen Fischerboot geht es hinaus auf die schwimmenden Schilfinseln der Uros, der Nachfahren der Ureinwohner, der Geschichte länger zurück reicht als die der Inkas. Es ist schon ein komisches Gefühl, auf nachgebendem Schilfboden zu laufen und zu wissen, dass darunter das kalten Wasser des Sees ist. In einer kleinen Schilfhütten übernachten wir mitten auf dem See Eiskalt ist es geworden, doch die kristallklare Brillanz des über uns leuchtenden Sternenhimmels lässt dies schnell vergessen. Von unseren Gastgebern bekommen wir zur späten Stunde noch eine Wärmflasche für die Nacht. Besonders beeindruckend ist, dass die Kinder unserer Gastgeberfamilie wie selbstverständlich über die schmalen, schwankenden Stege zu den Schilfbooten balancieren. Nach drei Tagen ist leider unser Inseltraum auch schon zu Ende und wir reisen zurück aufs Festland.

Wieder zurück im Motorradsattel, verlassen wir die hochgelegenen Landstriche und erreichen Arequipa. Arequipa wird auch oftmals die Weiße Stadt genannt,

da die größeren Gebäude der Stadt und auch die Kathedrale in schneeweißem Weiß erstrahlen. Die Stadt hat sich herausgeputzt. Überall hängen Lichterketten. Kein Wunder, denn wir zur Weihnachtszeit in der Stadt. Auch ein riesiger Weihnachtsbaum und eine lebensgroße Weihnachtskrippe haben sie am Hauptplatz vor der Kathedrale aufgebaut. Tagsüber ist es unerträglich heiß und wir sind froh, dass unsere mehrstündige Führung durch die Stadt im Schatten einer kleinen Bar zu Ende geht.
Jedoch hält uns die Hitze nicht davon ab eine besonderes Kleinod der Stadt noch zu besuchen. Es ist das Kloster Santa Catalina. Es ist eine Zeitreise zurück in das 16. Jahrhundert. Die Klosteranlage die über 400 Jahre nur von Nonnen und deren Bediensteten betreten werden durfte. Die gesamte Anlage ist so groß, das es dort sogar Gassen und Sträßchen gibt, die nach andalusischen Städten benannt sind. Es ist wie eine Stadt in der Stadt. Das Stadtzentrum von Arequipa, mitsamt dem Kloster Santa Catalina, gehört seit 2000 zum UNESCO Weltkulturerbe.

Heiß geht es weiter auf unserer Tour durch Peru. Nächstes Ziel ist die Wüstenstadt Nazca. Die sich hier befindlichen, rätselhaften Scharrbilder und kilometerlangen Linien lassen sich nicht vom Motorrad aus betrachten. In einem höllisch lauten und rappelnden Kleinflugzeug bietet sich hingegen ein überwältigender Blick, auch wenn mein Magen wegen der vielen Turbulenzen und unsanften Flugmanöver rebelliert. Doch davon lassen ich mich zunächst nicht beirren.

Stoisch mache ich hunderte von Aufnahmen aus luftiger Höhe. Doch zurück auf festem Boden ist mir so schlecht als wäre ich stark Seekrank. Auch meine Bärbel hat so ziemlich alle Farbe aus ihrem Gesicht verloren. Erst nach einem ausgiebigen Mittagsschlaf und Stunden später machen wir uns auf um in der nur wenige Gehminuten entfernten Stadt Essen zu gehen. Langsam, ganz langsam geht es uns wieder. Der schwere Kopf hingegen, den wir am nächsten Morgen haben, stammt allerdings ganz eindeutig aus einem zu viel getrunkenen Pisco Sour.

Viele Tage später, am Strand von Punta Hermosa, mit Blick auf die vorbeiziehenden Delphine, lassen wir die vielen Eindrücke dieser vierwöchigen Perutour noch einmal Revue passieren. Bärbel fliegt wieder zurück nach Deutschland, ich hingegen starte das nächste Abenteuer bis in die südlichste Stadt des amerikanischen Kontinents.

Madeira
Viel Frühling mit einer Prise Herbst

Wenn die Wolken zu Hause tiefer hängen, die Temperaturen in den Keller gehen oder einem die Decke auf den Kopf zu fallen droht, dann ist es Zeit einfach mal abzuhauen. Auf zum Seele baumeln und Motorrad schwingen lassen. Was passt da besser als die Insel des ewigen Frühlings, die Insel Madeira, zu bereisen.

Noch sitzt der Schrecken der mächtig ruppigen Landung, auf einem der gefährlichsten Flughäfen der Welt, in den Knochen, als ich mich auf den Sattel meines Motorrades schwinge. Doch der Herzschlag des 311 cm^3 kleinen Einzylindermotors wirkt herrlich beruhigend. Zunächst ist die größte Herausforderung nicht auf die autobahnähnliche Schnellstraße

VR1, die Via Rápida 1, zu gelangen. Hier hilft nur konsequent jeglichen Wegweiser diesbezüglich zu ignorieren. Auch das Umstellen des Navis auf Autobahnvermeidung nützt nichts. Über Santa Cruz, Machico bis nach Caniçal ist wenig Spektakuläres zu erspähen. Nun fängt die Vegetation an sich schlagartig zu verändern. Nichts ist mehr mit immergrüner Pflanzenwelt. Steppengras und Brauntöne bestimmen von nun an die kurvenreiche Fahrt an das östlichste Ende der Insel. Doch auf zwei Rädern ist am Aussichtspunkt nahe der Ponta do Buraco leider Schluss. Weiter geht es nur auf einem schmalen Weg und auf zwei Beinen. Nach wandern ist mir jedoch nicht zumute, lieber lasse ich der kleinen GS auf der mit vielen Kurven und Steigungen garnierten Straße entlang der Nordküste ihren Auslauf. Am Ortsausgang von Faial gilt es erst einmal auf die ER 213 abzubiegen um nicht wieder auf der Schnellstraße und in einem langen Tunnel zu landen. Stattdessen geht es steil hinauf in das auf 529 Meter hoch liegende Santana. An sich ein recht unauffälliger Ort, wären da nicht die kleinen, traditionellen, strohgedeckten und farbig angemalten Bauernhäuschen. Viele davon werden nur noch für Touristen instandgehalten. Wenn man jedoch durch die steilen Straßen des Ortes mit offenen Augen fährt, entdeckt man einige weitere in ihrer ursprünglichen Form.

Gleich frühmorgens führt mich der Weg auf von Blumen gesäumten Straßen erstmal durch die quirlige Inselhauptstadt Funchal, vorbei am Casino der

Stadt. Hier stand einst die Villa der Kaiserin Elisabeth von Österreich die viele Monate ihres Lebens auf Madeira verbrachte. Nur ein Denkmal zeugt von längst vergangenen Zeiten. Durch die Hotelzone der Stadt gilt es die schmale Küstenstraße zu nehmen die in einem ständigen Berg hoch, Berg runter in den pittoresken Ort Câmara de Lobos führt. Bunte, kleine Fischerboote dümpeln im alten Hafen, vor ebenso kleinen und bunten Häuschen.

Nun geht es hinauf in die Berge bis nach Serra de Água. Um nicht im Tunnel zu landen, nehme ich die ER 228, eine Straße die jedem Alpenpass Paroli bieten kann. Und, dass es wirklich in die Höhe geht, merke ich am mehrmaligen Knacken meines Trommelfells. Trotz nur 34 PS ist diese Bergstrecke, mit ihren engen aber flüssig zu fahrenden Kurven zügig zu meistern. Nach ein paar Spitzkehren bin ich am Pass Boca da Encumeada auf 1.007 Metern, als mich unvermittelt eine Sturmbö trifft, die mich fast umwirft. Ein paar Meter tiefer und im Schutz des Waldes, hört man den Sturm nur noch in den Gipfeln der Bäume rauschen. Von nun an geht es nur noch bergab. So richtig Freude kommt nicht auf, denn die Straßen in diesem Teil des alten Waldes werden nie richtig trocken. Dazu liegen überall Laub, Eukalyptusblätter und vielerlei Dreck. Einige Bereiche sind sogar mit sattgrünem Moos bewachsen. Vorsichtig, sehr vorsichtig, schlängele ich mich ins Tal hinunter und erst als ich den Wald hinter mir lasse, erwartet mich ein trockener und griffiger Belag. Zum Aufwärmen und

Ausruhen gibt es in der Taberna von São Vicente erstmal einen starken Bica, den maderianischen Espresso.

Rechts das aufgepeitschte Meer, links der Steilhang, so führt die VE2, die Via Expressa 2, als nahezu einzige Straße nach Westen. Doch ab und an sieht man die alte Trasse, die sich spektakulär am Felshang entlangwindet. So oft es geht, folge ich den stark verwitterten Straßenschildern mit der Aufschrift »Via Antigua«. Viel zu oft ist die Straße jedoch gesperrt oder bewusst blockiert. Im schön am Meer gelegenen Ort Seixal versuche ich die Straße nach Chao Do Ribeira zu finden. Nach einem kurzen Verfahrer finde ich den Einstieg in die ER221, die steil bergan in ein kleines Tal führt. Kurz zuvor muss es wohl geregnet haben, denn mein Hinterrad führt immer wieder einen kleinen Tanz auf. Nach wenigen Kilometern erreiche ich das, von außen völlig unscheinbare Restaurant »Casa de Pasto Justiniano«. Es ist ein kleiner, kulinarischer Geheimtipp, gibt es doch hier die echten Fleischspieße auf Holzstangen wie es früher in Madeira üblich war. Das verleiht dem Grillgut seinen ganz besonderen Geschmack. Etwas weiter das Tal hoch, auf einer Schotterpiste zu erreichen, soll es eine Forellenzucht geben, die als Spezialität gefüllte Forellen anbietet. Doch irgendwie habe ich Pech, alles ist geschlossen. Unvermittelt überrascht mich ein Regenschauer und, da ich in grenzenlosem Optimismus keine Regenklamotten mitgenommen habe, muss ich mich erst mal unter einem großen Baum stellen. Wenige Minuten später scheint die Sonne und der Himmel tut so, als wenn schon immer alles in bester Ordnung gewesen wäre.

Auf der Küstenstraße genieße ich die einzigartigen Panoramen dieser Steilküste. Kurz hinter Ribeira da Janela sehe ich faszinierende Inseln und Felsen im aufgewühlten Meer stehen. Direkt bis zur Küste steuere ich mein Motorrad. Dies hätte ich so nicht tun sollen, denn die erste große Welle erwischt mich und überschüttet mich mit einer kalten Salzwasserbrühe. Bei der Flucht vor den Wellen entdecke ich einen dunklen Tunnel. Es ist der Einstieg auf die »Antiga Estrada Regional 101«. Das weckt natürlich die Neugierde, und da keinerlei Verbotsschild oder Absperrung mich aufhält, stecke ich ein paar Meter weiter in einer unbeleuchteten und nassen Felsröhre. Überall liegt Geröll herum, in der Mitte des Tunnels ist teilweise noch das alte Kopfsteinpflaster sichtbar. Mehr recht als schlecht hoppele ich über Steine und Sand. Nach 50 Metern bin ich dem Schlund entkommen und das Tageslicht hat mich wieder. Was folgt ist ein wirklich spektakulärer Blick auf die Steilküste und die Reste der alten Küstenstraße. Eine Spur, gerade breit genug für ein Motorrad, erlaubt es mir weiter zu fahren. Kein Mensch ist hier, nur der wilde Atlantik, mein Motorrad und ich. Einige Kilometer lässt sich dieser Weg befahren, dann ist aber endgültig Schluss, eine Kette versperrt die Straße.

Zurück in der Zivilisation, in Porto Moniz, sind die Salzwasserschwimmbecken eine Attraktion. Aber allein bei dem Gedanken, ich müsste hier nun schwimmen, erschaudert es mich angesichts der kalten Atlantiktemperaturen. Kurz hinter Santa Maria Madalena, auf der ER101, gibt es die Möglichkeit weiter an der Nordwestküste entlang zu fahren oder hinauf ins Hochland abzubiegen. Ich entscheide mich, da das Wolkenbild im Moment gut aussieht, für die Variante Hochland. Knackige Kurven und Steigungen erfreuen das Herz. Doch es wird kühler und kälter. Meine Griffheizung hat bereits die Stufe zwei im Programm, als mich unvermittelt dicker Nebel umgibt. Wie durch einen Wattebausch fahrend, taste ich mich weiter. Da es auf 1320 Meter Höhe wenig Sinn macht auf Besserung zu hoffen, kann ein Blick in die Karte helfen eine andere Straße zu finden. Und ja, nur wenige Kilometer weiter zweigt die ER 210 Richtung Prazeres ab. Es ist eine kleine, wild geschwungene Straße, gewürzt mit Windböen in Sturmstärke. Aber dafür lichtet sich der Nebel zusehends. Die Temperaturen steigen langsam und auch die Sonne meint es wieder gut mit mir. Doch mittlerweile steht die Sonne schon tief am Horizont und mahnt zur Rückkehr nach Funchal. Ich überrede mein Kurven liebendes Bauchgefühl, nun doch lieber die Schnellstraße zu nehmen, um noch vor Dunkelheit zurück zu sein. So ein wundervoller und abwechslungsreicher Motorradfahrtag verdient auch ein gutes Abendessen.

Bei einem herrlich duftenden Espada, einem schwarzen Degenfisch, garniert mit Batata doce, Süßkartoffeln, und einer Unmenge von leicht angebratenem Knoblauch klingt der Tag aus. Und für den Nachhauseweg schenkt der Wirt noch einen Malmsey, einen typischen Madeirawein, ein.

Die Gunst der Stunde sollte man nutzen, wenn kein einziges Kreuzfahrtschiff im Hafen liegt, um die touristischen Highlights anzufahren. Am Wallfahrtsort Monte vorbei geht es höher und höher, die Straße wird schmaler und schmaler und es macht höllischen Spaß diese Bergstrecke zu erklimmen. Ganz anders als die Tage zuvor schnurrt und jubelt mein kleiner GS-Motor. Fast hat es den Eindruck, dass das 98er Benzin besonders gut zu schmecken scheint. Mit einem breiten Grinsen unter dem Helm lassen sich nun die Bergstrecken flüssig und in ordentlichem Tempo genießen. Am Aussichtspunkt Eira do Serrado, auf 1.094m hat man einen wunderbaren Blick hinunter auf das im Talkessel liegende Dorf Curral das Frairas. Noch mehr freut mich aber, dass ich die alte Trasse, die sich abenteuerlich an den Hang schmiegt, erspähe. Leider versperrt eine große gelbe Leitplanke die Zufahrt zu dieser. Nun ja, dann eben doch durch den knapp zweieinhalb Kilometer langen Tunnel Richtung Curral das Frairas. Gleich hinter dem Tunnelende entdecke ich einen Wegweiser mit der Aufschrift »Capelinha dos Motard's«, das macht neugierig, denn dieses zeigt auf eine Kapelle für Motorradfahrer. Nur wenige Meter weiter ist eine kleine unscheinbare Kapelle in den Fels gehauen. Doch nicht nur der Schutzheilige Sao Rafael befindet sich darin, sondern auch eine alte Honda. Offensichtlich wird sie öfters besucht, denn viele Kerzen brennen. Im Ort selbst erwischen mich mal wieder einige Regentropfen, so dass ich mir erstmal einen Chinesa, einen Milchkaffee in einer großen Tasse gönne. Beim Studium der Karte entdecke ich eine Straße, die nachts gesperrt ist. Wie könnte es anders sein, ruft das förmlich zum Entdecken auf. Und in der Tat, diese Strecke ist so etwas wie das Sahnestückchen auf der Insel. Würde man es nicht besser wissen, würde man glatt meinen man ist irgendwo in den Alpen unterwegs. Da es aber mal wieder geregnet hat, muss ich es leider etwas langsamer angehen lassen. Nach 200 Höhenmetern umgibt mich, fast hautnah, eine dicke Regenwolke. Ich schaffe es gerade noch meine Regenkleidung anzuziehen, bevor es wolkenbruchartig schüttet. Trotzdem, wenn ich schon mal hier oben bin, fahre ich weiter und weiter, wenn auch langsamer und langsamer, im gleichen Maße wie der Nebel dichter und dichter wird. Am höchsten anfahrbaren Punkt Madeiras, unweit des Pico do Areeiro auf 1.818 m Höhe sehe ich kaum noch die Hand vor Augen. Gute 1.000 Höhenmeter tiefer ist der Nebelspuk vorbei. In Monte entscheidet sich das Wetter wieder auf ewigen Frühling zu machen, die Sonne scheint, es ist warm und die Straßen sind trocken. In der Nähe der Südtreppe der Wallfahrtskirche von Monte starten die berühmten Korbschlitten um mit Touristen eine steile Straße hinunter zu gleiten. Was ich nicht wusste, ist, dass es sich um eine für Jedermann befahrbare Straße handelt. So jage ich mit dem Motorrad auf dem Caminho do Monte einfach mal hinter so einem Schlitten her. Beeindruckend mit welcher Geschwindigkeit es den steilen Berg hinunter geht. Die Korbschlitten biegen nach kurzer Zeit links ab, für mich geht es aber atemberaubend weiter steil hinunter nach Funchal. Laut den Cestinhos, den Korbschlittenfahrern, sollen es weit mehr als 30 % Gefälle sein.

Die Sonne scheint, fast keine Wolke am Himmel, es ist warm. Was für ein Tag. Auf dem Weg zum bekannten Aussichtspunkt Cabo Girão verwundert es mich, dass die Sträßchen völlig autofrei sind. Oben angekommen gibt es die Lösung zum Rätsel. Nur eine kurze, gut ausgebaute Verbindungstraße führt von der Via Rápida auf die hoch an der Klippe gelegene Aussichtsplattform. Würde jetzt die Glasscheibe unter mir brechen, ginge es 580 m im freien Fall ins Meer hinunter. Da setze ich mich lieber wieder aufs Motorrad und fahre gegen Westen. Würde ich die Schnellstraße nutzen, bräuchte ich für die 40 Kilometer rund 47 Minuten. Mir gelingt es jedoch, mit einigen Kehrtwendungen, komplett die VE3 zu vermeiden. Über die Dörfer und Ortschaften Ribeira Brava, Ponta do Sol, Estrela da Calheta, Fajã da Ovelha erreiche ich den Leuchtturm Ponta do Pargo und dies nach 60 Kilometer und einer Fahrzeit von fast zwei

Stunden. Doch jede Minute war eine Motorradfahrengenussminute. Hier am Leuchtturm Faro do Pargo geht es nicht mehr weiter, es ist der westlichste Punkt der Insel Madeira.

Was nun folgt ist ein weiteres Sahnestückchen. Es ist eine der schönsten Straßen der Insel, die Verbindung zwischen Ponta do Pargo und Porto Moniz. Kurve an Kurve, durch den Regenwald, immer wieder Blicke aufs tiefblaue Meer, begeistern beim Fahren. Jetzt sind die Gas- und Kupplungshand, der rechte und linke Fuß ständig gefordert. Jedoch auch die Nase ist im Dauereinsatz. Der Duft von Eukalyptusbäumen, Pinien und vielen Blumen überfordert fast die Sinne. Als dann auch noch, es ist Mittagszeit, der betörende Geruch von Holzgrills unter den Helm weht, ist Anhalten fast schon Pflicht. Gestärkt und aufgewärmt lässt sich die Nordküstenstraße noch besser genießen. Heute ist es fast windstill und ab und zu kann auch die Sonne hinter den hohen Bergen ein paar wenige Strahlen auf die Nordküste schicken. Lustig ist, dass man an trockenen Tagen auf manchen Abschnitten der Straßen 10 km/h schneller fahren darf, als auf den Schildern angegeben. Ab Ponta Delgada beginnt dann wieder der Kurvenzauber, der über São Jorge, Santana bis nach Faial führt. Doch das Kurvenballett endet noch längst nicht. Dem Wegweiser Ribeiro Frio folgend geht es wieder steil die Berge hinauf. Als käme der Name Ribeiro Frio, kalter Bach, nicht von ungefähr, wird es ab diesem Ort kälter und kälter. An Anhalten auf dem 1.413 Meter hohen Pass,

Paso de Poiso, ist nicht zu denken. Dicker Nebel, Regen und Wind machen eher Vorfreude auf die Abfahrt am Südhang und die Aussicht auf milde Temperaturen in Funchal. Und tatsächlich, als ich nach einem langen Motorradfahrtag am Hafen ankomme, zeigt das Thermometer angenehme 24 Grad Celsius.

Viele Strecken bin ich nun sicherlich schon ein-, zwei- oder gar dreimal gefahren. Da bleibt mehr Zeit den Blick rechts und links schweifen zu lassen und die schier unglaubliche Pflanzenfülle zu genießen. Pflanzen, die hier in üppigen Dimensionen wachsen und die wir im heimatlichen Wohnzimmer mehr schlecht als recht am Leben erhalten. Am heutigen Vormittag scheint das Wetter auch im Hochland trocken zu sein. Diese Chance will ich nutzen und fahre so schnell es geht nach Serra de Água. Hier zweigt die ER 228 ab, die mich wenige Kilometer später, an der Passhöhe, direkt Richtung Hochland bringt. Zunächst noch kurvig, verändert sich auf 1.500 Meter nicht nur die Vegetation, auch die Straße verabschiedet sich von jeglicher Kurve. Kerzengerade ist sie nun bis zum Horizont. Und auch der Wind frischt auf Sturmstärke auf. Fünf Kilometer hinter der Casa do Abrigo bietet sich die Möglichkeit wieder in tiefere Regionen zu kommen. Zunächst führt die Straße aber rund 12 Kilometer auf Höhen von über 1.000 Meter weiter durch raues Terrain. Ein paar Kurven später bin ich inmitten uralter Lorbeerbäume. Fast mystisch ist die Fahrt durch den, mit Moosen und Flechten überzogenen und von Farnen gesäumten Wald. Auf einem

Feldweg, der in der Mitte mit niedrigem Gras bewachsen ist, versuche ich tiefer und tiefer in diesen verwunschenen Wald einzutauchen. Die Lehmspuren machen es mir nicht leicht voranzukommen, die Belohnung am Ende des Weges könnte jedoch nicht schöner sein. Ich bin inmitten der Stille, der Blick führt hinaus auf das weite Meer und mein treues Motorrad kühlt knisternd ab. Es ist, als würde es sagen, das mit dem Kurvenparadies Madeira machen wir in jedem Fall noch einmal.

Russland für Anfänger

Ein kleines Stück Russland inmitten der Europäischen Union mit dem Namen Oblast Kaliningrad. Visumpflicht und Gerüchte über langwierige Grenzformalitäten schreckten mich und meinen Freund Klaus nicht ab, ein liebenswertes Land mit bewegter Geschichte und eine Stadt der Kontraste zu entdecken.

Etwas mitleidig schaut mich der russische Grenzbeamte unter seiner großen, grünen Schildmütze schon an, als wir uns nun bereits zum zweiten Mal verschreiben. Aber die Einreisekarte ist so klein, dass das Eintragen ziemlich schwerfällt. Offensichtlich hat er unsere Not erkannt und bringt uns ein auf A4-Format vergrößertes Erklärungsblatt. Nun ist er sichtlich zufrieden mit uns, wünscht uns auf Englisch gute

Fahrt und wir dürfen den ersten Schlagbaum passieren. Am nächsten Schalter geht alles zügig und schnell. Mein »Spassiba«, Danke auf Russisch, entlockt der attraktiven Zöllnerin, die bisher keine Miene verzogen hatte, sogar ein zartes Lächeln ab. Nächste Hürde ist die Zollerklärung für Waren und die temporäre Einfuhr der Motorräder. Irgendwie schaffen wir es heute nicht, Formulare fehlerfrei auszufüllen. Wieder bekommen wir ein neues Blatt. Hochmodern wird dann auf die Einfuhrerklärung ein Aufkleber mit QR-Code aufgebracht. Nicht mal 30 Minuten und wir sind durch den Zoll. Vergessen sind all die oft gehörten Geschichten über lange Wartezeiten oder umständliche Abfertigung. Ein cooles Gefühl, erstmals in Russland zu sein. Die fast kerzengerade und gute Straße bringt uns in das 50 Kilometer entfernte Kaliningrad, das ehemalige Königsberg. Linker Hand reicht der Blick bis weit auf das im Sommersonnenlich schimmernde Frische Haff hinaus. In der Ferne lässt sich sogar der schmale Streifen der Frischen Nehrung ausmachen. Links und rechts der Straße reihen sich vernachlässigte Hochhäuser in typischer Plattenbauweise auf mehreren Kilometern Block an Block. Selbst im Zentrum der Stadt finden sich überall diese nicht gerade schmucken Wohnsiedlungen. Nun beginnt für unsere Diva aus Italien, die Moto Guzzi California von Klaus, ein hartes Stück Arbeit. Grober Pflastersteinbelag, herausgebrochene Steine, tiefe Schlaglöcher und sozusagen als Zugabe stark überhöhte Straßenbahnschienen lassen die

Guzzi nur noch im Schritttempo vorankommen. Für diesen Untergrund sind einfach die Federwege deutlich zu kurz geraten. Auf der BMW Adventure merke ich dies nicht so sehr und bin wieder viel zu schnell vorausgefahren. Da ich ihn nicht verlieren will und nur ich ein Navi dabeihabe, warte ich am Straßenrand. Nicht zur Freude aller, denn gerade die großen SUV der deutschen Nobelmarken hupen mich rücksichtslos zur Seite. Welch ein Kontrast erwartet uns nach einem Kilometer, als wir unser Hotel in Kaliningrad erreichen. Im neu erbauten »Fischdorf« stehen historisch nachempfundene Gebäude, die mehrere Hotels, Gaststätten und Bars beherbergen. Selbst eine Art Leuchtturm wurde hier aufgestellt. Und nebenan als Kontrastprogramm, auf der anderen Straßenseite, stehen unzählige marode, aber bewohnte Plattenbauten. Ganz bemüht ist unsere Rezeptionistin um unsere Motorräder. Wir dürften sie sogar in den hinteren Teil der Hotellobby stellen. Aber dies ist dann doch eher für eine kleine 125er möglich und nicht für unsere Dickschiffe. Dafür wird uns ein Platz gleich unter der Überwachungskamera und unter den Augen des hoteleigenen Security-Mannes angeboten. Kaliningrad gilt als sichere Stadt mit hohem Sicherheitsstandard. Heute aber fließt der Wodka in Strömen, denn heute, am Samstag, wird überall in der Stadt Hochzeit gefeiert. Ganze Wagenkolonnen amerikanischer Stretchlimousinen fahren hupend an uns vorbei. Die Oberschicht der Stadt lässt es krachen. Und mehr als einmal muss unser

Security-Mann an diesem Abend verhindern, dass die berauschten Gäste des benachbarten Nobelrestaurants sich an den Motorrädern »erleichtern«.

Gleich morgens geht es zunächst aus dem am Sonntag ziemlich ruhigen Kaliningrad nach Westen zur so genannten Bernsteinküste. Hier wird über 75 Prozent der Weltproduktion an Bernstein im Tagebau gefördert. Doch zunächst wird unsere Guzzi kurz außerhalb der Stadtgrenze mit hervorragendem Asphalt belohnt. Nach 25 Kilometern biegen wir bei Pieralarskje nach Westen ab. Holperig, auf tausenden Flickstellen geht es fast schon romantisch entlang alter Alleenstraßen, gesäumt von brachliegenden Feldern mit wild wachsenden blauen Lupinen, voran. Voran allerdings nur mit einer Geschwindigkeit von unter 50 km/h, denn mehr würden die Zahnplomben von Klaus auf seiner Guzzi nicht mitmachen. Heimlich stelle ich das ESA meiner Adventure von Normal auf Soft und gleite gemütlich weiter. In Jantarny verpassen wir die Abfahrt zum Bernstein-Tagebaubetrieb, sehen dafür aber an der westlichsten Straße im Ort die vielen kleinen alten Häuschen aus deutscher Zeit. Wie verwunschen ducken sie sich unter die inzwischen groß gewordenen Linden und Eichen. Der viel gebrauchte Begriff »hier ist die Zeit stehen geblieben« geht uns durch den Kopf. Da wir die in der Karte weiß eingezeichnete weiterführende Straße wegen des extrem schlechten Zustands bewusst nicht fahren wollen, geht es fünf Kilometer in Gegenrichtung auf die A 192 zurück. Es ist wieder ein Fahren wie in einer anderen Zeit. Kilometerlange Alleen, Dorfdurchfahrten, bei denen uns die Menschen freundlich zuwinken, Dörfer mit uralten Häusern und Bäumen. In der Zeit stehen geblieben sind auch die Straßen in den Dörfern. Oft fehlt auf vielen Metern die alte Bepflasterung. Gelegentlich müssen wir sogar auf den Grasstreifen neben der Straße ausweichen, um nicht in einem dieser großen Löcher zu verschwinden.

Nächster Ort ist das alte Ostseebad Rauschen, das heutige Swetlogorsk. Weitgehend von den Ereignissen am Ende des Zweiten Weltkriegs verschont, finden sich hier viele Häuser und Villen aus dem 19. Jahrhundert, die zum großen Teil liebevoll restauriert sind. In Swetlogorsk kann man, touristisch gesehen, ein Bad in der zu diesem Zeitpunkt noch kühlen Ostsee nehmen oder eine romantische Tretbootfahrt auf dem alten Mühlenteich machen. Das anstehende Tanken stellt uns aber zunächst vor eine Rechenaufgabe. Wie viele Liter Benzin passen wohl in unsere Tanks? Dies muss man wissen, denn anders als bei uns in Deutschland, wird hier im Voraus gezahlt. Zahlen können wir bequem mit Kreditkarte, auch wenn der Betrag, bei einem Benzinpreis von umgerechnet 58 Cent pro Liter 95er Bleifrei, angenehm klein ausfällt. Ab Swetlogorsk führt eine gute Straße ziemlich gerade und unspektakulär durch eine weite Wiesen- und Buschlandschaft zurück nach

Kaliningrad. Im neuen Zentrum der Stadt, am Siegesplatz, erwartet uns fast westliches Flair. Wären da nicht die kyrillischen Schriftzeichen einer bekannten Fast-Food-Kette und die mit goldenen Kuppeln versehene Christus-Erlöser-Kathedrale, könnten wir in jeder anderen Großstadt sein. Fertiggestellt wurde der Platz am Nordbahnhof zum – wie es offiziell heißt – »Kaliningrader 750 Jahre Stadtjubiläum« im Jahr 2005. Ursprünglich sollte es »750 Jahre Kaliningrad-Königsberg« heißen, jedoch hat dies die Moskauer Zentralregierung verboten. Über die neue Einkaufsstraße, den sechsspurigen Leninskiy Prospekt, kommen wir zu einem weiteren Kuriosum der Stadt. Weithin sichtbar erhebt sich die Bauruine eines 16-stöckigen Hochhauses, des Hauses der Räte. Aufgrund statischer Probleme und wegen Finanzschwierigkeiten wurden die Bauarbeiten in den 70er Jahren eingestellt. Laut einer Meldung der deutschsprachigen Kaliningrader Zeitung »Kaliningrad Express« kümmert sich jedenfalls derzeit niemand um den riesigen Klotz inmitten der Pregelstadt. Ab und zu suchen ein paar Obdachlose dort Schutz vor Regen oder Schnee. Nur die Funktelefon- Anbieter haben das Dach des Rätehauses als Antennenträger entdeckt – es ist der höchste Punkt der ganzen Stadt.

Nachdem wir am Vortag unser eigentliches Ziel, die Stadt Zelenogradsk, früher Cranz, nicht mehr erreicht haben, fahren wir früh am Morgen auf dem Stadtring hinaus aus der Stadt. Vorbei am ebenfalls zur 750-Jahr-Feier restaurierten Königstor. Sogar die Köpfe der drei Statuen wurden wieder angebracht, nachdem sie 1945 bei den Kämpfen um die Stadt heruntergeschossen worden waren. Kurz danach beginnt am Stadtrand die neue Autobahn, die einmal den Flughafen und die Städte Swetlogorsk und Zelenogradsk mit Kaliningrad verbinden soll. Eine wirklich perfekte und aufwendig gebaute Autobahn.

Mit der erlaubten Höchstgeschwindigkeit von 110 km/h gleitet selbst unsere italienische Diva entspannt dahin. Doch dann sehe ich, mitten auf der Autobahn, direkt neben der Leitplanke ein großes neues Ortsschild. Irgendwie komisch kommt mir dies hier schon vor. Und irgendwie sagt mein Bauch: Da stimmt was nicht, fahre mal lieber nicht schneller als 50km/h. Und der Bauch hatte Recht. Kaum komme ich über die Kuppe, sehe ich den auf dem Seitenstreifen geparkten Streifenwagen und den auf uns mit der Radarpistole zielenden Polizisten. Da hat doch unsere Urlaubskasse nochmal Glück gehabt.

Zelenogradsk hat sich zum wirklich hübschen Badeort entwickelt. Die Häuser sind fast durchgehend renoviert und haben gepflegte Gärten, es gibt eine kleine Fußgängerzone, und die lange Strandpromeade lädt zum Bummeln ein. Dass hier kräftig investiert wird, sieht man am Ortsrand. Neue, architektonisch durchweg ansprechende Eigentumswohnanlagen schießen wie Pilze aus dem Boden. Allerdings zu Preisen, die nur für besser Verdienende erschwinglich sind. Alles macht hier einen exklusiven Eindruck, sogar das Geländer der Uferpromenade ist aus teurem Edelstahl. Vor der Promenade er- streckt sich der zwar schmale, dafür aber kilometerlange, blütenweiße Sandstrand. Bei moderaten Temperaturen liegen heute viele Menschen in der Sonne und genießen die wärmenden Sonnenstrahlen. Allerdings nur wenige Mutige stürzen sich in die kühle Ostsee. Außerhalb von Zelenogradsk zweigt die Straße zum Nationalpark und UNESCO-Weltkulturerbe der Kurischen Nehrung ab. Ausgerechnet heute wird an der Zufahrtstraße gebaut. Ich schaue besser nicht zurück, wie mein Freund mit der Guzzi und der Straße kämpft. Nach knapp vier Kilometern Wegstrecke haben wir den Eingang zum Nationalpark erreicht. 130 Rubel müssen wir pro Fahrer und Motorrad bezahlen, bar und genau passend. Der Versuch, einen größeren Rubelschein zu wechseln, endet mit lautstarkem Protest der Dame an der Kasse. Ich versuche es noch mit viel Lächeln und russischen Höflichkeitsformen. Sie versteht mich zwar bleibt aber eisern bei ihrer Vorgabe zur Rubelgenauen Bezahlung. Neben der Kasse warnt ein großes Hinweisschild vor den Gefahren der Nehrung, den Wildschweinen und den Zecken. Fast nur kerzengerade führt die schmale Straße entlang der Nehrung durch dichten Baumbewuchs. Will man etwas von den großen Sanddünen sehen oder einen Blick auf das Haff genießen, muss man anhalten. Nach dem Erklimmen der Sanddünen hat man einen grandiosen Blick auf diesen fast unendlich scheinenden Sandstrand. Soweit das Auge nach Süden und nach Norden reicht, nur Sandstrand. Und von ganz wenigen Stellen abgesehen völlig menschenleer. Nach 45 Kilometern erreichen wir das kleine Dorf Rybachy, übersetzt so ungefähr wie Fischdorf. Das frühere Rossitten ist immer noch ein kleines, romantisch verschlafenes Dorf. Bis auf ein teures Hotel vom Tourismus weitgehend verschont, bietet sich Rybachy durch die geschützte Lage am Haff als ruhiges Urlaubsdomizil an. An Unterkünften mangelt es nicht, denn viele Familien bieten Privatunterkünfte, sogar mit Vollpension, an. Um die Mittagszeit knurrt uns natürlich der Magen. Gegenüber der Bushaltestelle sehen wir ein paar Bierbankgarnituren unter den roten Sonnenschirmen einer einheimischen Brauerei und einen kleinen Kiosk. Der kleine Kiosk entpuppt sich als wahres Paradies für Freunde geräucherten Fischs, angefangen von Aal bis zu großen Makrelenstücken. Auch eine besondere Delikatesse finden wir hier: geräucherten Salm. Einfach nur lecker und meisterhaft geräuchert, außen wie innen gleich zart. Kurioserweise sind alle Schilder neben der kyrillischen Bezeichnung auch in Deutsch ausgewiesen. Wohl deshalb treffen wir hier auch auf eine vierköpfige österreichische Herrengruppe, die mit Bus, Taxi und zu Fuß von Tallinn nach Warschau unterwegs ist. Und wir lernen eine ältere Dame aus Frankfurt kennen, die hier ihren vierwöchigen Urlaub verbringt. Das wäre uns allerdings dann doch ein wenig zu viel Einsamkeit. Mit ziemlich fettigen und nach Räucherfisch riechenden

Händen machen wir uns wieder auf den Weg zurück nach Kaliningrad. Da hier im Sommer die Sonne spät untergeht, bleibt uns noch viel Zeit, unseren letzten Tag in dieser Stadt der Gegensätze ausklingen zu lassen.

Geplant haben wir vor die Grenze nach Polen bei Bagrationowsk, früher Preußisch Eylau, zu passieren. Kaum Verkehr in Richtung der Grenze lässt uns auf eine schnelle Abfertigung hoffen. Diese Hoffnung wird jedoch jäh zerstört, als wir die lange Schlange der wartenden Pkw sehen. Zunächst mogeln wir uns ein wenig nach vorne durch. Aber nachdem wir sehen, dass heute erst einmal nur Busse und Lkw abgefertigt werden, überlegen wir uns eine andere Alternative. Uns fällt der erst im November 2010 neu eröffnete Grenzübergang Mamonowo II ein. Ein Umweg von nicht einmal 30 Kilometern. Kurz entschlossen wenden wir die Motorräder und biegen kurz hinter Bagrationowsk linker Hand auf eine kleine Nebenstraße ein. Ob wir das dürfen, wissen wir zwar nicht genau, denn eigentlich müsste hier noch die grenznahe Sperrzone sein, aber nachdem uns kein Hinweisschild aufgefallen ist, fahren wir entspannt weiter. Und sind dankbar für den Stau vor dem Grenzübergang. Ohne ihn hätten wir nie die schönsten Alleestraßen unserer ganzen Reise durch die Oblast Kaliningrad gesehen. Kilometerlang ziehen sich die Straßen mit leichten Windungen durch die hügelige Landschaft. Vorbei an den Dörfern Lermontovo, Slavskoje und Medovoje. Strahlend scheint die Sonne durch die Blätter der Alleebäume. Einziger Wermutstropfen ist, dass wir bei diesen Lichtverhältnissen die Schlaglöcher kaum ausmachen können und mehr als einmal kräftig durchgeschüttelt werden.

Aus den fahrerischen Träumen reißt uns an der nächsten Straßenkreuzung unsere erste Polizeikontrolle. Scheint aber eher eine Lehrstunde für den jungen Polizeikollegen zu sein, denn der Polizist möchte nur unsere Grüne Versicherungskarte sehen und zeigt immer wieder auf das Kürzel RUS. Militärisch akkurat und höflich werden wir verabschiedet und biegen dann auf die neue, kerzengerade Straße Richtung Mamonowo II ein. Links neben uns befindet sich noch das alte Betonband der ehemaligen Reichsautobahn Nr. 1, die mit Unterbrechungen einst von Berlin nach Königsberg geführt hat. Nach zehn Kilometern endet die neue Asphaltdecke, und wir fahren direkt auf den aus der Vorkriegszeit stammenden, alten Betonplatten. Einerseits, historisch bedingt, ein komisches Gefühl, andererseits erstaunlich, wie komfortabel wir darauf fahren können. Nach weiteren zehn Kilometern erreichen wir den neuen, großzügig dimensionierten Grenzübergang. Freundlich werden wir zunächst am Warenausgangszoll kontrolliert. Ein kurzer Blick in die Alu-Boxen, und schon dürfen wir zur Passkontrolle weiter. Am letzten Schlagbaum in Russland winken uns zwei hübsche Zöllnerinnen durch und verabschieden uns mit einem herzlichen »Do Swidanja«.

Ziemlich kurvig

Die Costa Brava, ein wilder Küstenabschnitt im Norden Spaniens, am Fuße der Pyrenäen, lädt nicht nur den sonnenhungrigen Badetouristen, sondern auch den kurvenhungrigen Motorradfahrer zu einem Besuch ein. Die wilde Küste macht ihrem Namen alle Ehre. Mit voller Wucht treffen mich die Organböen des berüchtigten Tramuntana Sturmwindes am Col de Baitros, dem Grenzpass zwischen Frankreich und Spanien und dem Beginn eines der schönsten Küstenabschnitte im Norden der iberischen Halbinsel, in Katalonien. Es ist so laut, dass ich nicht einmal mitbekomme, wie es meine schwere 1200er BMW, auf dem Seitenständer stehend, ganz einfach umweht. Sie wieder aufzurichten gelingt mir gegen den Wind nicht einmal im Ansatz. Nur mit Hilfe der, ebenfalls vom Wind flach auf die Straße geworfenen, beiden

Mountainbiker schaffen wir es. Und beide müssen mich, bis ich mit Vollgas losfahren kann, auch stabilisieren, sonst würde ich sofort wieder umfallen. Nur wenige Meter die Passstraße hinunter und ich bin im Windschatten der Berge. Es ist als würde nur ein sanfter Wind wehen, während draußen auf dem aquamarin blauen Meer die Gischt über die Schaumkronen der Wellen peitscht. Port Bou, die nächste kleine Stadt ist etwas für Technik interessierte und Eisenbahnfans. Auf den vielen Geleisen werden bei nach Frankreich durchfahrenden Zügen und Güterwagons die Achsen gewechselt oder angepasst. Denn im Gegensatz zu fast allen Ländern Europas hat die Eisenbahn eine andere, eine breitere Spur. Eigentlich, ja eigentlich sollte ich die alte Trasse über den Bergrücken in Richtung Süden nehmen. Geprägt vom Schock über meine eigene Dummheit - man stellt kein Motorrad bei starkem Wind quer zur Windrichtung - nehme ich die Tunnelvariante. Doch es sind noch genügend Kurven-, Gefälle- und Steigungsstücke übrig für einen gemütlichen Kurventanz. Die Straße windet sich so spektakulär die Küste entlang als wäre es ein Alpenpass den man einfach ins Wasser gesetzt hätte. Direkt am Ortseingang von El Port de la Selva zweigt eine steil den Berg hinauf führende schmale Straße ab. Sechs Kilometer auf immer schlechter werdender, meist einspurigen Trasse, heißt es aufpassen. Die schweren Regenfälle der Nacht haben an den unmöglichsten Stellen, Sand, Kies und Steine auf die Ideallinie gespült. Belohnt wird die Fahrt durch einen weitreichenden Blick auf Meer, hinüber nach Frankreich und in die Bucht von Roses. Am ehemaligen Kloster San Pere de Rodes ist dann allerdings Schluss. Das Benediktinerkloster aus dem 10. Jahrhundert bietet mit seiner exponierten Lage einen unvergesslichen Blick weit auf das Meer hinaus und über das sich im Osten anschließen Kap. Mit Bedacht geht es wieder hinunter ins touristisch noch einigermaßen verträgliche La Selva. Das Schöne am Motorradfahren an der Costa Brava ist auch, dass man meist bis direkt in den Ort oder zum Hafen fahren darf, wo für die Zufahrt mit Autos schon längst Schluss ist. Dazu gibt es ausgewiesene, kostenfreie Abstellplätze. Eine gut ausgebaute mit sanften Kurven versehene Straße führt durch das Küstengebirge in Richtung Cap de Creus. Am Ende der Straße wartet ein besonderer Ort. Cadaqués, oft auch als die weiße Stadt bezeichnet, hat ihrer beengten Lage zwischen den im Norden, Osten und Süden aufragenden Bergen und dem im Westen begrenzenden Meer es zu verdanken, dass der Ort nicht mit großen Hotelbauten verschandelt wurde. Direkt am kleinen Strand parke ich meine BMW, genieße in einer der unzähligen, kleinen Cafés einen starken Cafe Solo, einen spanischen Espresso. Genieße das Schaukeln der bunten Fischerboote und den Blick auf das in der Sonne glitzernde Meer. Solchermaßen gestärkt mache ich mich auf die Spuren des Malers und Künstlers Salvator Dalí, einer der Hauptvertreter des Surrealismus. Ich finde sein Haus ganz in der Nähe, in der Bucht von

Port Lligat. Schon von weitem sind die riesigen weißen Eier auf dem Dach des Hauses zu sehen, welches heute ein Museum über das Leben und Wirken des Meisters beinhaltet. Wer noch mehr über und von Dalí erfahren möchte, sollte in das dreißig Kilometer entfernte Figueres fahren und dort das von ihm noch zu Lebzeiten errichtete Teatre-Museu besuchen. Mich jedoch zieht es hinunter in die Bucht von Roses, während ich dabei die wohl von einem Motorradfahrer konstruierte Straße genieße. Irgendwie ist der Spagat zwischen zügigem Fahren und dem Genießen der Landschaft gerade auf solchen Strecken nicht einfach. Schwinge ich zügig die Kurven, sehe ich kaum etwas von der faszinierenden Gegend. Fahre ich im langsamen »Landschaftsgenießen« Modus, fehlt mir das rasante Kurvenschwingen. Doch ich finde die Lösung. Einmal befahre ich die Strecke im Cruisermodus, dann drehe ich um und fahre noch einmal die gleiche Straße im Racingmodus.

Ab dem Küstenort Roses ist es zunächst einmal vorbei mit Kurven und Bergstrecken. Im Schwemmland des La Muga Flusses gibt es nur gerade Straßen. Doch dort finde ich sie noch, die kleinen, verträumten Dörfer, die vom Massentourismus verschont sind. Dorfbewohner sitzen laut schwatzend und heftig diskutierend in den winzigen Bars, In den engen Gassen flattert die bunte Wäsche auf Leinen die quer über die Straße gespannt sind. Mein nächstes Ziel ist die antike Ruinenstätte von Empùries. Auch die Griechen und Römer wussten schon wo es schön ist. An einer malerischen Bucht gelegen, ankerten seit dem 5. Jahrhundert die Handelsschiffe. Diese sind zwar nicht mehr vorhanden, doch die gut restaurierten Mosaik Fußböden der Tempel und Villen lassen die Geschichte lebendig werden. Nach einigen Stunden schattenlosem Schlendern durch die Geschichte zieht es mich außerhalb des Geländes hinunter an den Strand wo ich im Schatten der Bäume erstmal einen Mittagsschlaf mache. Fast schon etwas fröstelnd wird es Zeit wieder die Maschine zu starten. Denn heute möchte ich noch den großen Strand von L'Estartit besuchen. Luftlinie sind es von Empúries dorthin nur acht Kilometer, doch dazwischen liegt ein Bergrücken ohne Straßen, so dass es 22 Kilometer zurück zu legen gilt. Vom alten Charm des Ortes ist nichts mehr übriggeblieben. Doch der Strand ist wirklich überwältigend. Er ist so breit, dass man sogar einen Teil davon als Parkplatz nutzt. Für nicht zu Seekrankheit neigende Besucher bietet sich an, die vorgelagerten, unbewohnten Inseln Medes, per Boot zu besuchen. Meiner Schwäche bewusst, verzichte ich aber lieber. Lieber sitze ich auf dem nicht schwankenden Sattel meiner Maschine. Gerade abends, wenn die Tagestouristen längst wieder in ihren Hotels sind, ist das Schlendern durch das mittelalterliche Pals zu empfehlen. Dort, wo sich tagsüber Busladungen von Besuchern durch die wenigen engen Gassen zwängen, ist es nun kurz vor Sonnenuntergang, ruhig geworden. Üppige Blumenpracht mit leuchtend roten Geranien säumen die alten Sandsteinmauern. Schade, dass sie nicht erzählen können was sie alles in den vergangenen Jahrhunderten gesehen und erlebt haben. Bei einem frisch gezapften, einheimischen Bier, dem Blick in die untergehende Sonne gerichtet lasse ich diesen ersten Fahrtag sanft ausklingen. Von Pals nehme ich am nächsten Tag die Straße Richtung Westen, zunächst dem Wegweiser »Golf Playa de Pals« folgend. Nicht weil ich zum Golf spielen möchte, sondern weil es dort an der Küste viele kleine romantische Buchten gibt. Es ist nicht leicht die richtige Straße entlang der Küste zu finden. Oft, sehr oft, lande ich in Sackgassen. Und auch das Navi weiß meist keinen Rat. Nicht nur der intensive Pinienduft lässt meinen Blutdruck in Wallung bringen, es sind vor allem die extrem engen Spitzkehren und das Wenden der Maschine an Steilhängen. Doch irgendwann habe ich es nach Aiguafreda geschafft und strecke erstmal, in der gleichnamigen Bucht, meine heißen Füße in das kühlende Nass des Meeres. Höhenmeter mache ich an diesem Tag sehr viele, heißt es doch auf meinem weiteren Weg, immer wieder von den kleinen Stränden die schroffen Küstenhügel hinauf zu fahren um in die nächste Bucht zu gelangen. Zeit wird bei dieser Fahrt relativ. Ich finde mit viel Mühe den Verbindungsweg hinunter nach Fronells de Mar, Tamiriu und weiter nach Callela de Palafrugell. Direkt an der Uferpromenade gönne ich meiner Kupplungshand eine Auszeit. Verträumt schaue ich auf das Meer hinaus als mich ein älterer

Gast des Restaurants anspricht und sagt, dass er auch mit dem Motorrad unterwegs sei. Dabei deutet er auf die alte, feuerrote Montesa, die auf der anderen Straßenseite steht. Sichtlich stolz ist er auf sein katalonisches Motorrad, welches einst in Barcelona gebaut wurde. Bereits seit 1985 sei Montesa allerdings nicht mehr selbstständig und gehöre zum Honda Konzern, fügt er hinzu. Und dann sagt er mir noch, dass er nur am Sonntag seinen Oldtimer ausfährt, ansonsten sei er mit einem großen Roller unterwegs, von Honda. Ab Callela de Palafrugell gibt es nun keine am Meer verlaufende Möglichkeit direkt entlang zu fahren. Über den Hauptort Palafrugell führt eine teilweise vierspurig ausgebaute Schnellstraße zur nächsten größeren Ortschaft, Palamós. Doch zuvor lohnt sich ein Abstecher zu den Badebuchten von La Fosca. Um zur Cala S'Alguer, El Castell, Cala Cabertera oder Cala Canyers zu gelangen, heißt es das Motorrad abzustellen und fünf- bis achthundert Meter zu Fuß zurückzulegen, denn eine Absperrung kann nicht umfahren werden.

Palamós, eine Ortschaft mit rund 18.000 Einwohner hat drei Gesichter. Erstens, der riesige, sichelförmige und fast zweieinhalb Kilometer lange Sandstrand mit der üblichen, touristischen Infrastruktur. Zweitens der alte Ortskern, mit den engen Gassen und dem intakten Leben der einheimischen Bevölkerung. Und drittens, der Fischerhafen. Das Hereinkommen der Fischerboote zwischen vier und fünf

Uhr nachmittags sollte man sich nicht entgehen lassen. Die Fischversteigerung findet zwar mittlerweile hinter verschlossenen Türen statt, doch die in der gleichen Halle befindlichen Verkaufsstände bieten den Fisch, im wahrsten Sinne des Wortes, fangfrisch an. Ganz in der Nähe befindet sich auch das einzige Fischereimuseum des Mittelmeerraumes. Wer seefest und Frühaufsteher ist, sollte das Angebot nutzen und auf einem echten Fischtrawler mitfahren um den Fischfang auf dem Meer live mitzuerleben. Da ich vor allem nicht seefest bin, steige ich doch lieber auf den Sattel meiner Maschine. Immer Richtung Süden durchquere ich den rein touristischen Strandort Platja d'Aro. Wer Lust auf Shopping hat kann sich hier auf zwei Kilometer beiderseits der Hauptstraße austoben. Den nächsten Ort, Sant Feliu de Guixols, obwohl mit einer netten kleinen Strandbucht gesegnet, streife ich nur.

313 murmle ich in den Helm als ich das Ortschild von Lloret de Mar passiere, 313 Kurven. Dieses Sahnestück der Costa Brave beginnt direkt im Ort Sant Feliu. Schon wenige Meter nach den alten römischen Thermen geht es kurvig und steil den Berg hinauf. Obwohl die Straße gut ausgebaut ist muss ich mich konzentrieren, denn hier ist er wieder, der Spagat zwischen Sightseeing und Kurvengenießen. Bei dieser Berg- und Talfahrt und dem nicht endenden Kurvengeschlängel würden auch Alpenpassstraßen neidisch werden. Und eines könnten sie nicht bieten,

diesen ständigen Blick in Buchten mit aquamarinfarbenem Wasser. Wer will kann auf steilen Fußpfaden dort dem Badevergnügen nachgehen. Plötzlich sehe ich nur noch rot. Aus heiterem Himmel vollführt das vor mir fahrende Auto eine Vollbremsung. Gleich darauf stürzen die Passagiere heraus um sich im Gebüsch des Frühstücks zu entledigen. Angesichts der schier unendlichen Kurven verwundert mich dies allerdings nicht. Nach 22 Kilometern laufe ich im Städtchen Tossa de Mar ein. Zwischen steil abfallenden Klippen spiegelt sich in der kleinen Bucht die alte Stadtbefestigung mit der Festungsanlage Sehr romantisch ist dieses Fleckchen schon gestehe ich mir ein. Offensichtlich dachte dies auch der Maler Marc Chagall, der diesen Ort in den 1930er Jahren zu seinem Motiv machte. In der Nebensaison lässt es sich aushalten, in der Hauptsaison platzt der Ort aus allen Nähten, verzehnfacht sich doch im Sommer die Einwohnerzahl. Eine deutlich breitere, jedoch immer noch sehr kurvenreiche Straße führt mich weiter nach Lloret de Mar. 313 Kurven liegen hinter mir.
Vor mir liegt nun ein schmaler, kleiner Strand, eine verstopfte Promenadenstraße und ein Hotel, Restaurant und Souvenierladen am anderen. Auch dies ist ein Teil der Costa Brava. Noch elf Kilometer zieht sich dieser extrem touristisch erschlossene Küstenstreifen hin. An der Mündung des Flusses La Tordera, südlich des Ortes Blanes, endet ziemlich unspektakulär die wilde Küste. 313 geistert es mir durch den Kopf.

Ich fahre zurück mit Kurs Nord, noch einmal durchs Kurvenparadies am Meer. 311, 312, 313, ...

Teneriffa & La Gomera
früh im Frühling

Geheimtipps auf Teneriffa zu finden ist schwierig. Doch wenn man mit einem seit über 30 Jahren dort lebenden Auswanderer unterwegs ist, lässt sich das eine oder andere wenig bekannte Fleckchen oder Restaurant entdecken. Noch ist es etwas kühl am Morgen als wir aus der Touristenretortenstadt Playa des Las Americas heraus fahren. Endlich haben wir auf der Straße nach Norden den touristischen Speckgürtel hinter uns gelassen und tauchen ein in eine andere Welt. Es ist nicht nur die kurvenreiche Bergstraße, es ist auch das ganz normale Leben der Einheimischen welches es zu genießen gilt. Willi van Bebber, mein Insider, fährt mit seiner 1200 GS ziemlich flott voraus, so dass ich Mühe habe mit zu halten.

Einen ersten Stopp machen wir am Aussichtspunkt Mirador de la Centinela. Weit reicht der Blick über den südlichen Teil der Insel. Mittlerweile sind wir am Südhang der Corona Forestal, des alten Kraterrandes eines früheren Vulkans, angekommen. Kühn schmiegt sich die schmale Straße an diesen. Doch Wille folgt der TF-28 Straße nicht weiter nach Norden, sondern biegt im Ort Granandilla de Abona unvermittelt auf ein winziges Sträßchen ab, welches mein Navi nur als »Unbekannte Straße« kennt. Kaum breiter als ein Eselkarren mündet der Weg im Weiler Cruz de Tea. Ein paar Häuser, ein Laden, eine Kneipe. Ein wahres Kurveneldorado führt weiter hinauf in Richtung des höchsten Berges Spaniens, des Vulkans Teide. Wieder unvermittelt biegen wir links auf die TF-563 ab. Diese dreistellige Straßennummern versprechen stets Kurvenspaß pur. Und mehr als einmal schleifen meine Stiefel am Boden. Vorbei an San Miguel de Abona beginnt in El Roque der Kurvenzauber bergauf. Niemand ist auf diesen Straßen unterwegs. Als wir nach kurzer Zeit das Innere des großen Vulkankraters auf über 2.000 Metern erreichen, sehen wir, dass wir Nichts sehen. Der Teide ist nur schemenhaft zu erkennen. Doch beeindruckend ist die unmittelbare Umgebung. Mitten durch das schwarze Lavafeld, übrig geblieben von einem Ausbruch des Jahres 1798, führt die Straße. Bis zum Mirador de Chio bleibt es unwirklich, steinig und pechschwarz. Wir folgen dem Wegweiser in den Ort Arguayo, ein Ort mit einem besonders pittoresken Stadtbild und einem kleinen Marktplatz, der nicht nur aussieht als stamme er aus einer längst vergangenen Zeit, sondern dessen Bausubstanz tatsächlich historisch ist. Auf Nebenstraßen fahren wir nun durch Mandelbaumwälder. Viel ist von der berauschenden Blütenpracht nicht mehr übrig. Auch hier ist der Klimawandel festzustellen, dauerte doch die Blütezeit früher bis in den April ist diese heute schon Ende Februar fast zu Ende. Nur wenige Kilometer entfernt, am südlichen Ortsausgang von Chio, stoppt Willi. Delicias del Sol steht in großen Lettern über dem Eingang. Das ist einer der Geheimtipps meint er. Seit 1997 produzieren, ein aus Deutschland stammendes Paar in ihrer Manufaktur Marmeladen, Chutneys, Sambals und die für die Kanaren so typischen Mojos. Alles in rein handwerklicher Qualität. Mittlerweile hat die Manufaktur leider die Herstellung der Köstlichkeiten aufgegeben. In Tijaco Bajo führt ein schmaler Weg steil den Berg hinauf nach Tijaco Alto. Kurz vor dem Ort stürzt die Straße förmlich in die Tiefe, hinab in den Canyon de Barranco. So tief ist die kleine Schlucht, dass der Lärm der nahen Hauptstraße und der neuen Autobahn zurück bleibt.

Am nächsten Morgen folgt glatter Asphalt der TF 523, die steil am Kraterrand hinauf führt. Kurve an Kurve, Schnelle, Langsame und Knifflige wechseln sich in lockerer Folge ab. Dichter Nebel zieht durch die Bäume, die Straße ist nass und verlangt, weil überall viele Piniennadeln auf der Fahrbahn liegen, nach einer dosierten Fahrweise. Erst kurz vor dem

Örtchen Las Rosas sehe ich wieder das Sonnenlicht. Wieder ein kleiner Geheimtipp. Der Markt der Stadt, der Mercatillo, ist etwas Besonderes. Alle Produkte stammen ausschließlich aus der näheren Umgebung. Dabei steht der Geschmack im Vordergrund. Frisch geerntete, reife Bananen, Mandarinen und Orangen schmecken einfach lecker. Gestärkt durch einen Milchkaffee will Willi mir heute noch ein paar Leckerbissen, sowohl kulinarisch als auch fahrerisch zeigen. An einem äußerlich ziemlich unscheinbaren Bau erklärt er, dass das Restaurant Bodegón Campestre im Ort Lomo Pelacio einen so guten Ruf hat, dass man am Wochenende Nummern ziehen muss um einen Platz zu bekommen. Touristen sind kaum zu finden, das Restaurant wird hauptsächlich von Einheimischen frequentiert. An der Küste geht es zwar nicht zu einem Geheimtipp aber dennoch zu einer Attraktion. Es ist der in den 70er Jahren mit Sand aus der Sahara künstlich angelegte, rund zwei Kilometer lange, Sandstrand Las Terresitas. Gesäumt von Palmen kommt hier Urlaubsfeeling pur auf. Um den Strand in seiner ganzen Schönheit betrachten zu können, fahren wir hinauf zum Mirador dos Playas. Tief unter uns schlagen die Wellen des tiefblauen Meeres an den goldgelben, sichelförmigen Strand. Zurück im Ort San Andrés beginnt eine der schönsten Bergstrecken der Insel, hinauf auf fast tausend Höhenmeter. Kurve an Kurve lässt das Motorradfahrerherz höher schlagen.

Willi gibt heute ein moderates Tempo vor. Schnell genug um die Kurven auszukosten, langsam genug um die Landschaft entlang des Weges genießen zu können. Je höher wir kommen, desto nebliger wird es. Die Temperatur ist innerhalb weniger Minuten von 23 Grad auf nur noch 10 Grad gesunken. Auf dem Scheitel des Bergrückens kann ich, durch die Wolken hindurch, das Meer erblicken. Kurz hinter dem Aussichtspunkt Pico de Ingles ist es Zeit für das Mittagsessen. Und wieder hat Willi einen Tipp für mich. Es ist das urige Restaurant Merendero Casa Carlos. Ein riesiger, offener Grill steht direkt auf dem Parkplatz. Große Mengen Hähnchenschlegel, Steaks und grobe Würste brutzeln geräuschvoll vor sich hin. Der vom Grillgut ausströmende Geruch lässt die Magennerven erwartungsvoll knurren. Nach einem kulinarischen Geschmacksfeuerwerk hilft ein starker Espresso die Verdauung anzuregen. Wieder auf dem Sattel biegt Willi nach zwei Kilometern in Richtung Taborno ab. Atemberaubend schön, durch eine tiefgrüne, üppig bewachsene Berglandschaft erreichen wir nach vier Kilometer die wenigen Häuser des Ortes Taborno. Hier soll er sein, der absolute kulinarische Geheimtipp der Insel. Einen Tipp, den Willi erst gar nicht herausrücken wollte. Es ist das Restaurant mit dem ungewöhnlichen Namen »Historias para no dormir«, wörtlich übersetzt: Geschichten zum nicht einschlafen. Der schlichte äußere Eindruck täuscht. Statt einer einfachen Landküche kann sich der Gast über ein exzellentes, französisch traditionelles, Menü freuen.

Dazu werden die Gerichte mit Blumen und anderen Accessoires liebevoll garniert.

Den Rest des Tages bin ich nun allein unterwegs. Ich nehme mir vor die Straße die von der Kammstraße des Anagagebirges hinunter an die Nordwestküste führt zu befahren. Mittlerweile stecke ich mitten in den Wolken und habe kaum noch eine Sicht. Zum Glück finde ich den Abzweig zur TF 134. Die Sicht ist nur unwesentlich besser geworden. So kann ich die abenteuerliche Streckenführung mit unendlich vielen Kurven und Spitzkehren nur erfühlen aber nicht in ganzer Pracht sehen. Erst kurz vor dem Meer reißt der Wolkenvorhang auf und gibt den Blick frei auf die vom Wind aufgepeitschte Wasseroberfläche. Am nördlichen Ortsrand von Benijo endet die asphaltierte Straße. Ab hier geht es nur auf einer schmalen, steilen, geschotterten Piste weiter. Ich genieße jeden Meter, denn der Blick entlang der zerklüfteten Küste könnte atemberaubender nicht sein. Erst im Dorf El Daguillo stoppe ich, setze mich in die nach Wildkräutern duftende Wiese und lasse die Seele zwischen Meer und Bergen baumeln

Tags darauf steht wieder Los Christianos im Südender Insel an. Ich genieße die Fahrt in den frühen Morgenstunden hinauf auf den Teide. Als ich 2.300 Meter passiere, zeigt mein Thermometer nur noch drei Grad Celsius an. Doch was ist dies schon gegen das Szenario, was mir hier präsentiert wird. Im scharfen Morgenlicht glitzern die schwarzen und weißlichen

Lavabrocken um die Wette. Doch damit ist das Farbspektrum noch längst nicht erschöpft. An vielen Stellen sind grüne, bläuliche und aquamarine Farbnuancen zu entdecken. Und darüber thront der 3.718 Meter hohe Vulkan. Früh aufstehen ist hier der Geheimtipp.

Lange brüte ich an diesem Morgen über der Landkarte der Nachbarinsel La Gomera. Beim Anblick der vielen schönen Kurvenstraße beschließe ich spontan nicht nur einen Tag, sondern zwei Tage dort zu verbringen. Schnell buche ich über ein Online-Buchungsportal ein Hotel für die nächste Nacht und fahre dann direkt zum Hafen. Die etwas günstigere Frühfähre ist natürlich schon längst abgefahren. Bleibt mir noch die Expressfähre. Kurz entschlossen buche ich und freue mich nun das interessante Schiff mit fast 50.000 PS kennenzulernen. Kurz nach der Hafenausfahrt beschleunigt das Schiff merklich und rauscht mit über 35 Knoten in nur 45 Minuten hinüber zur kleinen Nachbarinsel La Gomera.

Dass in La Gomera die Uhren anders oder besser gesagt, langsamer gehen, merke ich sofort. Kaum Autos sind in der größten Stadt der Insel, San Sebastián unterwegs und alles sieht nach deutlich sanfterem Tourismus aus als in Teneriffa. Zunächst fahre ich direkt den Berg hinauf in Richtung des Valle de Hermigua und freue mich bereits nach wenigen Kilometern über die wunderschöne Straße und die sanften Kurven. Langsam umgibt mich auch der für La Gomera so typische Lorbeerwald und ich atme die frische nach Pinien duftende Luft tief ein. Am Scheitelpunkt der Bergstraße führt diese recht spektakulär hinunter ins Tal. Faszinierend liegt der kleine Ort Hermigua im Tal, umrahmt vom tiefen Grün der vielen Bananenplantagen. Direkt gegenüber dem malerischen Kirchplatz finde ich mein Hotel für diese Nacht. Eine romantische Villa wurde perfekt zum Hotel umgebaut ohne den besonderen Charme des Hauses zu verlieren. Kaum besser hätte ich wählen können.

Doch noch ist es erst Nachmittag und so steige ich gleich wieder auf mein Motorrad. Schon die Fahrt hinüber nach Augulo fasziniert mit Blicken auf das malerische Dorf Augulo während am Horizont Teneriffa mit dem majestätisch aufragenden Vulkan Teide es schwer macht sich auf die Straße zu konzentrieren. Doch Konzentration ist unbedingt notwendig, denn nun folgt ein Feuerwerk aus Kurven, Steigungen und Gefällen. Vierzehn Kilometer sind es hinüber nach Vallehermoso und kaum eine Gerade stört den Kurventanz. Tief durch das Gebirge führt mich der Weg langsam wieder hinauf auf die Höhe. Ein Wegweiser zum Valle Gran Ray macht mich neugierig, soll dies doch ein besonders schöner Flecken der Insel sein. Und hier sehe ich zum ersten Mal auf La Gomera die Verwüstungen die das Feuer der vergangenen Monate hinterlassen hat. Selbst die dicken Stämme der Palmen sind pechschwarz verkohlt. Ein Anblick der Traurigkeit hinterlässt. Zum Glück sind weiter unten im Tal keine Feuer ausgebrochen.

Hübsch und malerisch ist der kleine Ort Vuetas. Enge Gassen, kleine Läden, stilvolle Restaurants und Cafés prägen den Ortskern. Und auch, dass der Ort einmal das Wunschziel der alternativen Szene war, ist zu erahnen, gibt es doch noch einige Geschäfte mit esoterischem Warenangebot. Völlig verliere ich Zeit und Raum und genieße einfach nur bei einem gemütlichen Café das Leben. Die aber nun schon langsam untergehende Sonne mahnt mich zum Aufbruch. So lasse ich es recht flott angehen, hinaus aus dem Valle Gran Ray, hinauf in den Nationalpark. Die TF-713 führt nun fast eben durch dichten Wald, Wald dessen Bäume mystisch mit Moos bewachen sind, welches wie Watte von den Bäumen hängt. Langsam umgibt mich die Kühle des Abends und mein Scheinwerfer tastet sich entlang der sanften Kurvenstraße. Auf Höhe des Weilers Zarota gibt es eine Abkürzung hinüber ins Valle de Hermigua, so dass ich kurz nach Einbruch der Dunkelheit wieder in Hermigua bin. Als einziger Hotelgast in dieser Nacht genieße ich noch lange den Sternenhimmel über La Gomera. Erst als die ersten Glockenschläge der nahen Kirche, um neun Uhr morgens, ertönen wache ich an diesem Tag auf und die Sonne scheint bereits ein wenig zu mir ins Zimmer. Aber warum sollte ich auch hetzen, geht doch meine Fähre erst um fünf Uhr abends wieder hinüber nach Teneriffa. Und so genieße ich in vollen Zügen das üppige und sehr geschmackvolle Frühstück. Ganz besonders schmecken die vielen reifen Früchte, die allesamt von der Insel stammen. Doch dann zieht es mich wieder mit Macht auf den Motorradsattel. Vorgenommen habe ich mir für heute, die Strecken abzufahren, die ich gestern wegen der hereinbrechenden Dunkelheit ausgelassen habe. Wieder vorbei an Agulo zweigt kurz darauf nach links die Straße zum Nationalpark ab. Gleich zu Beginn geht es in vielen verschlungenen, teils engen Kurven stetig bergauf. Bald umgibt mich wieder dieser einzigartige Nebelwald, der hier schon seit tausenden von Jahren wächst. Da die Hänge, an denen insbesondere die Lorbeerbäume wachsen, zu steil und unwegsam sind, wurden diese nicht landwirtschaftlich genutzt. So konnte diese typische Kanarenkulturlandschaft überleben. Am Scheitelpunkt der Straße zieht es mich wieder hinüber in Valle Gran Ray, da ich noch eine Bio-Finca besuchen möchte. Nochmals vorbei an den verbrannten Palmen genieße ich den Blick hinaus auf das strahlend blaue Meer. Klein aber fein präsentiert sich dann die Finca, die ausschließlich biologisch dynamisch tätig ist. Und ich fülle meinen Einkaufskorb mit leckeren Bananen und Äpfeln. Zurück auf der Berghöhe finde ich kurz nach dem Ortsausgang von La Caldera eine winzige Straße, die mitten durch die kleinen Ortschaften führt und nach drei Kilometern wieder auf der normalen Straße endet. Mitten im Ortschäftchen Arture findet sich die von mir schon gesuchte Abfahrt hinauf nach Las Haas. Schon die ganze Zeit genieße ich es nur ab und zu einem Auto zu begegnen, hier bin nun völlig mit mir und meinem Motorrad allein. Doch mein Glücksgefühl wird jäh getrübt als ich um die nächste Kurve biege. Verbrannte Erde soweit das Auge reicht. Ich bin froh, dass wenigstens am weit entfernten Horizont noch grüne Bereiche zu erkennen sind. Weiter in Temocodá entdecke ich durch Zufall einen Wegweiser der zu einer Bananenplantage im Ort La Dama hinweist. Kaum Vegetation umgibt mich auf dieser Seite der Insel. Lediglich links und rechts der sich zum Meer hin schlängelnden Straße befinden sich einige Bananenplantagen. Aber auch hier hat es offensichtlich schon bessere Zeiten gegeben, denn nicht mehr alle Felder sind bepflanzt. Im Örtchen La Dama ist außer wenigen Wohnhäusern nichts zu finden. Etwas Abwechslung bietet die Verladung von Bananen auf einen LKW. Auf meine Frage nach dem Gewicht einer Staude staune ich nicht schlecht, dass diese zwischen 40 und 50 kg schwer sind, obwohl diese für den Transport auf das spanische Festland noch längst nicht reif sind. Steil geht der Weg weiter hinunter ans Meer und führt in eine schmale Schlucht an deren Ende die Straße endgültig endet. Reste eines Hafens und einer alten, schon leicht verfallenen Bananenverladestation zeugen davon, dass hier früher die Bananen gleich auf Schiffe verladen wurden und nicht wie heute erst per LKW nach Teneriffa transportiert werden. Von hier führt nur eine Trekkingroute weiter, deshalb fahre ich den gleichen Weg, über den ich gekommen bin, wieder den Berg hinauf um aber gleich drei Kilometer später rechts abzubiegen. In vielen Windungen geht es vorbei an Alajeró

Richtung Meer vorbei am kleinen Flugplatz nach Playa de Santiago. An der Plaza Nuestra Señora del Carmen an der Hafenpromenade, dem Mittelpunkt des Dorfes, gönne ich mir den letzten Kaffee auf La Gomera und lasse die bisher gefahrenen 300 Kilometer vor meinem geistigen Auge vorbeiziehen. Dann sind es noch einmal 29 Kilometer Kurvencruising nach San Sebastián de la Gomera. In San Sebastian zeugen Bilder in der alten Kirche Iglesia de la Ascunción davon, dass hier der Seefahrer Christoph Columbus und seine Mannschaft 1492 gesegnet wurden, bevor sie von La Gomera nach Westen aufbrachen und Amerika entdeckten. Mich hingegen führt der Weg nach Osten, wieder hinüber auf die Vulkaninsel Teneriffa.

Weitere zwei Highlights, jetzt wieder mit Willi unterwegs, warten noch auf mich. Gestärkt durch einen starken Café solo im pittoresken Ort Santiago del Teide, werfen wir uns die einspurige Bergstraße nach Masca hinunter. Da diese Strecke ein bevorzugtes Ziel von Touristen ist, sind viele Mietwagen und auch viele, viel zu große, Busse unterwegs. Zwischen den Ausweichstellen kommt es stets zu haarsträubenden Szenen. So bleibt der Spaß, im wahrsten Sinne des Wortes, auf der Strecke. Für diese Strecke gilt, dass sie spätestens bis neun Uhr morgens oder dann wieder ab sechs Uhr abends befahren werden sollte. Frustriert drehen wir wieder um.

Aber es gibt ja noch einen weiteren Leckerbissen. Im Dorf El Tanque biegt Willi auf eine kleine, schmale und extrem kurvenreiche Straße ab. 600 Höhenmeter auf neun Kilometer stehen auf der Bilanz als wir das Meer erreichen. Von dort, über den Ort Buenavista del Norte, schlängelt sich atemberaubend die Straße die Steilküste entlang. Ziel ist der Leuchtturm, Faro de Teno, am Ende dieser Genussstrecke. Bis vor kurzer Zeit durfte diese Straße nicht befahren werden. Nach umfassenden Felssicherungsmaßnahmen ist die Befahrung, außer Samstag und Sonntag, wieder möglich. Tief unter uns brandet das wilde Meer lautstark an die Felsen, über uns hängt die mehrere hundert Meter hohe Steilwand. Unsere Teneriffa Rundreise lassen wir an einem wunderschönen »Seelebaumelplatz« ausklingen. In Buenavista, an der Playa La Arena, liegt, direkt am Meer, das Restaurant El Burgado. In der Ferne der Blick auf die Steilküste, vor uns das köstliche, traditionelle Fischgericht, Pescado a la Espalda. So lässt sich der frühe Frühling genießen.

Karl Spiegel

40.000 Kilometer Südamerika

Mit dem Motorrad quer durch den Kontinent

Taschenbuch

ISBN:
978-9463675185

40.000 Kilometer reiste Karl Spiegel quer durch den südamerikanischen Kontinent. Dabei bereiste er mit dem Motorrad Uruguay, Argentinien, Paraguay, Brasilien, Peru, Ecuador, Bolivien und Chile. Und weil der Weg im brasilianischen Norden unpassierbar war, lies er kurzerhand das Motorrad in Belém stehen und besuchte als Rucksacktourist Guyana, Suriname und Französisch Guayana. Sein Abenteuer beginnt bereits in Hamburg mit der 33-tägigen Frachtschiffpassage, die ihn und sein Motorrad nach Montevideo bringt. Die Galapagosinseln, Patagonien und Feuerland, die Panamericana und die legendäre Carretera Austral liegen ebenso auf seinem Weg wie die Osterinsel.